高等院校会计学专业特色教材
GAODENG YUANXIAO KUAIJIXUE ZHUANYE TESE JIAOCAI

U0674230

审计案例分析

SHENJI ANLI FENXI

刘桂春／主编

经济科学出版社
Economic Science Press

图书在版编目（CIP）数据

审计案例分析／刘桂春主编．—北京：经济科学
出版社，2011.3（2017.8 重印）
高等学校会计学专业特色教材
ISBN 978 - 7 - 5141 - 0375 - 5

Ⅰ．①审…　Ⅱ．①刘…　Ⅲ．①审计 - 案例 - 分析 -
高等学校 - 教材　Ⅳ．①F239

中国版本图书馆 CIP 数据核字（2011）第 022059 号

责任编辑：刘明晖　李　军
责任校对：王苗苗
版式设计：代小卫
技术编辑：王世伟

审计案例分析

刘桂春　主编

经济科学出版社出版、发行　新华书店经销
社址：北京市海淀区阜成路甲 28 号　邮编：100142
总编部电话：88191217　发行部电话：88191540
网址：www. esp. com. cn
电子邮件：esp@ esp. com. cn
北京财经印刷厂印装
787 × 1092　16 开　12.75 印张　230000 字
2011 年 3 月第 1 版　2017 年 8 月第 3 次印刷
ISBN 978 - 7 - 5141 - 0375 - 5　定价：24.00 元

前　言

对大学生来说，审计理论的学习较为枯燥难懂，而如果辅之以生动的审计案例，则能达到事半功倍的效果。审计又是一门实务性很强的课程，实际操作中问题层出不穷，需要我们作出很多专业判断。如今在资本市场会计造假舞弊层出不穷、愈演愈烈的情况下，审计人员应具备足够的风险意识、谨慎态度和侦查舞弊的能力。

审计实践活动远远早于审计理论的出现。审计实践可追溯到几千年前的奴隶社会，审计理论的探索始于 19 世纪后期。理论起源于实践，指导实践工作，实践影响、促进理论的发展，甚至是一系列法律法规的出台。审计案例研究历来是世界各国审计理论界最为重视的在职教育内容之一。每一重大审计案例的发生，会对整个社会经济造成一定的影响，如安然公司被披露舞弊作假以后不到 2 个月，安然股价便跌破 1 美元，致使大批中小投资者倾家荡产，许多与安然有着资金和业务往来的公司受到巨大影响。另外，每一个重大审计案例的背后，总是隐藏着一些深层次的审计理论问题。认真研究每个案例，从中吸取教训，完善审计理论，从而更好地指导审计实务工作。

本书是北京市特色专业建设点——北方工业大学会计学专业和北京市优秀教学团队——会计学专业系列课程教学团队的建设成果之一。本书的出版得到了北京市教委专项经费的资助的支持。

本书在编写过程中主要参阅了李若山编著的《审计案例——国外审计诉讼案例》，黄世忠主编的《会计数字游戏——美国十大财务舞弊案例剖析》，李晓慧主编的《审计实验室 3——风险审计的技术和方法》，马贤明、郑朝晖著的《点睛财务舞弊》等书籍。

编　者

2010 年 11 月

目　录

第一章

审计的起源

【本章要点】本章主要介绍了国家审计的起源案例——西周时期的国家审计雏形和民间审计的起源案例——英国南海公司审计案例。通过这两个案例可以了解审计出现的原因以及审计能为我们做什么等问题。

【核心概念】国家审计 民间审计 独立性 经济危机 公司法

审计的起源问题争论颇大。

一种观点是审计源于会计，审计是会计发展到一定阶段的产物，论据有三：（1）会计记录和报告是否真实正确需要由有关人员进行检查。审计的"计"一般指的是会计的"计"，审计就是审查会计。（2）英语的 AUDIT 和法语的 AUDITION 均源于拉丁语 AUDIRE（听），这表明古代的审计是由会计人员大声朗读会计记录，审计人员听取这些记录，进而判断这些记录是否正确来进行的。（3）从审计发展过程来看，在相当长的一段时间内，审计的主要工作就是查账，就是以会计资料为对象，以会计和有关财经法规制度为依据。

原始社会的环境和条件下，不可能产生审计。到了奴隶社会，出现了国家审计的萌芽。我国国家审计出现于西周时期。

第一节 国家审计起源案例

【案例】西周时期的国家审计雏形

一、背景概述

自公元前 11 世纪至公元前 771 年，在我国历史上称为西周时期，也是我国奴隶制社会发展的鼎盛时期。

在政治上，实行"分封诸侯"制度。西周建立以后，强化了政治制度，其基本形式是"封诸侯，建藩卫"，即实行"分土封侯"之制。周王将战争中掠夺来的土地和奴隶分赐给诸侯、大夫等各级贵族。一般将国都附近的地区划为王畿，由王室直接统辖；王畿以外的广大地区分封给诸侯，各建邦国；诸侯又把大部分土地和奴隶赏赐给卿大夫，各立其家。自上至下，层层分封，形成一种压在广大劳动人民头上的"天子—诸侯—卿大夫"的宝塔式的奴隶制统治结构。

西周的主要生产资料——土地，在名义上一切都属于周王，"普天之下，莫非王土"，继续实行土地国有制度。故西周时代的土地所有制仍是奴隶主贵族国家占有制，周朝统治者凭借政治上的权力和对生产资料乃至奴隶本身的所有权，通过施行"井田"之制，无偿征收赋税，以对奴隶进行最大限度的压迫和剥削。

西周的农业、手工业和商业同时得以发展，建立起以农业生产为主体的社会经济体系。

随着政治经济的发展，经济关系日趋复杂，统治者驾驭经济和实施统治的难度加大，形成了强化财政收支核算和监控的需要。因此，统治者委派了精明可靠的官吏开始从事对财政收支的监督工作。

据《周礼》的记载，当时周王下设天、地、春、夏、秋、冬六官，分掌政令。就国家财计机构来看，主要分为两大系统：一是地官大司徒系统，掌管国家财税收入；二是天官冢宰系统，掌管国家财计支出、会计核算和审计监督之大权。冢宰作为六官之长，有"以八法治官府"之职权，每年受计于岁会，每三年还要对各级官吏进行一次全面考核，并根据其功过予以奖惩。司会是冢宰之属官，为计官之长，以六典、八法、八则、九贡、九赋、九式等为依据，通过小计和大计等形式，针对日成、月要、岁会等资料，钩考财物收支及其会计记录。小宰也是冢宰之属官，且负责以会计文书为依据批准财物出入事项。小宰一职下又设宰夫、大府之职。大府掌管国库，宰夫掌管审计事务，是西周时期外部审计工作的掌管者，是主管"治朝之法"的官员，他不掌管具体财物收支，只负责对各级官府的财政收支进行全面审查，就地稽查财物收支情况，监督群吏执行朝法，如发现违法乱纪之事，可越级向天官冢宰乃至国王报告，加以惩处；对使用财物得当者，治理有方者，给予奖励。"宰夫"一职的出现，标志着我国从西周时期起就有了处于会计之外的官厅的审计（即国家审计或称为政府审计）机构，它比法国政府审计的萌芽（1256年）还早两千年，在世界审计发展史上处于领先地位。正如著名的美国会计学者查特费尔德在其所著《会计思想史》中指出的："在内部管理、预算和审计程序方面，西周时代在古代社会是无与伦比的。"

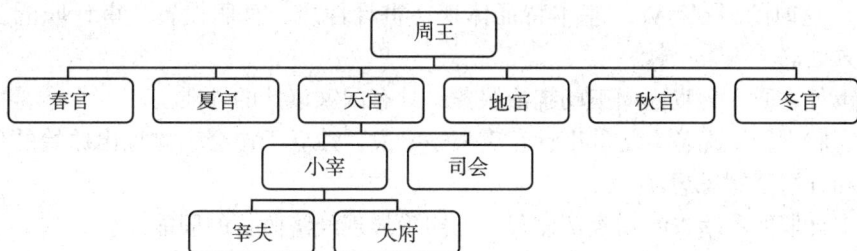

图 1-1 　《周礼》财计组织

宰夫在年终对一年的收支情况进行考核；每月终应对每月的经济收支情况进行考核；每月的上中下旬应对十日的经济收支情况进行考核，以作为政治优劣的根据。倘若发现某官吏有违法乱纪行为，宰夫可以越级向天官乃至国王报告，请求加以诛罚。

由此可见，宰夫并不是独立意义上的国家审计官员，审计工作只是其具体职务的一部分。也就是说除审计以外，宰夫还承担监察业务，审计与监察是结合在一起的。而且，宰夫只是负责财政事务的小宰的下属官员，地位并不理想。但有一点值得称道的是，宰夫独立于会计部门，与掌管会计工作的司会是相互独立于对方的两大部门。从这一点看，宰夫虽然只是位下大夫，但具有独立性和权威性，甚至可以对中大夫的司会进行审计监督。倘若发现司会存在差错和舞弊行为，可以上报大宰加以处理。此乃不折不扣的审计监督。

宰夫之执掌的出现，不但是中国国家审计的起源，而且深刻地影响后世审计组织建制的发展。其审计方式就是定期不定期地对王朝的各财务保管部门就地稽查，实地审核财物出入，监督整个王朝的财政收支情况；每界旬、月、年终要求财务保管部门将一切账册和会计报告送呈宰夫，由其钩考、核验。

二、分析要点

1. 西周时期国家审计的形成有其特定的政治及经济背景和历史必然性。

西周时期是我国奴隶制社会发展的鼎盛时期，政治和经济空前发展，国家组织和政治经济体制初步形成。在政治上建立起自上而下层层分封的宝塔式统治制度；经济的发展使得社会财富增加。政治经济的发展必然导致国家机构膨胀，致使财政收支迅速增长。周王不可能亲自审理一切财政事务，只能派宰夫代为行使计财监督之权。

可见，西周时期国家审计雏形的产生，有其政治经济和社会背景。国家审计在西周形成有其历史必然。

2. 这时的国家审计的基本特征体现在审计性质、官职设置、审计职能及方式等方面。

审计性质：为巩固周王朝统治服务，具有国家审计的性质。

官职设置：配备专门的审计官吏——宰夫，独立于司会，体现出原始的分权控制和计财牵制思想。

审计职能：宰夫专司经济监督，已明确显现经济监督的职能。

审计方式：送达审计方式和就地审计方式较为先进的方式。

局限性：受当时政治经济环境的影响无独立的审计机构，审计工作尚未体现超然独立等。

3. 西周时期的审计对后世国家审计发展具有重大意义和深远影响。

西周审计不仅标志着我国国家审计的起源，同时展现了国家审计性的初步形态，为后世国家审计确立了良好的开端。

西周时代的审计制度及审计方法均具有一定的先进性，如宰夫独立于计财部门，可以审查和考核王朝的各级部门，查出问题可直接呈报国王，体现一定的独立性和权威性，这对后世国家审计制度的确立具有重大影响；送达审计和就地审计方式均沿用至今。现代审计仍将此方式作为基本审计方式。

第二节　民间审计的诞生和发展

【案例】英国南海股份公司审计案例
——世界上第一例上市公司审计案例

一、基本案情

两百多年前，英国成立了南海股份有限公司。由于经营无方，公司效益一直不理想。公司董事会为了使股票达到预期价格，不惜采取散布谣言等手法，使股票价格直线上升。事情败露后，英国议会聘请了一位懂会计的人，审核了该公司的账簿，然后据此查处了该公司的主要负责人。于是，审核该公司账簿的人开创了世界注册会计师行业的先河，民间审计从此在英国拉开了序幕。

1. 英国南海股份公司审计案例背景

在18世纪初，随着大英帝国殖民主义的扩张，海外贸易有了很大的发展。

英国政府发行中奖债券，并用发行债券所募集到的资金，于 1710 年创立了南海股份公司。该公司以发展南大西洋贸易为目的，获得了专卖非洲黑奴给西班牙、美洲的 30 年垄断权，其中公司最大的特权是可以自由地从事海外贸易活动。南海公司虽然经过近 10 年的惨淡经营，其业绩依然平平。1719 年，英国政府允许中奖债券总额的 70%，即约 1 000 万英镑，可与南海公司股票进行转换。该年年底，一方面，当时英国政府扫除了殖民地贸易的障碍；另一方面，公司的董事们开始对外散布各种所谓的好消息，即南海公司在年底将有大量利润可实现，并煞有介事地预计，在 1720 年的圣诞节，公司可能要按面值的 60% 支付股利。这一消息的宣布，加上公众对股价上扬的预期，促进了债券转换，进而带动了股价上升。1719 年中，南海公司股价为 114 英镑，到了 1720 年 3 月，股价劲升至 300 英镑以上。而从 1720 年 4 月起，南海公司的股票更是节节攀高，到了 1720 年 7 月，股票价格已高达 1 050 英镑。此时，南海公司老板布伦特又想出了新主意：以数倍于面额的价格，发行可分期付款的新股。同时，南海公司将获取的现金，转贷给购买股票的公众。这样，随着南海股价的扶摇直上，一场投机浪潮席卷全国。由此，170 多家新成立的股份公司股票以及原有的公司股票，都成了投机对象，股价暴涨 51 倍，从事各种职业的人，包括军人和家庭妇女都卷入了这场旋涡。美国经济学家加尔布雷斯在其《大恐慌》一书中这样描绘当时人们购买股票的情形："政治家忘记了政治，律师放弃了买卖，医生丢弃了病人，店主关闭了铺子，教父离开了圣坛，甚至连高贵的夫人也忘了高傲和虚荣。"

1720 年 6 月，为了制止各类"泡沫公司"的膨胀，英国国会通过了《泡沫公司取缔法》。自此，许多公司被解散，公众开始清醒过来，对一些公司的怀疑逐渐扩展到南海公司身上。从 7 月份开始，外国投资者首先抛出南海公司股票，撤回资金。随着投机热潮的冷却，南海公司股价一落千丈，从 1720 年 8 月 25 日到 9 月 28 日，南海公司的股票价格从 900 英镑下跌到 190 英镑，到 12 月份最终仅为 124 英镑。当年年底，政府对南海公司资产进行清理，发现其实际资本已所剩无几。那些高价买进南海股票的投资者遭受了巨大损失，政府逮捕了布伦特等人，另有一些董事自杀。"南海泡沫"事件使许多地主、商人失去了资产。此后较长一段时间，民众对参股新兴股份公司闻之色变，对股票交易心存疑虑。

2. 对南海公司舞弊案的查处

1720 年名噪一时的"南海公司"倒闭的消息传来，犹如晴天霹雳，惊呆了正陶醉在黄金美梦中的债权人和投资者。当这些"利害关系者"证实了数百万英镑的损失将由自己承担的时候，他们一致向英国议会发出了严惩欺诈者，并赔偿损失的呼声。迫于舆论的压力，1720 年 9 月，英国议会组织了一个由 13 人参加的特别委员会，对"南海泡沫"事件进行秘密查证。在调查过程中，特别委员会发现该公司的会计记录严重失实，明显存在蓄意篡改数据的舞弊行为，于是特邀了一位名叫查尔斯·斯奈尔（Charles Snell）的资深会计师，对南海公司的分公司"索布里奇商社"的会计账目进行检查。查尔斯·斯奈尔作为伦敦市彻斯特·莱恩学校的习字和会计教师，商业审计实践经验丰富，理论基础扎实，在伦敦地区享有盛誉。

查尔斯·斯奈尔通过对南海公司账目的查询、审核，于 1721 年提交了一份名为《伦敦市彻斯特·莱恩学校的书法大师兼会计师对索布里奇商社的会计账簿进行检查的意见》。在该份报告中，查尔斯指出了公司存在舞弊行为、会计记录严重不实等问题。但没有对公司为何编制这种虚假的会计记录表明自己的看法。

议会根据这份查账报告，将南海公司董事之一的雅各希·布伦特以及他的合伙人的不动产全部予以没收。其中一位叫乔治·卡斯韦尔的爵士，被关进了著名的伦敦塔监狱。

同时英国政府颁布的《泡沫公司取缔法》对股份公司的成立进行了严格的限制，只有取得国王的御批，才能得到公司的营业执照。事实上，股份公司的形式基本上名存实亡。

直到 1828 年，英国政府在充分认识到股份有限公司利弊的基础上，通过设立民间审计的方式，将股份公司中因所有权与经营权分离所产生的不足予以制约，才完善了这一现代化的企业制度。据此，英国政府撤销了《泡沫公司取缔法》，重新恢复了股份公司这一现代企业制度的形式。

二、分析要点

1. 英国南海公司破产审计案的历史意义及对现代民间审计产生的深远影响。

英国南海公司破产审计案开创了近代民间审计的历史先河，对世界民间审计的发展具有里程碑式的意义和影响。

始于 18 世纪 60 年代的工业革命推动了英国经济的发展，股份公司随之诞生和发展，在股份公司诞生的那一刻起就将审计的发展纳入了新的历史时期。

可以说，股份公司的发展孕育了现代民间审计的产生，英国南海破产案造就了世界第一位民间审计师，同时也揭开了民间审计的序幕。

在民间审计发展的两百多年历史中，人们研究及探讨民间审计理论及实务，均将英国南海公司破产审计案作为实践起点，将此案作为世界第一起正式民间审计案例。

由此可见，该案例对注册会计师行业来说，有举足轻重的影响。

2. 股份公司发展对民间审计的客观需求。

通过对南海公司破产审计案例的深入研究，可以解释股份公司发展对民间审计在客观上的迫切需要，以及在股份公司发展的经济环境中，民间审计产生的历史必然性。

英国南海公司破产审计案例的发生，说明建立在所有权与经营权分离基础上的股份公司，其经营具有委托性质。由于受种种原因和条件的限制，投资者即公司股东和债权人不可能直接接触公司经营的各个方面，要了解公司经营的详细情况必须借助于其会计报告。

但是股东和债权人要得到公司真实、准确、客观的会计信息绝非易事，这在客观上要求与公司无利益关系的熟悉会计语言的第三者就公司会计报告的真实性与准确性提出证明。

这样一方面可以控制经营者为所欲为，损害投资者利益；另一方面可以使股东及债权人正确决策。可见会计师生来就是为稳定社会经济秩序的。稳定社会秩序应该成为注册会计师行业的天职。

3. 股份公司规范及民间审计发展对公司立法的客观需求。

通过南海公司破产审计的案例研究可以看出，股份公司的存在需要民间审计及公司立法，民间审计发展对公司立法同样有着客观要求。

股份公司对发展资本市场、推动社会经济发展具有重大作用，但若在法律上不加规范、缺乏社会监督则势必引起社会经济秩序混乱。

1720 年英国南海公司破产案之后，英政府开始重视对股份公司的规范。1815 年英国第一次出现经济危机，而后每隔 3 年至 10 年重演一次，每次都有大批股份公司倒闭，大量股东和债权人蒙受损失，整个资本主义社会的市场经济秩序陷入极端混乱之中。这种严峻的现实，使英国议会触目惊心地认识到，如果股份公司的发展失去控制，将给市场经济秩序带来灾难，所以有必要制定法案，对股份公司进行社会性监督，以维护资本市场的完整性和稳定性，保护广大投资者的利益。

1844 年的《公司法》就是在这样的背景下制定的。该《公司法》明确规定鼓励公司采取股份公司形式，明文规定股份公司账簿经董事以外的第三者审查。

后来，1847 年的经济危机，带来了 1855 年《公司法》的颁布，1857 年经济危机，又迫使议会推出了 1862 年的《公司法》。正是在经济危机和公司法的反复循环中，民间审计一步步地向前迈进。可以说，民间审计作为法定制度框架的形成，很大程度上应归因于经济危机的冲击和公司法的推动。

再者，尽管经过两百多年的发展，注册会计师的主要审计目标已由查找舞弊转向对财务报表公允性的评估，然而这并不等于注册会计师没有义务揭露客户的舞弊行为。从南海公司案例来看，注册会计师是因客户舞弊问题而生，但这一责任始终没有终结。我国注册会计师绝不要认为，只要审核财务报表是否公允就足以。当你发现了客户的舞弊现象时完全有义务予以揭露。

本 章 小 结

本章通过两个起源案例分析了审计出现的经济、政治背景，以及推动审计发展的外因。审计作为一种经济监督的手段是现代社会不可或缺的。

复习思考题

1. 试比较政府审计与民间审计的异同。
2. 学习股份公司的有关知识。
3. 思考经济危机对审计发展的促进作用。

第二章

财务舞弊及其审计方法案例

【本章要点】本章介绍了典型的财务舞弊手段及审计方法，包括收入舞弊、费用舞弊、存货舞弊的手段等，注册会计师可实施函证、盘点、截止性测试、分析性复核等程序查找舞弊行为。

【核心概念】函证　盘点　分析性复核　关联方交易　内部控制

第一节　收入舞弊案例

收入作为会计报表中的主要项目，既是构成利润的主要来源，又代表着企业的未来盈利能力及成长能力，因此收入经常是财务舞弊的"重灾区"。尽管会计准则一再修订不断提高收入的确认门槛，但还是有很多公司利用准则的灰色地带进行造假。

一、提前确认收入

提前确认收入，是指把还没有销售出去的产品也计算到当期的收入中，或者在未来还需要提供劳务、尚存在诸多不确定性时将预收款转入收入。例如，公司把本来是存货的产品、还在生产线上的产品、根本还没有的产品，提前一次性卖给某一家销售公司（往往也是关联公司），将未来的收入提前实现。

【案例】百时美施贵宝公司

百时美施贵宝公司，美国著名的制药企业，2000 年被《财富》杂志评选为"全美最受尊敬的制药企业"。该公司是百时美公司和施贵宝公司在 1989 年合并成立的，合并时公司的市值约294亿美元，成为当时世界上第二大医药巨头。百时美施贵宝公司在药品研发方面可谓一掷千金，每年投入数十亿美元进行药品研发。从20世纪90年代开始，百时美施贵宝公司开始了疯狂的收购兼并。从1994年到2000年，百时美施贵宝公司收购大旗横扫四大洲十几个国家和地区，吞并对象主要是这些国家的颇具影响力的医疗用品、营养品及美容美发类企业。但是在这几年间，百时美施贵宝公司的发展并非一帆风顺。该公司生产的明星药品遭到起诉，一些专利被宣布无效，许多合并的企业并未带来理想的现金流入。而该公司首席执行官韩保德（1994年上任）上任伊始就报出一个野心勃勃的目标："在2000年，要实现销售收入、净利润和每股收益比1993年翻一番。"大规模的收购兼并就成为他迅速制造盈利的手段。另外，从他每年1.85亿元的年薪（其中94%为与股价表现相关的股票期权以及与经营业绩挂钩的业绩奖励）可以看出其追逐短期利润的原动力。

2003年3月10日，百时美施贵宝公司对1999年至2002年第二季度经营成果进行了重述。在这几年间，它至少在收入确认、重组费用的列支、重组准备的计提等方面存在重大会计违规和操纵行为。调整后，百时美施贵宝公司在1999年至2001年期间的销售收入分别减少了4.09亿美元、4.75亿美元、10.15亿美元，合计19.8亿美元。

在美国，制药公司的多数药品是通过分销商网络进行销售的。低廉的转销利润常常迫使制药分销商们竭力囤积那些价格有上涨潜力的药品。因此，制药公司为粉饰短期收益，往往通过暗示等方法鼓励分销商购买更多的药品。这种销售模式被称为"填塞分销渠道"。如果经销商手持存货严重超过市场需求，就意味着他们肯定不能全部实现药品的二次销售，因此与百时美施贵宝公司发售药品所有权相关的风险和报酬并没有随这些药品所有权和实物的转移而转移。百时美施贵宝公司在药品发运之时确认销售收入是不合理的，其销售行为应按寄售模式予以反映。

在寄售模式下，寄售方在存货发运、销售发票开出后，作分录如下：

借：应收账款
　　贷：递延销售收入
借：寄售存货
　　贷：存货

待经销商完成存货的二次销售时，作分录如下：

借：递延销售收入
　　贷：销售收入
　　　　应收账款

【分析】百时美施贵宝公司在不切实际的财务目标之下面临巨大的财务业绩压力，为此想方设法地多计收入。在把药品转移到经销商手中、尚未完成终极销售的情况下就确认了收入。这种类型的收入舞弊通常都不符合收入确认准则中的企业已将商品所有权上的主要风险和报酬转移给购货方，即收入确认存在重大不确定性。其他不确定情况还有：客户有可能退货；买方有可能拒付货款；交易涉及未解决的问题或还需要进行协商；或借助于第三方签订"买断收益权"的协议；或顾客还拥有退货或终止合约的选择权。如商品销售后需要安装和检验，则应在安装和检验后才产生付款义务。因而应在安装和检验后才能确认为收入。

【思考题】按照我国会计准则的规定，百时美施贵宝公司销售药品的会计分录该如何做？

二、完工百分比法的不恰当运用

有些大型工程项目，比如建筑工程、软件开发时间跨度较大，会计人员在期末需对项目的完工情况、收益进行估计。有些公司通过夸大在建项目的完工比例来高估收入。即随心所欲地估计完成合同需要的总成本及各期的完工程度，以达到操纵收入的目的。还有一类上市公司，它们并非销售单一产品，而是销售整个系统，需要实施、安装与服务，销售过程持续时间长，因而收入并非一次实现。特别是对于跨年度实现的销售，需要在年度间分配利润。一般企业根据销售的不同阶段划分收入实现比率，而该类比率的变化，无疑会影响到当期盈利。如果当年接获的订单很多，而公司如果提高开始阶段收入实现比率，则当期利润增加。

【案例】美国四季护理中心公司审计案例

（一）案情

杰克·克拉克和汤姆·戈雷于 1967 年创建美国四季护理中心公司主要适用于赡养老年人，因为当时大多数老年人住在小型私人医院中养老，这些医院管理并不科学。于是杰克·克拉克和汤姆·戈雷将一些私人医院改建成 X 形布局的护理中心公司，将护理人员安排在交叉点等新型设计在当时被认为是兼顾成本效益的创新理念。

美国四季护理中心公司的主业不是照顾这些老年人，而是把医院建好后卖给投资者，这些投资者主要是医生。

为了让公司业绩快速增长，公司的经理们于 1968 年成立了四季权益公司，成立这家公司的目的是从四季护理公司手中购买小型私人医院或者自己经营或者出售他人。该公司投资 2 000 万美元，资金主要由保险公司投入。

美国四季护理中心公司于 1968 年 5 月第一次发行了股票，发行时约每股 10 美元。由于证券交易委员会公布的美国四季护理中心公司经过审计的财务报表显示该公司的业绩优良成长迅速，到 1969 年秋天股价飙升至 100 美元。该公司股价的猛涨还归功于克拉克在公司的演讲，还有新闻发布会中对利润的预测和增长规划的过分预期。1969 年，克拉克声称，美国四季护理中心公司正朝着向世界最大规模的公司方向发展。

1970 年，美国四季护理中心公司的骗局被揭发，整个公司崩溃导致投资者和债权人损失 2 亿美元。美国四季护理中心公司的崩溃成为当时美国证券市场上最大的舞弊案之一。

为美国四季护理中心公司做审计的安达信会计师事务所被告上法庭。安达信的合伙人由于涉嫌与美国四季护理中心公司破产有关而被控舞弊罪和共谋罪，如果罪名成立，他和他的两名下属成员将要在联邦监狱中服刑 5 年。

在案件审计过程中，发现美国四季护理中心公司会计造假的手段主要是不正确地使用完工百分率法计算成本，从而随意确定收入和利润而不考虑工程的实际进度和收入实现的可能性。1969 年之前，该公司采用实物完工百分比法确认成本，例如，美国四季护理中心公司记录了一个工程完工程度的 20% 时，就相应记录 20% 的利润（假设该工程在该年度开工）。1969 年，为了捏造利润，公司改为预算成本完工百分比法，即某一年工程的预算成本是总成本的 50%，就相应确认 50% 的利润，而不考虑工程的实际完工情况。

另外，为提高利润，在 1968 ~ 1970 年间，美国四季护理中心公司与美国四季权益公司之间发生若干笔交易即把小型医院出售给后者。而杰克·克拉克承认，美国四季权益公司实际是受控于美国四季护理中心公司，美国四季权益公司管理层的决定基本来自于美国四季护理中心公司高层的授意。因此，二者之间的交易是虚假的不具有任何实质意义，仅为粉饰报表交易。

审判该案的法官说，四季护理中心公司仅是一个精心设计的，以股票为欺诈手段的骗局。目的是使美国四季护理中心公司的高级管理人员致富。在美国四季护理中心公司股票公开上市的很短时间里，克拉克通过股票买卖，从中赚取了超过 1 000 万美元的收入。

最终安达信的合伙人逃脱了舞弊罪和共谋罪的指控，但是事务所也为此付出沉重的代价，尤其是事务所的声誉受到了严重损坏。尽管没有对整个事务所进行指控，但安达信会计师事务所俄克拉荷马市办事处的执行合伙人，在当时也被称为共谋者，实际上，他并未参与美国四季护理中心公司的审计，他之所以被称为共谋者，是因为他负责指导并对他下属最后的专业处理负责。

高等法院也以此案给全国注册会计师一警告信号：当客户发表重大误报的财务报表时，注册会计师可能要负刑事责任。

（二）分析

根据我国会计准则的规定，完工程度可以用三种方法确定：

1. 根据对已完工的测量取得；
2. 按已提供的劳务量占估计的工程总量的百分比确定；
3. 按已发生的工程成本占估计的总成本的百分比确定。

$$本年确认的收入 = 劳务总收入 \times 本年末止劳务的完工程度 - 以前年度已确认的收入$$

$$本年确认的费用 = 劳务总成本 \times 本年末止劳务的完成程度 - 以前年度已确认的费用$$

该案例中，管理人员不考虑工程的实际完工情况，随心所欲地变更完工估计方法并随意地捏造完工程度，从而篡改了收入、成本、利润的会计计量。

另外该案例中，美国四季护理公司为提高收入，将医院卖给四季权益公司的做法，实属自买自卖的关联方，对于关联方交易，在后面专门介绍。

（三）思考题

1. 在该案例中，安达信会计师事务所为何成为被告？会计师事务所的执行合伙人应对其下属的表现负什么审计责任？
2. 针对完工程度的舞弊，可以采取怎样的审计对策？

三、少计销售退回

已确认收入的销售退回，一般均应冲减退回当月的销售收入，同时冲减退回当月销售成本。有些企业在有销售退回的情况下故意不做处理或推迟处理，以此增加报表中的收入金额。

【案例】瑞吉纳公司审计案例

（一）案情

瑞吉纳公司是一家生产吸尘器的公司。1984 年，唐纳德·施莱任该公司总裁后，引进开发了一系列新产品与他的竞争对手展开了挑战。为了促销这些新产品而增加了数百万美元的广告费开支，结果是瑞吉纳公司的年度广告费用超过了其年度销售总额的 20%，同时也超过了他的两家竞争对手广告费用支出的总和。

1984 年唐纳德·施莱被任命为瑞吉纳公司的首席执行官，在回购了公司部分股份并握有公司大部分股份后，该公司于 1986 年上市。在过去几年中，由于瑞吉纳公司不断上升的销售额和利润，该公司的股票也成为财务分析师极力推荐投资者购买的股票。这样，在公司股票上市后的两年内，瑞吉纳公司股票价格上升了将近 500%。施莱和其他几个主要股东也因此成为身价过百万的富翁。到 1988 年时，施莱持有的股票市值几乎达到 1 亿美元。

但实际上瑞吉纳公司的业绩并没有其对外公布的那样炫目，事实是这些盈利数字都是由施莱等人伪造出来的。

瑞吉纳公司财务问题的根源在于 20 世纪 80 年代中期的盲目扩张。由于未对产品质量把好关，公司经常面临顾客退货，瑞吉纳公司的顾客退货率比其竞争对手高出几倍。

在瑞吉纳公司 1988 年会计年度的第二个季度里，施莱开始操纵公司报告的经营成果。他设定了公司的销售额和每股盈余的目标水平，以此为篡改会计数字的标准。

在 1988 年度，施莱下令修改瑞吉纳公司的计算机系统以使销售退回不会记录在公司的账簿上。利用这种手段瑞吉纳公司在 1988 年度至少少报了 300 万美元的销售退回。

1988 年年底，施莱意识到仅靠少列销售退回不足以达到他所制定的盈余目标。于是开始伪造某些大客户的订单并伪造发票。之所以利用大客户的名字是因为他们相信这些大客户对于审计询证函回复的可能性较小。财务主管共伪造了 200 张假发票，总计金额超过 500 万美元。

其他造假方法：低估 1988 年度第四季度的销售成本，低估额超过 300 万美元；"单到交货"法，即仅仅是收到顾客的订单、交货期尚有一段时间就确认销售收入。财务主管在 1988 年会计年度的最后几天，记录了大约 600 万美元的交货销售额。

瑞吉纳公司披露的 1988 年度的经营业绩是盈利 1 100 万美元，事实是亏损几百万美元。

当纸再也包不住火的时候，施莱对外界披露公司以前年度的财务报表被严重的错报，但是他们把错报的原因归罪于电脑故障。这一消息公布的第二天，瑞吉纳公司股价下跌了 60%。接下来的一周，施莱辞去公司职务，毕马威会计师事务所也撤回他们几个星期前签发的对瑞吉纳公司 1988 年会计年度的财务报表发表的无保留意见的审计报告。

施莱及财务主管格登因证券欺诈罪而被判刑和罚款。

对于此案，美国证券交易委员会对施莱的指控是蓄意并且多次欺骗对该公司进行审计的毕马威会计师事务所。而美国证券交易委员会并未对毕马威未能发现施莱的严重欺诈行为作出批评。注册会计师也未被追究法律责任，这在美国实为罕见。

当有杂志发表文章就此案例批评毕马威时，毕马威的一位合伙人的反应是"我们都只是凡人，我们宁愿信任我们所对其进行审计的人"。

（二）分析

瑞吉纳公司在不切实际的财务业绩压力下，不是如实向股东披露正确的信息，而是想方设法造假隐瞒真实情况。该案例中，瑞吉纳公司用到的收入舞弊的手段有不记录销售退回、伪造销售发票、提前确认收入（单到交货）。

销售退回，是指企业售出的商品，由于质量、品种不符合要求等原因而发生的退货。销售退回应分不同情况进行处理：

1. 未确认收入的已发出商品的退回，此种销售退回的会计处理比较简单，只需将已记入"发出商品"科目的商品成本转回"库存商品"科目。如果销售方采用计划成本或售价核算，则按计划成本或售价记入"库存商品"科目，并计算成本差异或商品进销差价。

2. 已确认收入的销售退回，一般均应冲减退回当月的销售收入，同时冲减退回当月的销售成本；如该项销售已经发生现金折扣，还应在退回当月一并调整。企业发生销售退回时，如按规定允许扣减当期销项税的，应同时用红字冲减"应交税金——应交增值税"科目的"销项税额"专栏。

3. 在特殊情况下，即资产负债表日及之前售出的商品在资产负债表日至财务会计报告批准报出日之间发生退回的，应作为资产负债表日后调整事项处理，调整报告年度的收入、成本等。如该项销售在资产负债表日及之前已经发生现金折扣的，还应同时冲减报告年度的现金折扣。

针对瑞吉纳公司的虚假销售，审计人员还可以实施销售的截止性测试，以确定销售收入的会计记录归属期是否正确。应计入本期或下期的主营业务收入是否有被推延至下期或提前至本期。与销售收入有密切关系的日期有发票开具日期或收款日期；记账日期；发货日期。收入的截止性测试的关键是检查三者是否归属于同一适当的会计期间。

一是以账簿记录为起点。从报表日前后若干天的账簿记录查至记账凭证，检查发票存根与发运凭证，目的是证实已入账收入是否在同一期间已开具发票并发货，有无多计收入。只能查多计，不能查漏计。为了防止多计收入。

二是以销售发票为起点。从报表日前后若干天的发票存根查至发运凭证与账簿记录，确定已开具发票的货物是否已发货并于同一会计期间确认收入。为了防止少计收入。

三是以发运凭证为起点。从报表日前后若干天的发运凭证查至发票开具情况与账簿记录，确定营业收入是否已计入恰当的会计期间。为了防止少计收入。

（三）思考题

1. 你认为该案例中注册会计师没有被追究法律责任的原因可能是什么？
2. 如何判断注册会计师有没有过失或欺诈？

四、无中生有的收入

比如，一家企业利用其一家子公司按市场价向第三方进行销售，确认该子公司销售收入，再由另一子公司从第三方手中购回，这种做法避免了集团内部交易必须抵消的约束，确保了在合并报表中确认收入和利润，达到收入操纵的目的。或是借钱给客户，让客户来买自己的产品。

【案例】黎明股份

沈阳黎明服装股份有限公司是1999年年初上市的服装业公司，作为黎明股份最大股东的沈阳黎明服装集团公司，系沈阳市政府重点扶持的国有大企业集团。

不过，黎明股份造假的手段比其服装更加有名。财政部专员对黎明股份及所属企业会计报告抽查发现，1999年度该公司为了粉饰其经营业绩，年报公布的资产、负债、所有者权益、主营业务收入、利润等一系列重要财务指标，全都做了假。净利润公布盈利5 231万元，实际亏损3 348万元。

这些造假数除少部分采取少提少转成本等财务违规行为外，绝大多数系人为编造假账、虚假核算炮制出来的：

如通过其他企业对开增值税发票，虚拟购销业务，在回避增值税的问题下，虚增收入和利润。如公司所属的黎明毛纺织厂通过与11户企业对开增值税发票，虚增主营业务收入1.07亿元，虚转成本7 812万元，虚增利润2 902万元。

虚拟销售对象——沈阳红尊公司和宜昌胜泰服饰公司，通过虚开增值税发票，虚拟主营业务收入 2 269 万元，虚增利润 1 039 万元。

利用出口优惠政策，虚拟外销业务，分别虚增收入和利润 500 多万元。

审计发现，黎明股份采用了"一条龙"造假手段。假购销合同、假货物入库单、假出库单、假保管账、假成本计算单等一应俱全，而且采取假账真算的方法，根据假的原始凭证，"认认真真"进行了核算。

【案例】东方电子

东方电子上市后，每年初都制定一个年增长速度在 50% 以上的发展计划和利润目标，而按公司的实际生产情况，是不可能完成的，于是在每年年终和年底，根据实际完成情况与计划目标的差异，由抛售股票收入来弥补。为此，公司形成了一个在隋元柏指挥下的由证券部、财务部和经营销售部门分工合作组成的"造假小组"。

证券部负责抛售股票提供现金。公司从 1998 年开始抛售内部职工股，一直到 2001 年 8 月，每年抛售的时间大约都集中在中期报告和年度报告披露前，每次抛售的数量由公司业绩的需要而定，将所得收入转入公司在银行的账户。

公司经营销售部门负责伪造合同与发票。隋元柏指使销售部门人员采取修改客户合同、私刻客户印章、向客户索要空白合同、粘贴复印伪造合同等手段，从 1997 年开始，先后伪造销售合同 1 242 份，合同金额 17.2968 亿元，虚开销售发票 2 079 张，金额 17.0823 亿元。同时，为了应付审计，销售部门还伪造客户的函证。

公司财务部负责拆分资金和做假账。为掩盖资金的真实来源，中转、拆分由证券公司所得的收入，并根据伪造的客户合同、发票，伪造了 1 509 份银行进账单，以及相应的对账单，金额共计 17.0475 亿元。

【分析】

针对黎明股份和东方电子的收入造假，使用常规的账内审计很难发现造假。因为所有的单证都齐全，都是假的，属于比较精致的假货。如东方电子既有现金流入，又有假发票、假合同，甚至连客户的询证函都是假的，注册会计师如果还是用原始凭证、记账凭证、账簿、报表核对、函证的方式难免会审计失败。

马贤明、郑朝晖所著的《点睛财务舞弊》提出对于这样的舞弊需采取"非常规审计程序"。东方电子的主营业务收入中，电力自动化系统所占分量最大，2000 年达到 94.5%。而根据《2001 年中国电力年鉴》，1998 年以来我国农网电力系统自动化改造的投资有 50 亿元左右，按照东方电子的公告，仅其 1 家 3 年

（1998~2000 年）的主营收入（达 27 亿元）就占市场总额的近 60%，而目前该行业竞争十分激烈，东方电子不可能有这样的市场占有率。另外，东方电子的主营业务利润率在 47.1%~52.9%，也属于高得离谱，而东方电子低价接单在业界内也是众所周知的。审计师应从中发现异常、分析异常，与企业的合理预期值做对比。审计师要注意收集经营风险与舞弊风险的迹象与信号。

五、课堂讨论案例

【案例1】
注册会计师张军审计 A 公司的销售收入时，发现 A 公司与子公司合作开发的光华家园 3#、12#楼已开发完毕，且已通过建筑工程核验，A 公司就上述楼盘的部分房屋已与购买业主签订了销售合同，合同约定金额为人民币 16 000 万元，且收到部分售房款计人民币 10 000 万元，但尚未办理完毕业主入住手续。A 公司的账务处理已确认销售收入 10 000 万元。A 公司在其会计报表附注中对此予以披露。为此，注册会计师张军检查了相应的销售合同、收款凭证及其会计处理，认为不能获取其他充分的证据确定该商品房所有权上的重要风险和报酬已转移，因此，销售收入不能确认，提请 A 公司做相应的调整分录。

【问题】（1）该公司收入的确认是否符合《企业会计准则》的规定？
（2）如果该公司拒绝调整，注册会计师应如何做？

【案例2】
注册会计师张某在审计神州公司 2007 年度会计报表时，注意到神州公司（甲方）销售商品时与客户（乙方）签订的销售协议规定：乙方付足货款提货，货物自提，费用自理。如出现市场需求变化造成产品滞销，甲方应予以调换，调换比例为年销售回款额的 30%。调换产品必须保证产品和包装的完整性，不得有破损、污渍，否则不予调换。但神州公司仍然全额确认主营业务收入。

【问题】神州公司的会计处理是否恰当？注册会计师应如何处理？

【提示】该案例中，由于销售协议中存在调换条款，也就是即使神州公司收到货款，也不一定意味着与商品销售相关的风险和报酬已经转移，为此，注册会计师应当建议被审计单位根据以往调换情况确定一个合理可能发生的调换比率，估计每月可能出现调换的部分不能确认主营业务收入。

【案例3】
注册会计师对元晖公司 2007 年度会计报表审计外勤工作结束后，项目经理王磊在编制审计报告期间，无意中从报纸上了解到 2006 年 5 月，全库商品调剂中心有限责任公司于 2006 年 2 月 18 日召开股东大会，决定申请办理工商注销，并于当日《××日报》刊登注销公告。2006 年 9 月 24 日，××省工商局核销了该公司的营业执照。王磊马上联想到审计工作底稿中收集的元晖公司与全库商品调剂中心有限责任公司达成关于代理广东、广西、云南市场服装的经销协议，以及注册会计师确认的 2006 年 6 月 28 日元晖公司在收到全库商品调剂中心有限责任公司汇款后确认销售收入 31 586 119.88 元，并结转销售成本 6 771 714.36 元。认为这个事项的确认有问题，于是委派审计主营业务收入的注册会计师李某与元晖公司进行沟通，到元晖公司补充取得证据，经询问和查阅相关资料，注册会计师张磊了解到元晖公司确实与全库商品调剂中心有限责任公司签订过代理广东、广西、云南市场服装的经销协议，但实质性的服装代理并没有展开，31 586 119.88 元的货款是元晖公司通过向其子公司借款，汇到全库商品调剂中心有限责任公司银行账户，然后由全库商品调剂中心有限责任公司再转入元晖公司确认收入。

【问题】从该案例中得到哪些启示？

【提示】在审计实务中，既然注册会计师的审计风险无处不在，注册会计师就不应当拘泥于审计程序，而应当从各种途径收集和了解被审计单位的相关信息，敏感地关注与被审计单位有关事情的发展和进度，并把这些信息与会计报表审计建立相应的联系，尽可能地规避风险。在审计实务中，注册会计师往往根据一些迹象来判断收入是否虚假，然后针对不同的虚假收入实施有针对性的审计程序，减少审计风险。

附：

《2006 新企业会计准则第 14 号——收入》中关于销售商品收入的规定

销售商品收入同时满足下列条件的，才能予以确认：

（一）企业已将商品所有权上的主要风险和报酬转移给购货方；

（二）企业既没有保留通常与所有权相联系的继续管理权，也没有对已售出的商品实施有效控制；

（三）收入的金额能够可靠地计量；

（四）相关的经济利益很可能流入企业；

（五）相关的已发生或将发生的成本能够可靠地计量。

第二节 应收账款舞弊案例及函证方法

应收账款是资产负债表中流动资产的主要组成部分，对于公司的某些财务指标如流动比率、速动比率、营运资金的大小有重要影响。另外，应收账款账户与利润表中的主营业务收入账户是对应账户，许多虚假的销售收入都要利用应收账款账户来达到账户的借贷平衡。因此，应收账款账户是舞弊中较常使用的账户，也是审计中应重点关注的账户。如果审计中无法对应收账款实施函证程序，而应收账款所占比重又比较大，则注册会计师不得出具无保留意见的审计报告。

一、麦克逊·罗宾斯药材公司审计案例
——函证在审计准则中作为审计程序被确认下来的案例

1938年年初，长期贷款给罗宾斯药材公司的朱利安·汤普森公司，在审核罗宾斯药材公司财务报表时发现两个疑问：一是罗宾斯药材公司中的制药原料部门，原是个盈利率较高的部门，但该部门却一反常态地没有现金积累。而且，流动资金亦未见增加。相反，该部门还不得不依靠公司管理者重新调集资金来进行再投资，以维持生产。二是公司董事会曾开会决议，要求公司减少存货金额。但到1938年年底，公司存货反而增加100万美元。汤普森公司立即表示，在没有查明这两个疑问之前，不再予以贷款，并请求官方协调控制证券市场的权威机构——纽约证券交易委员会调查此事。

纽约证券交易委员会在收到请求之后，立即组织有关人员进行调查。调查发现该公司在经营的十余年中，每年都聘请了美国著名的普华会计师事务所对该公司的财务报表进行审定。在查看这些审计人员出具的审计报告中，审计人员每年都对该公司的财务状况及经营成果发表了"正确、适当"等无保留的审计意见。为了核实这些审计结论是否正确，调查人员对该公司1937年的财务状况与经营成果进行了重新审核。结果发现：1937年12月31日的合并资产负债表计有总资产8700万美元，但其中的1907.5万美元的资产是虚构的，包括存货虚构1000万美元，销售收入虚构900万美元，银行存款虚构7.5万美元；在1937年年度合并损益表中，虚假的销售收入和毛利分别达到1820万美元和180万美元。

在此基础上，调查人员对该公司经理的背景作了进一步调查，结果发现公司经理菲利普·科斯特及其同伙穆西卡等人，都是犯有前科的诈骗犯。他们都是用了假名，混入公司并爬上公司管理岗位。他们将亲信安插在掌管公司钱财的重要岗位上，并相互勾结、沆瀣一气，使他们的诈骗活动持续很久没能被人发现。

证券交易委员会将案情调查结果在听证会上一宣布，立即引起轩然大波。根据调查结果，罗宾斯药材公司的实际财务状况早已"资不抵债"，应立即宣布破产。而首当其冲的受损失者是汤普森公司，因为它是罗宾斯药材公司的最大债权人。为此，汤普森公司指控普华会计师事务所。汤普森公司认为其所以给罗宾斯公司贷款，是因为信赖了会计师事务所出具的审计报告。因此，他们要求普华会计师事务所赔偿他们的全部损失。

在听证会上，普华会计师事务所拒绝了汤普森公司的赔偿要求。会计师事务所认为，他们执行的审计，遵循了美国注册会计师协会在1936年颁布的《财务报表检查》（Examination of Financial Statement）中所规定的各项规则。药材公司的欺骗是由于经理部门共同串通合谋所致，审计人员对此不负任何责任。最后，在证券交易委员会的调解下，普华会计师事务所以退回历年来收取的审计费用共50万美元，作为对汤普森公司债权损失的赔偿。

罗宾斯药材公司案例对审计工作产生了两方面的影响：

1. 究竟谁应对财务报表的真实性负责？如审计人员审定的财务报表与事实不符，审计人员应负哪些责任？对此，美国注册会计师协会下属的审计程序委员会，早在1936年就指出："对财务报表负责的主要应是企业管理当局，而不是审计人员。"如果审计人员审定的财务报表与事实不符，则要分清与事实不符的原因。当企业内部因共同合谋而使内部控制制度失效时，即使再高明的审计人员，在成本、时间的限制下，也是无法发现这些欺骗行为的。为此，当纽约州司法部部长约翰·贝内特在举行听证会，以罗宾斯案件指责审计人员时，立即遭到审计人员的反驳。他们说："在司法部长所引证的大部分案子中……所涉及的审计问题，只是人的行为本身的失败，而不是一般所遵循的程序失败。"因此，"美国注册会计师协会仍然决定不修改1936年的声明，继续发展公认审计程序"。所以，罗宾斯药材公司案件，使审计人员再一次认识到，审计是存在风险的。对这个风险，如是属于企业内部人为造成，则审计人员不应对此负责。其次，审计人员还进一步认识到，建立科学、严格的公认审计程序，使审计工作规范化，能够有效地保护尽责的审计人员，免受不必要的法律指责。

2. 对现行审计程序进行了全面检讨。通过罗宾斯药材公司案件也暴露了当时审计程序的不足：即只重视账册凭证而轻视实物的审核；只重视企业内部的证据而忽视了外部审计证据的取得。在罗宾斯破产案件听证会上，12 位专家提供的证词中列举了这两个不足。证券交易委员会根据这个证词，颁布了新的审计程序规则。在规则中，证券交易委员会要求：今后审计人员在审核应收账款时，如应收账款在流动资产中占有较大比例，除了在企业内部要核对有关证据外，还需进一步发函询证，以从外部取得可靠合理的证据。在评价存货时，除了验看有关账单外，还要进行实物盘查，除此之外还要求审计人员对企业的内部控制制度进行评价，并强调了审计人员对公共利益人员负责。与此同时，美国的注册会计师协会所属的审计程序特别委员会，于 1939 年 5 月，颁布了《审计程序的扩大》，对审计程序作了上述几个方面的修改，使它成为公认的审计准则。

总之，罗宾斯药材公司的案件，不但加速了美国公认审计准则的发展，同时，还为建立起现代美国审计的基本模式、在评价内部控制制度基础上的抽样审计奠定了基础。为此，罗宾斯药材公司的审计案例，一直成为美国审计理论研究中一个经久不衰的热门话题。

二、美国巨人公司审计案例
——无效函证导致审计失败的案例

（一）巨人零售公司的背景

美国巨人公司于 1959 年成立，总部设在马萨诸塞州的詹姆斯福特。在 60 年代，巨人公司的销售增长速度令人震惊。直至 1972 年，巨人已经拥有了 112 家零售批发商店。但就在那一年，巨人公司的管理部门面临着历史上第一次的重大经营损失。为了掩盖这一真相，他们决定篡改公司的会计记录。管理当局把 1971 年发生的 250 万美元的经营损失，篡改成了 150 万美元的收益。案情暴露后，巨人公司的 4 名官员，被大陪审团以各种形式的舞弊罪名起诉，经联邦法院审判后，被定为有罪。

（二）巨人公司的会计问题

一是不合常规的应付账款。巨人零售公司的管理部门为了能在财务报告上减少应付给供应商的金额，曾经故意歪曲公司的财务状况。

如下表：

表 2 - 1   **巨人公司对应付账款的蓄意调整**

卖　　方	应付账款减少额	应付账款减少的理由
米尔布鲁克发行商	$ 257 000	商品退回；总购货折扣；折扣优惠
罗兹盖尔公司	$ 130 000	商品退回
健身器材公司	$ 170 000	以前购进货物进价过高
各个供应商	$ 163 000	商品退回

该表概括了 5 种主要的舞弊方法，巨人零售公司的 4 名官员就是利用这几种方法，篡改了 1972 年 1 月 29 日结束的会计年度的应付账款余额。

二是所谓的预付广告费用。根据证券交易委员会的调查结果，巨人零售公司的总裁和财务主管，曾经在 1972 年 1 月 29 日结束的会计年度中，命令下属广告部门的经理，捏造了至少 30 万美元的预付广告费用，而这些广告费用还没入账。广告部门准备了一份 14 页的备忘录，在该备忘录上虚构了大约 1 100 家的广告商名单，同时记载着过去巨人公司曾向他们预付过大量的广告费但并未入账的情形。当罗斯会计师事务所询问为什么有这么多未入账的广告费时，答复为：广告部门曾有几个月忘了收集记录并记账。

（三）注册会计师针对以上问题采取的审计程序有：

当会计师询问公司职员有关应支付给米尔布鲁克发行商的应付账款为何减少时，两个助理审计人员先后得到了三个不同的解释，最初的解释是商品退回，后来又解释说是总购货折扣，后来又说这笔金额是米尔布鲁克发行商给予巨人零售公司的折扣优惠，以吸引顾客成为长期合作伙伴。

审计人员为查明这笔资金的真实性，要求与米尔布鲁克发行商的高级人员求证此事。于是巨人公司的总裁先给米尔布鲁克公司打了电话，并向电话另一边的人交代审计人员此行的目的，然后才把电话交给审计人员，直到这时，审计人员才能与被求证单位的人员通话。电话另一边的人证实了这笔折扣优惠，并答应给予书面证明。而几天之后，巨人公司的人告诉审计人员米尔布鲁克公司将不会给予书面证明。审计人员把这件事情记录在工作底稿中，而进行复核的合伙人却认为已经取得足够的证据，没有采取其他措施进一步证实此事。

其次，为了验证这些广告费是否属实，罗斯会计师事务所向名单中的 4 个广告商发函询证，并且要求巨人公司对另外 20 笔未入账的费用提供证明文件。这 4 个询证函的回函中有几份证实这些广告费是不真实的。而审计人员并未认真对待，未采取措施验证这些金额的真实性。

1972 年 4 月 28 日，巨人公司在会计年度结束 90 天内，把经过审计的年度财务报表和无保留审计意见书提交给了证券交易委员会。巨人公司利用这份审计意见书，出售了大约 300 万元的普通股，并获取了 1 200 万元的贷款。但在 1973 年的新闻发布会上，巨人零售公司总裁宣布：公司发现由于潜在的簿记错误，可能会影响公司前一年的报告收益。大约一个月后，事务所撤回了 1972 年签发的无保留审计意见书。1973 年 8 月，巨人公司向波士顿法院提交了破产申请，两年后法庭宣布公司破产。

1978 年，巨人公司的总裁和副总裁由于蓄意向证券交易委员会提交虚假的财务报表被定罪。

1979 年 1 月，经过对巨人公司舞弊案的长期调查，证券交易委员会发布了最后公告。根据调查结果，证券交易委员会指责了罗斯事务所，并下令禁止负责公司审计聘约的合伙人暂停执业 5 个月。

美国证券交易委员会指出：罗斯会计师事务所对巨人零售公司在应付账款 5 个不符合常规的地方，没能进行彻底的调查。另外，事务所负责审计的合伙人当与巨人公司就一些重要问题持有异议时，总是过度地向客户一方妥协。

（四）分析

注册会计师在函证过程中存在严重问题，包括：

1. 函证样本量抽取得过低，不能从充分性和适当性上代表总体。该案例中，审计人员为了验证 30 万美元预付广告费的真实性，从 1 100 家广告商中抽取了 24 个样本，并仅仅向 4 个广告商发函询证。如此低的抽样比例，即使 4 家广告商回函确认了预付广告费的真实性（事实并非如此），审计人员也不能由此推断 1 100 家预付广告费的真实性。

2. 函证程序由客户控制，无法保证通过函证取得证据的可靠性。该案例中，在 15 个电话询证过程中，巨人零售公司先同供应商联系并通话交谈后，才将电话交给审计人员。在这个过程中，向谁函证，是由客户提供名单圈定的，而不是根据审计的需要；函证中借助先与被询证者打电话确认的方式确认，既没有保证审计人员直接与被询证者沟通，也没有要求被询证者寄回书面确认函，增加了函证信息发生差错和被篡改的机会。

3. 对函证实施过程中存在的疑虑没有追加审计程序，降低了审计证据的质量。该案例中，两位业务助理人员就贷项通知单询问公司员工时，得到了先后三个不同的解释，并且最终也未拿到书面证明文件，因此对贷项通知单的真实性提出质疑，在工作底稿中形成了一份备忘录。但作为负责巨人零售公司审计工作的事务所合伙人却认为函证已经收集到了足够的证据，可以证实贷项通知单的真实性，没有实施追加的审计程序以消除审计人员的疑虑。

4. 对回函结果不进行分析、评价。该案例中，审计人员对从巨人零售公司提供的 1 100 家虚构的广告商名单中选取的 4 家广告商发函询证（这里暂且不提样本量过低问题），所收到的回函均指出所列示的预付广告费是错误的，对此，审计人员在未进行任何分析、评价，查明差异原因的情况下，确认了预付广告费的真实性和完整性。

由此可见，在审计实务中，审计人员实施函证不能只是机械地发函—收函，必须实质性地控制函证的整个程序，这样才能减少审计风险：

1. 抽取的样本要从充分性和适当性上足以代表总体，抽样比例不能过低；

2. 函证是为审计目的而设计的重要程序，应当由审计人员专业判断函证的对象、范围、方式，而不能听任客户的摆布；

3. 无论实施函证时采取什么方法提高效率，如先电话确认、以传真或电子邮件等先发出回函，都必须保证审计人员与被询证者的直接沟通，同时应当保证收集到被询证者回函的原件；

4. 当审计人员通过其他程序发现问题时，一定要重新考虑函证程序的适当性，追加审计程序予以证实或消除；

5. 如果函证结果表明审计存在差异，审计人员应当对函证结果进行分析和评价，查明差异原因，并追加审计程序予以证实或消除。

表 2 - 2　　　　　　　　　回函差异原因及追加程序

差异原因	追加程序	注意防范的风险
款项已付，被审计单位尚未收到，没有入账	检查函证日后的收款凭证	存在盗窃现金的可能
货物在途，顾客尚未记账	检查发货单或运输凭证	顾客根本未收到货物或客户记账截止日错误
货物已经退回	检查退货发票、入库单	虚增收入
笔误及有争议的金额	原始凭证	错误或舞弊

（五）思考题

1. 函证的方式有几种？回函产生差异的原因及对策是什么？

2. 讨论经由电话所搜集的审计证据的正确性。一般说来，在什么条件下，审计人员才可接受电话证明？

三、J. B利品科特公司审计案例

（一）案例简介

哈帕罗公司是一家大型印刷企业，1978年年初与利品科特公司商讨合并。利品科特公司主要出版书籍以及一些教育领域和医药专业的资料。1978年3月二者暂定合并条款为利品科特公司股东以一对一的比例换取哈帕罗公司的股份。根据合并条款，哈帕罗公司聘请独立审计人员对利品科特公司1977年度的财务报表进行审计，而之前李斯特怀特会计师事务所已对此发表了无保留意见的审计报告。但哈帕罗公司聘请的审计人员发现利品科特公司的财务报表并未公允地反映该公司的财务状况，于是合并暂告中止。

利品科特公司的财务问题：

利品科特公司问题暴露后，美国证券交易委员会成立了调查小组对李斯特怀特会计师事务所的审计过程进行了调查。发现应收账款的审计程序存在重大问题。李斯特怀特会计师事务所对应收账款采取了肯定式函证程序。结果是：

表2-3　　　　　　　　　　　　事务所的函证结果

事务所选择的账户总数	599
肯定回函的客户数	41
否定回函的客户数	119
没有回函的客户数	391
应利品科特公司要求没有发函的客户数	48

首先，事务所没有发函询证的48笔账款是审计人员已经发现其中有问题、存在争议的账户（因记录错误而存在争议）；其次，事务所未对119家否定回函的应收账款采取后续审计程序，以证实这些金额的正误；再次，对没有回函的应收账款未采取其他替代审计程序，以证实余额正确与否。

还存在着大量重复记账和漏记贷项通知单等低级错误。

利品科特公司提供给事务所的应收账款总账和明细账调节表中存在差异，总账比明细账多出79 713美元，而事务所人员仅作简单的测试就接受了总账金额，而实际上还存在着更大的误差。

还有一项与应收账款余额有关的事项却并未引起审计人员的足够重视。这就是利品科特公司与波士顿教育研究会的合同。1971 年,利品科特公司与波士顿教育研究会签署一项协议,向后者提供一系列少儿读物。到 1977 年年底,利品科特公司账簿上记录的波士顿教育研究会的欠款已超过其成本。为此双方协议利品科特公司减免 40 万美元欠款但却未入账。审计人员明知有其事却未重视,因为他轻信了财务总监的解释以为协议在 1978 年以后才生效。

从上面的描述中可看出李斯特怀特会计师事务所的审计程序中有许多不符合准则之处,原因是审计人员有时间压力。因为时值合并谈判之处,谈判双方都希望事务所能早出报告。另外事务所的质量控制存在问题,没有对此项审计进行必要的监督,从而导致审计出现重大问题。因此事务所受到美国证券交易委员会的通报批评。

(二) 分析

函证中应注意以下几点:

1. 函证工作应由审计人员直接办理;

2. 询证函中应指明回函直接寄至会计师事务所;

3. 函证可使用传真、电子邮件等方式进行,但必须要求被函证单位寄回询证函的书面原件。

(三) 思考题

1. 审计资产类项目与负债类项目有何不同?

2. 审核应付账款与应收账款的程序有何不同?

3. 如何处理好时间压力大、任务重与高审计质量之间的矛盾?

四、课堂讨论案例

【案例 1】

在对某钢铁企业进行会计报表审计中,向阳会计师事务所业务助理人员小王负责具体实施应收账款的函证工作。小王首先向企业索取了由企业编制的应收账款明细表,通过对应收账款明细表的分析,小王按照独立审计准则的要求选取了 420 个样本,共计 168 个单位需要寄发询证函。由于时间紧、发函量大,小王决定重要的工作自己做,其他的请公司财务处的人员帮忙。于是小王在亲自写好询证函后,交给企业的财务处,请他们帮助盖章,盖章后复印一份留交小王作工作底稿用,把原件装入信封并帮助写好地址、贴上邮票然后寄出去。

【问题】请分析审计人员的做法是否妥当?

【提示】注册会计师应亲自控制询证函的发送和收回,尽量索取回函;必要时,可直赴对方单位予以确认。对于函证回函不符金额,注册会计师应要求客户解释不符原因,并追查客户提供的相关资料,必要时,建议被审计单位做适当调整。

【案例2】

四海公司是个小规模企业,注册会计师王某对应收账款账户进行审计时发现如表2-4所示情况:

表2-4　　　　　　　　　　　四海公司应收账款情况

单位名称	金额（元）	账龄	备　　注
X公司	25 000 000	3年	
Y公司	500 000	1年以内	
Z公司	80 000	2.5年	2007年Z公司因产品质量问题与A公司发生纠纷
W公司	15 000	3年	A公司的子公司
V公司	680 000	1.5年	

于是,注册会计师王某选择对X、Z、W、V公司进行函证,其中对X、Z、W公司进行积极式函证,对V公司进行消极式函证。

【问题】评价注册会计师的做法是否妥当?

【提示】在审计实务中,除非有充分证据表明应收账款对被审计单位会计报表而言是不重要的,或者函证很可能是无效的,否则,注册会计师应当对应收账款进行函证。如果注册会计师不对应收账款进行函证,应当在审计工作底稿中说明理由。一般说来,注册会计师应选择大额或账龄较长的项目、与债务人发生纠纷的债务人、关联债务人、主要客户债务人、余额为零债务人、非正常的债务人进行函证。该案例中,由于W公司为A的子公司,虽然应收账款的年末余额较小,但仍然需要对其进行函证,但值得注意的是,由于关联方之间容易出现问题,且其函证回函可靠性降低了(实质上已经成为内部证据),因此,注册会计师选择样本时必须对关联方交易进行函证,但函证的对象不一定是关联方,也可以是与关联交易相关的第三方,以此来提高函证回函的可信性。当债务人个别账户的欠款金额较大或有理由相信欠款可能会存在争议、差错等问题时应选择积极式函证。当同时存在以下条件时,可以采用消极式函证:(1)固有风险和控制风险评估为低水平;(2)涉及大量较小的账户余额;(3)预期不存在大量的错误；（4）没有理由相信被询证者不认真对待函证。

【案例3】杭州艾比艾公司虚假出资案

据《南方周末》披露，杭州艾比艾公司有从事商业欺诈活动之嫌疑以及虚假注资1 000万元的经历。该报记者走访了为杭州艾比艾公司验资审核的中国银行杭州分行凯旋支行和浙江江南会计师事务所。

银行："我们出具了8万元的银行单据。"凯旋支行副行长方正说，这家公司2000年6月到凯旋支行下属的杭大分理处办验资手续，他们按照操作规定对该公司的资金情况予以核准并发询证函给了会计师事务所。方正说："我们拿到艾比艾公司的验资报告的时候，上面显示的资金是8万元，一共是7张交款凭证。"该行认定，他们出具的银行单证上写的是8万元人民币。

会计师事务所：浙江江南会计师事务所办公室主任曹奕对记者说："当时我们接到银行出具单证上的金额是1 000万元，一共有7张单据，是合伙人的各自出资情况。"记者追问："这些单据的真假能够确定吗？""当然，这些印章和数字的书写都是正确的，一点都看不出有改写的迹象。"曹奕肯定地说。

凯旋支行说已经将杭州艾比艾公司的验资询证函装信封并加封签交给查询单位。而浙江江南会计师事务所的曹奕说，这份询证函不是直接取自银行，而是由该公司董事长王增才自己拿过来的。他们当时看不出信封的封签有被动过的痕迹。记者追问曹奕："如果拿到询证函之后再向银行核对一下，是不是可以避免这样的事件发生？"曹奕承认这对他们来说是一个教训。

2000年9月经人举报，杭州市工商局对此事展开调查，发现杭州艾比艾公司虚报巨额注册资金的事实，已经责令该公司限期改正，罚款70万元，并将调查情况移交给杭州市下城区公安分局。

【讨论】该案例中，8万元的询证函回函变成1 000万元的原因可能有哪些？注册会计师分别应承担什么责任？

第三节 存货舞弊案例及审计方法

与其他的资产项目比较，存货的审核较为复杂，这一方面是由存货自身的特点决定：一般说来存货是资产负债表的主要项目，也是营运资金的最大组成项目；存放于不同处所（包括工厂及分支机构），控制及盘点困难；种类、项目繁多，差异性大，观察与鉴定困难；可能因为呆滞、过时、陈旧及受损而使其价值减损；存货成本计算烦琐。另一方面，观察存货盘点者是新手，或者每年派赴观察盘点的人没有连续性，会计师事务所合伙人及经理很少亲赴现场观察存货的盘点。存货的价值确定涉及两个要素：数量和价格。确定现有存货的数量常常比较困难，因为货物总是在不断地被购入和销售；不断地在不同存放地点间转移以及投入到生产过程之中。存货单位价格的计算同样可能存在问题，所以存货价值的确定是一个难题。由于上述原因，导致存货成为财务报表舞弊的高发区。

一、道提斯食品公司审计案例
——注册会计师潦草执行盘点程序导致审计失败的案例

该案例是一个极其普通的审计案例。由于工作上的压力，道提斯食品公司分部的总经理威廉·那斯温特通过在财务报表中虚增存货、降低销售成本的方法，从而使财务报表能够达到其预期的利润，他也可从中得到上司的奖励。这是一个老调重弹的手法。但是，由于注册会计师惧怕冰库的恶劣环境，因此，在存货盘点的程序上，徒有形式，致使其诈骗得逞。

（一）道提斯食品公司情况简介与问题症结

20 世纪 70 年代末，威廉·那斯温特担任了美国道提斯食品公司的销售员。该公司是上市公司，其总部设在美国弗吉尼亚的普茨茅斯。这位雄心勃勃的年轻销售员，以其努力工作及奉献精神，给他的上司留下深刻印象。不久，他被提拔为格雷温斯分部的总经理，并加薪近一倍。格雷温斯分部是一个贮货中心，专门负责批发冰冻食品给东海岸的零售商。

那斯温特很快发现，经营大规模批发比一般零售更复杂，且而压力更大。他升任后不久，该分部便因业绩不佳受到总部批评。之后，那斯温特又因未能实现目标利润而备受指责。事实上，他认为，这些目标利润是相当不切实际的。最后，他决定自己来解决这些问题。为此，他在上报总部的月度业绩报告中虚增存货，并通过提高月末存货余额来降低公司产品销售成本，从而提高了毛利。

事隔多年，那斯温特声称他从未打算一直沿用上述做法。相反，他这一招只是作为缓兵之计。"我心里始终认为，我的部门终有一天能获取足够的利润以填补虚增的存货部分"，然而事与愿违，格雷温斯分部的实际经营业绩一直不尽如人意。年复一年，那斯温特欲罢不能，被迫不断假造，通过增加越来越多的虚假存货金额来达到目标利润。最后，他不得不向公司的一位行政官员承认：几年来他一直在向公司总部提供虚假的存货报告。那斯温特当即被解雇。不久，道提斯公司聘请普华会计师事务所来确定格雷温斯分部会计记录中的存货误差程度及其对公司财务报表的影响。普华会计师事务所调查显示，道提斯公司 1980 年的合并净收益由于那斯温特的造假虚增了 15%，而 1981 年虚增更大，达到了 39%。

那斯温特虚增该部存货的方法相当简单。1980 年，他在该部年度实有存货报告书中，混入 3 页虚假的存货项目登记表。另外，那斯温特还更改了很多存货项目的计算单位。例如，某产品应为 15 盒，而他却在存货登记表上改为 15 箱。1981 年，道提斯公司引进了存货申请电算化系统后，使那斯温特造假更为简单，他只需往该部存货日记账上输入一笔虚构存货即可。

（二）格特曼会计师事务所的审计经过

在 1980 ~ 1981 年间，道提斯食品公司均由格特曼会计师事务所审计。汤姆斯·韦森是该事务所的审计部经理，并于 1981 年提升为合伙人，他担任了审计道提斯公司的签约人。道提斯公司审计业务的主管，是由法莱克·波拉主持。在道提斯公司主管部门向美国证券交易委员会（SEC）披露那斯温特舞弊行为后，政府机构便着手调查 1980 年及 1981 年格特曼会计师事务所对道提斯公司的审计情况。SEC 批评了韦森及波拉在审计工作中的失职行为。尤其是对他们没有严格地审核该公司的存货账户深表不满。基于以下原因，SEC 始终认为，应把道提斯公司的存货项目视为高风险账户。因此，韦森及波拉在那两年对该公司的存货审计时，应采取不同于常规程序的详查方法。这是因为：第一，存货在道提斯公司资产负债表中是最大的主干科目，其金额约占总资产的 40%；第二，韦森和波拉都清楚地知道，道提斯公司（特别是格雷温斯分部）的存货内部控制制度，存在很多薄弱环节，而这些薄弱环节会使利用存货舞弊的可能性增加。最后，SEC 指出：在 1980 ~ 1981 年间，格雷温斯分部的存货余额大量增加，使得该分部的存货周转率大大低于正常水平。

另外，SEC 也批评韦森和波拉在 1980 ~ 1981 年间，对格雷温斯分部存货的审计中，没有对他们本人及下属所发现的问题作深入调查。在 1980 年的存货实地盘点完成后，那斯温特向韦森和波拉交来 3 张虚假的存货登记表，并声明是审计人员在盘点时忽略掉的。韦森和波拉粗略地核对之后，便把表上所有金额归入了格雷温斯分部的存货余额中。在 1981 年，该分部存货实地盘点完成后，负责该业务的高级审计人员发现存货登记表上的数目与计算机打印出来的年末存货余额不符。他通知了韦森并给那斯温特写了一份备忘录，要求他作出解释。但那斯温特根本没有答复，而韦森本人也没有继续追查此事。波拉在复核审计人员的工作底稿时，对这一备忘录没有留意，因此也没有进一步调查登记表与计算机所列示的存货金额之间为什么存在巨额差异。

那斯温特在向 SEC 提供证词时，对格特曼会计师事务所审计人员的工作态度并不欣赏。他证实自己经常要为存货短缺和转移存货编造各种各样的借口，而审计人员显然从不证实这些借口的真伪。他还证实了审计人员们在格雷温斯分部的冷库里清点存货时马马虎虎，"审计人员们都不愿待在冷库里。那里的确太冷了。"

（三）审计案例的处理

由于韦森和波拉在道提斯案中的失职行为，SEC 责成他俩必须在今后的工作中，修完几门专业课程，并且要求他俩在以后出具审计报告时，应受同级别的注册会计师的监督，以确定其是否运用了恰当的审计程序。因为是韦森及波拉个人没有执行格特曼会计师事务所的质量控制标准才引发此案，所以 SEC 没有制裁格特曼会计师事务所。1983 年，道提斯公司解聘了格特曼会计师事务所，转而聘请普华会计师事务所。为逃避惩罚，那斯温特签署了一份保证书。在保证书中，他既没有承认也未否认 SEC 的指控，但他承诺以后不会触犯联邦证券的法规。据报道，他后来受雇于道提斯公司的竞争对手。

（四）分析

由于期末存货的数量直接影响到企业财务报表反映的金额，存货监盘可以有效地证实存货的存在性和完整性及存货的品质状况，所以监盘程序执行得好坏与审计报告的质量息息相关。盘点是判定存货是否存在的重要程序，也是获取实物证据的重要方法。

多数情况下存货盘点的条件比较艰苦，盘点的内容和程序也比较繁杂，审计人员容易产生畏难和烦躁的情绪，从而放松对存货的监督盘点。本案例即是如此，大部分存货存放在冷库中，温度在零下十几度，而且道提斯经营的是食品批发，则存货的种类必定繁多。审计人员面对这样艰苦的环境，清点存货时马马虎虎，抱着侥幸的态度，终致审计失败。而审计人员不认真的工作态度被客户看在眼里，更增加了其存货舞弊的胆量。

二、美国法尔莫公司会计报表舞弊案例

（一）案例简介

法尔莫公司是一家全国连锁经营的药店。莫纳斯首先设法获得了位于（美）俄亥俄州阳土敦市的一家药店，在随后的 10 年中他又收购了另外 299 家药店，从而组建了全国连锁的法尔莫公司。不幸的是，这一切辉煌都是建立在资产造

假——未检查出来的存货高估和虚假利润的基础上的，这些舞弊行为最终导致了莫纳斯及其公司的破产。同时也使为其提供审计服务的"五大"事务所损失了数百万美元。下面是这起案件的经过：

自获得第一家药店开始，莫纳斯就梦想着把他的小店发展成一个庞大的药品连锁公司。其所实施的策略就是他所谓的"强力购买"，即通过提供大比例折扣来销售商品。莫纳斯首先做的就是把实际上并不盈利且未经审计的药店报表拿来，用自己的笔为其加上并不存在的存货和利润。然后凭着自己空谈的天分及一套夸大了的报表，在一年之内骗得了足够的投资用以收购了8家药店，奠定了他的小型药店的基础。后来发展到了拥有300家连锁店的规模。一时间，莫纳斯成为金融领域的风云人物，他的公司则在阳土敦市赢得了令人崇拜的地位。

在一次偶然的机会导致这个精心设计的、至少引起5亿美元损失的财务舞弊事件浮出水面之时，莫纳斯和他的公司炮制虚假利润已达10年之久。这实在并非一件容易的事。当时法尔莫公司的财务总监认为因公司以低于成本出售商品而招致了严重的损失，但是莫纳斯认为通过"强力购买"，公司完全可以发展得足够大以使得它能顺利地坚持它的销售方式。最终在莫纳斯的强大压力下，这位财务总监卷入了这起舞弊案。在随后的数年之中，他和他的几位下属保持了两套账簿，一套用以应付注册会计师的审计，另一套反映糟糕的现实。

他们先将所有的损失归入一个所谓的"水桶账户"，然后再将该账户的金额通过虚增存货的方式重新分配到公司的数百家成员药店中。他们伪造购货发票、制造增加存货并减少销售成本的虚假记账凭证、确认购货却不同时确认负债、多计或加倍计算存货的数量。财务部门之所以可以隐瞒存货短缺是因为注册会计师只对300家药店中的4家进行存货监盘，而且他们会提前数月通知法尔莫公司他们将检查哪些药店。管理人员随之将那4家药店堆满实物存货，而把那些虚增的部分分配到其余的296家药店。如果不考虑其会计造假，法尔莫公司实际已濒临破产。在最近一次审计中，其现金已紧缺到供应商因其未能及时支付购货款而威胁取消对其供货的地步。

注册会计师们一直未能发现这起舞弊，他们为此付出了昂贵的代价。这项审计失败使会计师事务所在民事诉讼中损失了3亿美元。那位财务总监被判33个月的监禁，莫纳斯本人则被判入狱5年。

（二）分析

在日常审计过程中，容易忽视对多地存货和异地库存货（存放在外地存货）的盘点，从而产生审计风险。证实存货数量的最有效途径是对其进行整体盘点。

注册会计师必须合理、周密地安排盘点程序并谨慎地予以执行。盘点的时间应尽量接近年终结账日。在盘点时应尽可能采取措施以提高盘点的有效性，比如各存放点同时盘点、停止存货流动以及盘点数额达到合理的比例等。不过，即使注册会计师谨慎地执行了该程序，也不能保证发现所有重大的舞弊。这是因为存货的盘点测试存在以下局限性：（1）管理当局往往派代表跟随注册会计师，一方面记录测试的结果，同时也可掌握测试的地点及进程等情况。这样，审计客户就有机会将虚构的存货加计到未被测试的项目中，从而错误地增加存货的总体价值。（2）在执行盘点测试程序时，注册会计师一般会事先通知客户测试的时间和地点以便其做好盘点前的准备工作。但是，对于那些有多处存货存放地点的公司，这种事先通知使管理当局有机会将存货短缺隐藏在那些注册会计师没有检查的存放点。（3）有时注册会计师并不执行额外的审计程序以进一步检查已经封好的包装箱。这样，为虚报存货数量，管理当局会在仓库里堆满空箱子。

因此，存货盘点中应注意由熟悉客户情况的注册会计师领队。风险愈大，要求的经验愈丰富。对于欠缺经验的助理人员，应给予适当的指导，鼓励他们发现疑点并立即告知现场合伙人、经理或其他领队。如果合伙人或经理无法亲临盘点现场，应预留电话，以便助理人员遇有重大紧急问题时可以联络。观察前应预先召开会议，提示重点，注意潜在问题。

执行盘点观察时：（1）抽点的重点应放在高价值的项目上。（2）如果不是每一个地点均列入观察，不要事先或太早告知客户前往的地点。如果采用循环盘点的方式，不要轻易让客户熟悉选样的模式。（3）对重大或不寻常的盘点差异，或客户随行人员格外关注和记录审计人员抽点的项目，或客户人员对审核程序感到过度关心者，均应提高专业警觉性。（4）很久未用的存货项目，或存放地点和保管方式不寻常，应保持机警以确定是否有受损、过时及过量等情况。（5）盘点时公司间及工厂间的存货调拨收发活动应尽量避免或减少；否则，应确定是否已做好适当控制。

另外，还可通过分析程序识别可能的存货舞弊，这一程序从整体的角度对客户提供的各种具有内在钩稽关系的数据进行对比分析，有助于发现重大误差。如前文所述，由于存货造假会使有些项目出现异常，因而对存货与销售收入、总资产、运输成本等项目进行比例和趋势分析，并对那些异常的项目进行追查，就很可能揭示出重大的舞弊。针对存货的分析性程序包括：

（1）存货的增长是否快于销售收入的增长？

（2）存货占总资产的百分比是否逐期增加？

（3）存货周转率是否逐期下降？

（4）运输成本所占存货成本的比重是否下降？

（5）存货的增长是否快于总资产的增长？

（6）销售成本所占销售收入的百分比是否逐期下降？

（7）销售成本的账簿记录是否与税收报告相抵触？

（8）是否存在用以增加存货余额的重大调整分录？

（9）在一个会计期间结束后，是否发现过入存货账户的重要转回分录？

三、课堂讨论案例

【案例1】

注册会计师张某在审计 X 公司"存货"项目时，发现其中有 X 公司所属子公司异地存货，虽然提供了单位的存货清单，其数额占 40% 左右，但由于所属子公司分散在全国各地，审计人员由于受到限制无法分赴各地进行审验。

【问题】 请问审计人员应实施哪些审计程序以证实这些存货的数量？

【提示】（1）建议被审计单位对"存货"数额较大的所属子公司，委托附近会计师事务所进行审计；（2）在时间和条件允许的情况下，审计人员也可派出一定人员对被审计单位所提供的存货清单进行抽查，根据抽查情况来发表审计意见。

【案例2】

注册会计师李某在审计 Y 公司"存货"项目时，发现其中原材料的 M 材料，金额为红字（负数）65 万元。

【问题】 请分析产生这种情况的原因及注册会计师应如何做？

【提示】 不论该公司采用计划成本法还是实际成本法核算原材料，其金额都不应出现负数。其产生的原因是"错误"或"舞弊"导致的多转成本或费用，影响当期经营成果。

【案例3】

注册会计师王某在审计 Z 公司"存货"项目时，通过"计价性测试"审计程序，发现 Z 公司 V 产品的计价情况如表 2-5：

表 2-5　　　　　　　　　　Z 公司存货明细账

项目	本月购进			本月发出			本月结存		
	数量	单价	金额	数量	单价	金额	数量	单价	金额
11 月							3 500	258	903 000
12 月	26 000	246	6 396 000	27 500	246	6 765 000	2 000	267	534 000

【问题】请分析该公司存货计价是否恰当?

【提示】分别用加权平均法、先进先出法、后进先出法计算本月发出存货的总金额与本月结存存货的总金额,并与该公司账本记录对比。

【案例4】

向阳公司是一个拥有遍布全国 29 个销售网点的陶瓷制造和销售企业,也是云天会计师事务所的老客户。注册会计师李天担任向阳公司 2007 年度会计报表审计的项目经理,他计划从 29 个销售网点中选出 3 个销售网点进行盘点,于是提前数月通知向阳公司拟要参与盘点的销售网点,当向阳公司盘点工作准备就绪后,李天委派王磊等 4 名助理人员(都是新毕业的大学生)前去参与向阳公司 3 个销售网点的存货盘点,王磊等助理人员在昆明等 3 个销售网点发现仓库里堆放着装着陶瓷制品的大箱子,箱子外表贴着"数量:68 件;品质:一等品"的标志,他们清点了大箱子的数量,发现清点数量与销售网点报来的在途存货数量相加之和,与账面存货数量一致,就形成了存货监盘的工作底稿,交给项目经理李天,李粗略地看了王磊等形成的存货监盘工作底稿,就据此确认向阳公司存放在各个销售网点陶瓷制品 785 万元。

事实上,向阳公司由于被所欠往来款项拖累,2007 年现金流量严重不足,影响生产,致使各个销售网点缺乏存货,销售网点的仓库里只有 16 万元以往年度没有销售出去的等外品及残次品。向阳公司虚构存货 785 万元的途径极为简单:(1)盘点时把散放在不同处所的存货集中到注册会计师拟要参与盘点的 3 个销售网点;(2)大箱子里有的是空的,有的装的是等外品及残次品;(3)直接虚报在途存货。

【问题】审计人员在存货监盘中存在哪些问题?

【提示】(1)37 个网点只选择了 4 个实施监盘,样本范围是否充分;(2)抽点前预先通知了客户;(3)实地清点时没有开箱验证并清点数量和观察品质;(4)对于客户报来的在途存货,没有追加审验程序予以确认,这 4 点做法可能会导致什么后果;(5)项目经理应该怎么做;(6)对于陶瓷品这样的易碎存货应实施什么程序。

第四节　虚假确认费用的审计案例

费用是指企业在日常活动中发生的、会导致所有者权益减少的、与向所有者分配利润无关的经济利益的总流出。

通过费用的确认和计量调节利润,是企业进行盈利管理的常用手法。在实务中，企业虽已确认费用，任意预提和摊销费用，动辄将费用资本化，少提准备，潜亏挂账，虚计资产，将费用作为利润的"调节器"和"蓄水池"。

一、耶鲁捷运公司审计案例
——压低预计运输费用来抬高利润的案例

（一）案例简介

耶鲁捷运公司是一家股票上市公司，于 1963 年兼并了共和货运公司。由于共和货运公司营运不善，出现了巨额亏损。但是耶鲁捷运公司的副总裁麦克森却要求共和货运的财务主管金伯格出具盈利 25 万美元的报告，实际情况是 1963 年共和货运亏损 90 万美元。而在会计方法的使用上出现了很大的分歧，焦点是年底尚未入账的运输费用的估计方法。由于提供劳务方不能及时开具发票，所以金伯格要对年底的负债估计入账。以往惯例是共和货运每收入 1 美元就支付约 0.84 美元的运输费用。而麦克森却决定 1963 年运费降为 0.78 美元，这种预计费用的变动将使共和货运公司 1963 年的净收益虚增 100 多万美元。

1964 年第一季度通过调整分录冲减运输费用 60 多万元。1964 年后期耶鲁捷运公司利用被篡改的财务报表取得一笔 700 万美元的贷款，那份报告显示公司1964 年的前三个季度盈利达 150 万美元，而实际情况是亏损近 200 万美元。也正是这笔贷款使公司最后垮台。

1965 年耶鲁捷运公司已不能再隐瞒其严重的财务危机。公司管理人员披露：公司爆出的 1964 年的报表是不正确的，实际是亏损 300 万美元而不是报表中的盈利。1963年实际亏损 120 万美元而不是经审计的财务报告所披露的盈利 114 万美元。

事实被揭露后，股东纷纷起诉耶鲁捷运公司及为该公司做审计的毕马威会计师事务所。1965 年 5 月该公司宣布破产。破产公司的总资产为 4 700 万美元，总负债为 3 900 万美元。由于资产总额中无形资产所占比重较大，结果负债总额超过有形资产 400 多万美元。

1964 年年初，毕马威的审计人员在审计 1963 年度的报表时，曾指出该公司少计运费近 200 万美元，在调整增加 97.5 万美元后事务所才接受了这一账项。其后不久，由于金伯格向董事会汇报了麦克森篡改经营成果一事，于是董事会又聘请毕马威会计师事务所为"特别研究项目"的顾问来调查这件事，调查结果显示公司确实大大少计了运费。

因此，原告认为毕马威事务所在出具 1963 年度的审计意见（无保留意见）之前就已经知道该公司运费被低估的事实。而事务所却坚持是在之后才得知真相的。

耶鲁捷运公司麦克森证词说：取得贷款所编制的 1964 年前 3 个季度的报表是未经审计的，事务所认为在年末时将会作调整和修改。而事务所人员证词说他已再三警告过管理人员，根据未经调整的会计记录编制的会计报表会存在重大的差错，将虚假的财务报告用于贷款是公司精心设计的骗局。

最后，毕马威事务所拿出 65 万美元结束此案。由于耶鲁捷运公司欠毕马威的审计费用，毕马威是耶鲁捷运公司最大的无抵押普通债权人。在耶鲁捷运公司破产重组后，事务所获得耶鲁捷运公司 12% 的股权。

（二）分析

费用的形成涉及的事项较为复杂，有已预付以后年度进行分摊的，也有尚未支付属于预提的，因此费用的确认伴随较多的人为估计，会计人员经常以配比原则为借口推迟一些费用的确认。

根据新会计准则的规定："企业为生产产品、提供劳务等发生的可归属于产品成本、劳务成本等的费用，应当在确认产品销售收入、劳务收入等时，将已销售产品、已提供劳务的成本等计入当期损益。

企业发生的支出不产生经济利益的，或者即使能够产生经济利益但不符合或者不再符合资产确认条件的，应当在发生时确认为费用，计入当期损益。

企业发生的交易或者事项导致其承担了一项负债而又不确认为一项资产的，应当在发生时确认为费用，计入当期损益。"

另外，该案例中还反映一个问题，即毕马威会计师事务所的独立性受到威胁。1964 年 3 月 31 日事务所作为审计方对公司 1963 年财报发表"无保留意见"，两个月后，毕马威作为"特别研究项目"顾问调查公司的运输费用，发现严重低估，1965 年，毕马威成为被告。作为顾问，为了履行其顾问的职责，其立场明显要站在公司管理部门这一边，而作为审计人员，则要求其保持公正独立的立场。该案例中，毕马威会计师事务所在审计耶鲁捷运公司的同时，又承担了公司"特别研究项目"的顾问。按原则说来，注册会计师没有保持应有的独立性。尽管这一研究项目与审计无关，但事后在法庭辩论时，总有理屈词穷的感觉。

二、将费用资本化的案例

【案例】重庆渝钛白粉股份有限公司

重庆渝钛白粉股份有限公司（以下简称渝钛白公司）是在以吸收合并方式

接受重庆化工厂后于 1992 年 9 月 11 日宣告成立的，是以社会募集方式设立的公众股份有限公司。1993 年 7 月 12 日，"渝钛白"在深圳证券交易所上市交易。从 1996 年开始，公司在经营上开始出现亏损（1996 年亏损 1 318 万元，公司未予分配）。

重庆会计师事务所对渝钛白公司进行了 1997 年度的审计，并于 1998 年 3 月签发了颇有争议的中国证券史上第一份否定意见审计报告。

报告指出：1997 年度应计入财务费用的借款即应付债券利息 8 064 万元，公司将其资本化计入了钛白粉工程成本；欠付中国银行常青市分行的美元借款利息 89.8 万美元（折合人民币 743 万元）公司未计提入账，两项共影响利润 8 807 万元。由于受到这两个事项的重大影响，注册会计师认为渝钛白公司 1997 年 12 月 31 日资产负债表和 1997 年度利润及利润分配表、财务状况变动表未能公允地反映贵公司 1997 年 12 月 31 日财务状况和 1997 年度经营成果及资金变动情况，从而出具了否定意见审计报告。

1. 事务所与公司就 8 064 万元应付债券利息是费用还是资产的争论

1997 年借款的应付债券利息 8 064 万元属于资本还是费用？

根据《企业会计准则》固定资产价值的构成是指固定资产价值包括的范围。从理论上说来，它应包括企业为购建某项固定资产达到可使用状态前所发生的一切合理、必要的支出，其中当然包括为购建某项固定资产所发生的借款利息。但是，一旦固定资产购建完毕并投入使用，为购建固定资产而发生的借款利息就应计入期间费用，予以资本化，这是有关会计准则重视而又非常明确规定的。不按规定处理，就会引起信息误导，产生不利的导向。

渝钛白公司的总会计师认为：一般的基建项目，建设完工即进入投资回收期，当年就开始产生效益。但钛白粉工程项目不同于一般的基建项目，这是基于两个方面的因素：一方面，钛白粉这种基础化工产品不同于普通商品，对各项技术指标的要求非常严格，需要通过反复试生产，逐步调整质量、消耗等指标，直到生产出合格的产品才能投放市场。而试生产期间的试产品性能不稳定，是不能投放市场的。另一方面，原料的腐蚀性很强，如生产钛白粉的主要原料硫酸一停工，则原料淤积于管道、容器中，再次开工前，就必须进行彻底的清洗、维护，并调试设备，年报中披露的 900 万元亏损中很大一笔就是设备整改费用。因此总会计师总结说，钛白粉项目交付使用进入投资回报期、产生效益前，还有一个过渡期，即整改和试生产期间，这仍属于工程在建期。也就是说，公司在 1997 年度年报中将 8 064 万元的项目建设期借款的应付债券利息计入工程成本是有依据的。

渝钛白公司为了证实总会计师的说法，还以重庆市有关部门的批复文件为依据，坚持认为该工程为在建性质，而非完工项目。

重庆会计师事务所坚持认为：应计利息 8 064 万元人民币应计入当期损益。理由是该公司钛白粉工程于 1995 年下半年就开始投产。1996 年已经可以生产出合格产品。这一工程虽曾一度停产，但 1997 年全年共生产 1 680 吨，这一产量尽管与设计能力 15 万吨还相差甚远，但主要原因是缺乏流动资金，而非工程尚未完工，该工程应认定已交付使用。

2. 事务所与公司就 89.8 万美元（折合人民币 743 万元）借款利息的争议

截至 1997 年年底，渝钛白公司欠付银行利息 89.8 万美元。对此，公司管理当局的解释为：这是 1987 年 12 月原重庆化工厂为上 PVC 彩色地板生产线，向中国银行重庆分行借入的贷款 60 万美元造成的。该项目建成后，一直未正常批量生产。1992 年公司改制时，已部分作为未使用资产。但改制前，重庆化工厂已部分偿还了利息和本金。数年之后（1997 年）该行通知公司欠付利息 89.8 万美元。本年决算期间，公司未能和银行认真核对所欠本金数额，故未予转账。公司打算在 1998 年度核对清楚后在据实转账。

而重庆会计师事务所则坚持认为这笔利息已经发生，应予以确认并计提入账。注册会计师的依据是：确认费用应遵循权责发生制原则。按照权责发生制原则凡应属于本期的收入和费用，不论其款项是否已收到或支付，均作为本期的收入和费用处理。由此可见，企业未与银行对账，这是公司内部的管理问题，它不能改变会计准则规定的确认标准。根据会计准则一笔费用肯定发生并可计算出确定的数额，应与收入配比，在当期予以确认。由于渝钛白公司坚持认为必须在核对账目之后再予以确认，注册会计师不得不以否定意见的方式否定上述做法。

三、一次性冲销大量的公司重组费用

公司决定重组时，会发生重组费用，有时这种费用是巨大的。例如，1998 年美国宝洁公司（P&G）为了应付未来变局，已经拟好 2000 年的战略规划及企业重组，其重组费用估计高达数亿美元。如此巨大的费用，理论上应采用递延法处理，将递延余额留在资产负债表上，逐年冲销利润。但有些公司却将巨额的重组费用一次从资产负债表上完全抹掉，大幅度降低当年利润，甚至表现为一次性亏损。公司为什么要这样做？因为从投资者的角度来看，他们虽然注意公司一时的损失，但更关心未来的盈利情况。基于这种心态，很多公司宣布重组及高昂的重组费用之后，由于利空出尽，股价不跌反涨。另外，当市场预测发生改变或公司盈利不足时，已注销的重组费用可进行保守测算，所谓被夸大的重组费用，将变成公司另一会计年度的收入。

四、课堂讨论案例

注册会计师周水在审计千千公司 2007 年度会计报表时，发现千千公司于2007 年发行可转换公司债券（"可转债"）用于房地产开发项目，为该"可转债"的发行，千千公司共计支付辅助费用约人民币 7 968 万元，主要包括券商承销费、担保费、律师费、审计费、上网发行费、信息披露费等，全部计入房地产开发成本核算。

【问题】该公司的会计处理是否恰当，注册会计师应如何处理？

【提示】企业发行债券时，如果发行费用大于发行期间冻结资金所产生的利息收入，按发行费用减去发行期间冻结资金所产生的利息收入后的差额，根据发行债券筹集资金的用途，属于用于固定资产项目的，按照借款费用资本化的处理原则处理；属于其他用途的，计入当期财务费用。如果发行费用小于发行期间冻结资金所产生的利息收入，按发行期间冻结资金所产生的利息收入减去发行费用后的差额，视同发行债券的溢价收入，在债券存续期间于计提利息时摊销。其他借款费用的处理原则，比照长期借款费用资本化的规定办理。据此，千千公司发行可转换债券所支付的辅助费用可计入房地产开发成本，但由于发行可转换债券所筹集的资金不一定全部用于当期拟建工程，而将其一次计入拟建工程的开发成本，既不符合匹配原则，也不能真实反映拟建工程的资金成本状况，因此，应当在债券存续期内，根据发行可转换债券所筹资金的预计使用情况，合理划分计入开发成本和财务费用的部分。

第五节 关联方交易案例及审计

企业通过兼并、重组、控股等资本运营手段，使我国集团公司纷纷出现。因此，企业间关系日趋复杂，关联方关系及其交易大量存在。在保障大股东权益的条件下，造成对少数股东权益的侵犯。也正是由于相关联的经济业务的渗入，其动机很可能不同于正常的营业关系，从而加大了审计人员的审计风险。其次，关联方的界定不清、未予披露的关联方交易也使审计难度加大。

高等学校会计学专业特色教材

一、林肯存贷款信用社审计案例
——关联单位的交易，形式大于实质

（一）案例简介

1978 年，小查尔斯·凯汀创建美洲大陆公司，6 年后美洲大陆公司收购了林肯存贷款信用社，主要经营项目有住宅贷款业务，但后来凯汀将信用社的贷款重心从住宅抵押贷款转移到土地开发项目上。

1989 年，林肯存贷款信用社倒闭，美国纳税人至少损失了 20 亿美元。该案也引起全国的关注，其中一个焦点就是林肯存贷款信用社聘请的独立审计师的失职：他们未能揭露出欺诈性的房地产交易，使得该信用社虚报了上千万美元的利润。

凯汀设计了一系列不具实质的交易，虚报林肯存贷款信用社的利润以达到其从林肯存贷款信用社抽取现金的目的。

这些交易是这样安排的：

1987 年的"隐形大峡谷"交易。1987 年 3 月 30 日，林肯存贷款信用社将 1 960 万美元贷给了卡西尔公司。当天，凯汀的密友及卡西尔公司的所有者兼经营者卡西尔，将 350 万美元再贷给了维斯肯公司。第二天，维斯肯公司用 1 400 万美元向林肯存贷款信用社购入亚利桑那州的一块 1 000 英亩的尚无改良的沙质土地，这个价格相当于其公允价值的两倍。当然维斯肯公司仅支付了 350 万美元的定金，其余款项则是签发了无追索权的票据。对此，林肯存贷款信用社报告了 1 100 万美元的利润，但这笔利润是永远不可能实现的。

凯汀和他的同伙利用相同的手法进行了其他几笔类似的交易，这些交易给林肯存贷款信用社带来可观的利润。仅 1986 年和 1987 年，林肯存贷款信用社利用这一会计方法确认了 1.35 亿美元的利润，这个数字超过了该信用社两年总利润的一半以上。作为林肯存贷款信用社的股东，美洲大陆公司就可从信用社中提取大笔现金；而那些无追索权的票据根本收不回资金，林肯存贷款信用社就不得不确认损失，然后再实施同样的手段制造盈利。这样最终导致了林肯存贷款信用社的破产。

1985 年之前，林肯存贷款信用社是由安达信审计，这之后，林肯存贷款信用社改聘安永审计。而当时安永正因丢失许多大客户而遭受损失，在接下来的 5 年中，由于安永会计师事务所的积极参与，产生了强烈的市场效应，使安永在全国的客户净增了 100 个。因此有人提出：在审计市场上的激烈竞争，是否已迫使一些会计师事务所甘愿接受高风险的客户以换取大笔审计费用。

正是由于安永签发的无保留意见的审计报告使得林肯存贷款信用社能继续从事非法活动。在此期间，凯汀利用林肯存贷款信用社的分支机构，为美洲大陆公司发行了2.5亿美元的债券，据说债券是用林肯存贷款信用社的房地产作担保的，债券的发行对象主要是退休人员，他们中的很多人误以为这些债券是受到联邦政府保护的。其中有一位80多岁的退休会计师，将他的毕生积蓄约20万美元购买了该债券，在该债券变为一堆废纸后，他在家中自杀。

（二）分析

美洲大陆公司作为林肯存贷款信用社的母公司，为了从林肯存贷款信用社名正言顺地提取现金，就要为林肯存贷款信用社的报表上"创造"出利润，从而林肯存贷款信用社就可以以分配股利的形式向美洲大陆公司输送现金。于是美洲大陆公司的主管人员设计了一系列不具实质的房地产交易。该交易中蓄意高估资产的价值，造成增值的假象，然后再借钱给好友购买该资产，该交易中只收到部分现金，其他签发无追索权票据（会计上记为应收账款），久而久之成为坏账，如果没有新的交易来填补漏洞的话，账面就会出现巨额亏损。

林肯存贷款信用社违背实质重于形式的原则，通过关联交易，利用会计手段，创造出虚假利润。

关联方交易审查的难点在于其中的虚假交易很可能表面上满足形式的需要，形式要件齐全，掩盖了经济业务的实质。因此，注册会计师不能仅关注会计的表达方式，更要关注其背后经济业务的实质内容。

（三）思考题

1. 什么是"实质重于形式"原则，是审计师还是公司财会人员应对确保服从该原则负首要责任？

2. 当客户与关联单位进行大宗交易时，这些交易会怎样影响审计人员的审查？审计人员通常采取什么措施来判断客户已经正确地记录这些交易？

二、我国上市公司关联交易举例

（一）严重违背市价的商品购销

【案例1】

美尔雅通过与控股公司签订的产品销售协议，可以从每套西服的销售中获得毛利达千元以上，而在同期与日本三泰衣料株式会社的销售协议中，每套西服只得到 800 日元的加工费（折合人民币 53.23 元），相比之下，这笔关联方交易的定价明显地违背了市场原则，导致了美尔雅收入和利润的虚增。

（二）利用托管经营

【案例 2】

中海海盛船务股份有限公司 1997 年净利润总额 5 662.97 万元，净资产收益率 12.46%（1996 年为 10.6%，1995 年为 15.9%），注册会计师在审计报告中，加具了如下解释性说明："我们注意到下列事项：贵公司与母公司——广州海运（集团）有限公司签订《期租船租赁合同》租入'罗浮山'轮，同时与广州海运（集团）有限公司兴华船务分公司签订《代管协议》，将此轮委托经营，在 1997 年 4 月 1 日至 1997 年 12 月 6 日的租赁期间，'罗浮山'轮为贵公司实现营业收入 2 813 万元，实现毛利 1 968 万元。"如果扣除上述影响，公司 1997 年净利润将大幅降低，净资产收益率将低于 10%。

（三）母公司占用上市公司资金

【案例 3】

2000 年 6 月，媒体公布了深交所公开谴责猴王的公告：猴王公司 1994 年 7 月以来，长期借款给大股东使用，金额达 8.91 亿元。另有 3.3 亿元大额银行借款不入账。1998 年以来，又为大股东提供担保 2.44 亿元，公司涉及的重大诉讼事项达 32 项，金额达 3.5 亿元。另外从 1995 年开始至 2000 年每年从大股东猴王集团收取资金占用费三四千万元不等，总额高达 1.9 亿元，然而，这笔资金占用费从来都没有收到，只是挂账而已。此外，公司还把原值不过 3 500 万元的两处房屋以高达 2 000 万元的年租金租给集团。1998 年，ST 猴王 0.13 元每股收益中竟然有 0.12 元是靠"租赁"而来的。

【案例 4】

广东万家乐股份有限公司主营输变电设备、燃气用具的生产及销售，是我国著名品牌。公司 1998 年和 1999 年业绩较为稳定，2000 年出现大幅滑坡，2001 年巨亏，全年亏损 9.78 亿元，被 ST 处理。从年度报告注释中分析得到，对外担保形成的预计负债为 2.86 亿元，这笔担保是 1992 年 12 月至 1999 年 9 月期间为原大股东新力集团公司和广东万家乐集团公司提供的贷款担保。这是导致 2001 年巨亏的原因。

（四）非货币性资产的交易

【案例5】

1998年7月1日，粤海发在资产置换公告中披露，粤海发将拥有的上海正大餐饮有限公司40%的股权作价4 000万元，与深圳粤海集团拥有的深圳海峰电子有限公司95%的股权合计7 000万元进行置换，差价3 000万元另外偿付，注入粤海发的主要资产为海峰电子拥有的苏州泰园物业。

粤海发净赚3 500万元，占当年利润的124%，1997年还亏损的粤海发1998年中期每股收益0.57元，中期净资产收益率达43%，高居两市首位，成为耀眼的重组明星。与此相伴的是股价飙升，粤海发成了1998年最引人注目的牛股之一，最高攀升至30元，全年涨幅达177%，位列两市涨幅第三位。

经查，在粤海发公告上述内容时，海峰电子不具有泰园物业产权，上述资产置换不成立。由于虚假公告，造成粤海发1998年中期及该年度财务会计报告包含虚假利润。相关的董事长和经理被处以警告和罚款。

1998年无论市场表现还是业绩表现，粤海发都上演了丑小鸭变天鹅的神话，这类重组经不起时间的考验也经不起事实的考验。

【案例6】

2000年4月武汉诚成文化投资集团公司董事会公告称：本公司1999年度资产置换形成的5 600万元的利润，因使用的会计方法不当而不能确认，由此调整1999年度的财务报表和利润分配方案。

长印文化娱乐公司资产账面价值为854万元，评估价值为870万元；传世藏书资产账面价值为6 270万元，评估价值为6 528万元，双方以评估价值进行资产置换，武汉诚成因此形成5 600万元的收益。

此次置换经有关部门认定这6栋别墅的房产证过户手续于2000年1月11日才完成，故该项资产置换在1999年度不成立。

武汉诚成预期于2000年配股，1997年度、1998年度的净资产收益率分别为11.89%和6.9%，1999年度的净资产收益率必须在11.21%以上才可以配股。如果本次交易认可，1999年度的收益率为12.09%，如果不能确认，净资产收益率将降为1.66%，就失去配股资格。

（五）关联交易的非关联化

【案例7】

天津磁卡原持有天津环球高新公司94%的股权，天津磁卡2001年与天津环球高新公司签订购销合同，将价值 2.15 亿元的静态验钞机销售给后者，产品销售毛利达 1.31 亿元，占上市公司 2001 年度合并主营业务利润的 54.56%。2001 年中期天津磁卡将环球高新持股比例降低至 47%，而上述销售已经完成，2001 年年末天津磁卡不再持有天津环球高新的股权。由于上述两次股权的转让，将关联方转为非关联方，发生的巨额销售就不必因合并报表而抵消，也不会受到暂行规定销售毛利超过 20% 即计入资本公积的约束。

【案例 8】

如 ST 康赛（现更名为天华股份）的关联方天华电气有限公司、珠海天华集团控股有限公司分别将所持有的天华骏烨功率元器件有限公司 51.54%、38.46% 的股权无偿捐赠给 ST 康赛，这一捐赠行为虽不能确认收益，但 ST 康赛随后出售天华骏烨功率元器件有限公司的部分资产，即为公司带来收益 569.93 万元。

【案例 9】

ST 中侨重组案例中，大连柏兴向公司捐赠土地使用权以及用土地使用权抵付收购 ST 中侨两个子公司的交易，如果视做一笔交易，ST 中侨取得的现金 3 200 万元低于对价 40 720 万元（14 950 + 9 500 + 16 270）的 25%，按照非货币性交易准则，ST 中侨只能就收到补价 3 200 万元的部分按"应确认的收益 = 补价 −（补价/换出资产公允价值）× 换出资产账面价值"确认收益 1 155 万元。而如果按照公告看做是三笔交易，补价 3 200 万元超过了 9 500 万元的 25%，便可规避非货币性交易准则的制约，作为货币性交易，确认收益 9 299 万元（由于公司已于 2001 年对上海新海房地产公司的投资全额计提了减值准备，因此实际确认收益 9 500 万元）。而实际上，大连柏兴用来交易的位于大连市甘井子区土城子村的三块土地，本来就是一个整体，这一点从上海上会资产评估有限公司出具的资产评估报告编号以及评估单价完全相同可以看出端倪，而 ST 中侨后来取得的土地使用权证也只有一个［大国用（2002）第 04062 号］，面积是三块土地的合计数 677 亩。可见交易中涉及的三块土地实际是一个整体，应该视为一笔交易，人为分割成三笔交易可能是为了满足账务处理的要求。

【思考题】 我国关联方交易的动机是什么？目前规范关联方交易的法规有哪些？

三、课堂讨论案例

【案例 1】

注册会计师李浩审计向阳公司 2002 年会计报表时，发现 2002 年 4 月向阳公司以单价 100 元/件向精美公司销售产品甲 50 000 件，产品甲成本价 25 元/件，一般市场销售价格为 45 元/件。注册会计师注意到此销售价格异常的交易后，要求向阳公司提供交易过程的相关资料和向阳公司与精美公司的相关关系资料等，但向阳公司没有提供，注册会计师对此出具了保留意见的审计报告。

【问题】 请判断二者是否为关联方？

【案例 2】

注册会计师李浩审计向阳公司 2002 年会计报表时，发现该公司 2002 年 11 月 3 日将其持有的家园有限责任公司 43.3% 股权按每股价格 2.16 元转让给金华公司，但该股权经华诚评估事务所评估每股净资产为 1.257 元。于是李浩询问有关人员，都说该转让价格是在评估基础上由向阳公司和金华公司协议而定的。因现有的资料不能证实向阳公司和金华公司之间是否存在关联关系，李浩在审计的意见段之后加强调事项段对此事项予以披露。

【问题】 请判断二者是否为关联方？

【提示】 在审计实务中，有些企业间的关联性比较模糊，很难加以认定，下列审计程序可以帮助注册会计师发现被审计单位没有提供或隐瞒的关联方及其交易：(1) 评估公司业务处理程序及对关联企业交易的处理的会计方法。(2) 要求管理人员提供关联企业名单及关联企业当年交易事项。(3) 核对向政府申报的关联企业资料。(4) 确认员工退休基金及管理人员名单。(5) 查核股东名单以确认其主要股东。(6) 调阅上次审计报告中的工作底稿。(7) 询问关联企业的业主，了解管理单位涉及的重要交易内容。(8) 查核重大投资事项，发现新增关联企业。

如果发现以下情况，注册会计师可以怀疑交易双方可能存在关联方关系：(1) 没有利息或利息偏离市场利率太多的借贷款项；(2) 不动产售价过低；(3) 非货币性的财产交换；(4) 没有制订还款计划的借款事项；(5) 没有实质销货的代垫款项；(6) 销货附带重新买回条款；(7) 提列应收利息高于市场利率的贷款；(8) 对没有清偿能力者贷款；(9) 代垫款转为无法偿还贷款；(10) 不需成本或花费极少的进货或服务；(11) 表面贷款，事后冲销为呆账；(12) 从未提供服务的付款；(13) 透过不必要的交易以低价销售给关联企业再转售给客户；(14) 以高于公平市价购入资产。

附：

《企业会计准则第 36 号——关联方披露》(部分)

根据会计准则的规定，一方控制、共同控制另一方或对另一方施加重大影响，以及两方或两方以上同受一方控制、共同控制或重大影响的，构成关联方。

下列各方构成企业的关联方：

（1）该企业的母公司。

（2）该企业的子公司。

（3）与该企业受同一母公司控制的其他企业。

（4）对该企业实施共同控制的投资方。

（5）对该企业施加重大影响的投资方。

（6）该企业的合营企业。

（7）该企业的联营企业。

（8）该企业的主要投资者个人及与其关系密切的家庭成员。主要投资者个人，是指能够控制、共同控制一个企业或者对一个企业施加重大影响的个人投资者。

（9）该企业或其母公司的关键管理人员及与其关系密切的家庭成员。关键管理人员，是指有权力并负责计划、指挥和控制企业活动的人员。与主要投资者个人或关键管理人员关系密切的家庭成员，是指在处理与企业的交易时可能影响该个人或受该个人影响的家庭成员。

（10）该企业主要投资者个人、关键管理人员或与其关系密切的家庭成员控制、共同控制或施加重大影响的其他企业。

关联方交易的类型通常包括下列各项：

（1）购买或销售商品。

（2）购买或销售商品以外的其他资产。

（3）提供或接受劳务。

（4）担保。

（5）提供资金（贷款或股权投资）。

（6）租赁。

（7）代理。

（8）研究与开发项目的转移。

（9）许可协议。

（10）代表企业或由企业代表另一方进行债务结算。

（11）关键管理人员薪酬。

第六节　利用会计估计变更与会计差错舞弊

会计估计，是指企业对其结果不确定的交易或事项以最近可利用的信息为基础所做的判断。需要做出会计估计的交易有：折旧的年限（如将公司的折旧年限延长，企业的利润就会轻易增长）、坏账的准备率（如中科健1997年将所属子公司深圳安科高技术有限公司的坏账准备计提率由3%降为2%，当年中科健净资产收益率为 10.9%)、固定资产残余价值、无形资产摊销年限、或有事项的估计、长期负债利息的确定、应付债券溢价、折价的摊销、收入确认等。会计估计的变更是因为:(1)赖以进行估计的基础发生了变化;(2)由于取得了新的信息、积累更多的经验等。由于会计估计往往需要运用职业判断和经验,对会计估计进行修订,第三方很难说是对还是错,所以,会计估计变更也很容易用来进行粉饰会计报表。

会计差错是指在会计核算时,由于计量、确认、记录等方面出现的错误,其原因可分为以下几类:①会计政策使用上的差错。《企业会计准则》规定,企业应当按照会计准则和会计制度的原则与方法进行会计核算。但在具体执行过程中,有可能由于各种原因采用了会计准则和会计制度的原则和方法不允许的会计政策。例如,对不应计提折旧的土地计提折旧,而对本应计提折旧的房屋、建筑不计提折旧。②会计估计上的差错。由于经济业务中不确定因素的影响,企业在会计核算时经常需要做出估计。但是,由于种种原因,会计估计可能发生错误。例如,企业在估计固定资产的使用年限和残值时,发生错误;企业在存货遭受毁损,对损失的估计发生错误。③其他错误。在会计核算中,还可能发生除前述两种差错以外的其他差错。例如,漏记交易或事项、错记借贷方向、错记借贷金额,等等。

一、海王生物公司案例

海王生物近几年净利润一直在几千万元左右,2002 年 4 223 万元,2003 年 4 394 万元,2004 年 2 266 万元,即便我们如数承认海王生物账面这几千万元利润,它也是建立在一系列会计估计变更及重大会计差错之上的,请看:海王生物 2003 年、2002 年都曾使用变更会计估计手法进行利润操纵:2003 年年报称,坏账变更使本年利润总额增加了 8 783 万元,而海王生物 2003 年年底应收账款总额高达 81 760.3 万元,比 2002 年年底增长了 60.88%,坏账准备却由 2002 年年底的 4 162.6 万元下降至 3 658.7 万元。2002 年年报称,股权投资差额摊销年限由 10 年变为 20 年,该项变更使本年利润总额增加 2 027 万元,股权投资差额主要包括两笔:一是 1999 年收购深圳海王药业有限公司,收购价 34 865 万元,差额 12 542 万元;二是 2000 年收购北京巨能新技术产业有限公司,收购价 3 亿元,差额 18 439 万元。虽然说股权投资差额可以在投资年限内摊销,但问题是这两家被投资公司质地一般,甚至很差。2003 年度海王生物将北京巨能股权转让,转让方无权支付对价,以亚洲能源股份抵债,而亚洲能源股价被严重操纵，从原本是 0.2 元炒到 2 元多，最后每股 2 元作价抵偿。"炒高股价、以股抵债"奇招令人折服，但由于价格与价值严重背离，股价回归是必然趋势，这就是 2005 年半年报海王计提 4 700 万元亚洲能源投资跌价准备的背景。实际上随着该股股价进一步回归，海王还面临进一步计提减值准备的困境。而海王药业 2004 年亏损 1 611 万元，王吉舟在《证券市场周刊》上称海王已空心化，2000 年募集的 14 亿元资金已"烧得"差不多了，事实也是这样，但就是这样的事实，海王生物仍对子公司的股权投资差额沿用 20 年的摊销年限令人难以理解：不提投资减值准备已经说不过去了，还将股权投资差额年限从 10 年延长至 20 年，如此激进的会计政策令人发指。如果没有这两项会计估计变更，海王生物 2002 年、2003 年早已报亏。

除了利用会计估计变更调增利润外，海王生物 5 年来重大会计差错不断：

2004 年度更正差错，使本公司 2003 年利润总额累计减少 4 025 万元，2003 年末净资产累计减少 11 047 万元。2003 年度更正差错，公司年初的现金等价物减少 15 000 万元。2002 年度差错更正共计调减了期初净资产 1 120 万元。2001 年度差错更正累计使 2001 年年初未分配利润减少 4 855 万元，重大会计差错总额 5 993 万元。仅以 2004 年年报为例，2004 年重大会计差错触目惊心，有六项重大会计差错，其中两项是：

1. 本公司 2004 年度发现收到长春海王生物制药有限公司的股权转让款的比例较低（未超过 50%），购买方未能根据合同约定的期限支付股权转让款项，有关股权过户手续也未办理，根据财政部有关文件规定，股权转让尚不能确认。2004 年度，本公司将长春海王纳入合并报表范围，同时作为会计差错更正将长春海王纳入 2003 年度合并范围，并调整了本公司 2003 年度合并会计报表数据。待有关事项符合财政部文件规定的条件后再确认股权转让，并不再纳入合并报表。同时，海王生物更正了长春海王以前年度的重大会计差错。主要是：①长春海王在 2002 年末与客户进行对账时发现包括吉林海王医药营销有限公司等客户在内的总额为 5 192 万元的应收账款无法收回，应在 2002 年计提 100% 的特别坏账准备，应补提坏账准备 4 011 万元；②2002 年度计提固定资产减值准备等 142 万元；③2003 年度补提应付的销售费用 203 万元；④2003 年度根据公司统一坏账计提政策补提坏账准备 504 万元。由于此项错误的影响，使海王生物 2003 年利润总额减少 707 万元，海王生物按占长春海王 80% 的权益计算，2003 年末净资产减少 3 890 万元。

2. 本公司控股子公司深圳海王药业有限公司发现如下差错：①本年度在对拨付各地区的备用金进行清理时发现 2002 年末有 2 800 万元应费用化，因无法核销应计提 100% 的坏账准备；②2002 年销售退回 456 万元，2003 年销售退回 1 914 万元未冲减当年度收入；③2002 年末多计提所得税 68 万元，2003 年度多计提所得税 420 万元。由于此项错误的影响，使本公司 2003 年利润总额减少 1 914 万元，按本公司占海王药业 100% 的权益计算，2003 年末净资产减少 4 682 万元。

一直以来，海王药业是海王生物的顶梁柱，可海王药业竟然存在 2 800 万元挂账费用及 2 370 万元销售退回不入账；长春海王股权转让在 2003 年年底不能确认，则虽然准备出售子公司可以不并表，但也要按权益法核算损益，不管股权转让价格是多少。海王生物一而再、再而三犯类似低级错误，到底是公司治理及内控机制存在严重缺陷，还是有意而为之？无论是哪一种情况，都说明海王生物财报重大错报风险极高，会计报表很难信赖。事实上，经过追溯调整后，海王生物 2002 年亏损 3 533 万元，2003 年也只剩下 1 039 万元盈利。就是这样的盈利额，背后还有更大的数字游戏。

二、TCL 的"会计差错"

TCL 通讯在 2001 年年报中主动对高达 15 485 万元的重大会计差错作追溯调整，调整后，TCL 通讯 2000 年度由盈利 2 632 万元变为亏损 8 356 万元，由于该公司 1999 年已出现巨额亏损（净亏 17 984 万元），如果 2000 年再亏损，该公司就要沦为"ST"了。对此事项，市场人士李德林将其解读为"TCL 通讯财务造假虚增利润"，但 TCL 坚决予以否认，称"公司 2000 年会计报表所反映问题属于会计处理和会计估计不当，中国证监会广州证券监督管理办公室的《整改通知》与公司《整改报告》的公告均已作此认定"。并称"会计处理和会计估计不当，属于对会计准则理解的偏差造成的，将其推断为'财务造假'是不负责任的做法，严重误导公众并对我集团造成伤害"。

根据专业人士分析，TCL2001 年年报的"重大会计差错"中，包括提前确认未实现的销售收入 426 万元、研发费用未计入当期损益 1 200 万元、提前确认所得税返还收益 300 万元、漏结转成本 2 616 万元、少计销售费用（广告费）1 992 万元、未抵销存货中未实现利润 840 万元、其他 220 万元，以上重大会计差错合计 7 595 万元，追溯调整 2000 年度净利 -7 168 万元、2000 年以前 -427 万元。提前确认收入、少计成本、少计费用是最典型的财务造假手法。

【分析】由于会计估计具有以下特点：一是由未来事项的不确定性引起的；二是在一定假设的基础上由有关人员运用专业判断作出的；三是结果具有不精确

性。使得注册会计师在对其进行审计时，很难有一个精确的审计判断标准，因而只能判断其是否符合企业当时的情况，即判断其合理性，而无法对其真实性和合法性（只要会计估计没有超过法律限定的范围）进行判断，由此导致会计估计审计的难度加大，需要注册会计师具备更高的职业判断能力和经验。

三、课堂讨论案例

【案例1】

注册会计师张伟审计新杭公司 2007 年会计报表时，了解到新杭公司 2007 年为东方公司向建设银行借款 2 436 万元提供担保，当逾期而东方公司尚未支付时，建设银行向法院提起诉讼，要求新杭公司承担连带赔偿责任，2007 年 11 月一审裁定新杭公司赔偿，新杭公司正在上诉，在 2007 年年末根据律师的意见，估计最有可能的赔偿金额为 2 680 万元，会计处理如下：

借：营业外支出 　　　　　　　　　　　　　　　　2 680 万元
　　贷：预计负债 　　　　　　　　　　　　　　　　　　2 680 万元

张伟检查了担保协议、法律诉讼文件以及律师意见书，确认了新杭公司的会计处理，但当张伟注意到 2008 年 2 月 5 日新杭公司已经接到法院的终审判决，并支付给建设银行 2 820 万元计入 2008 年 2 月的账上，张伟建议新杭公司调整 2007 年会计报表相关数字，调整分录为：

借：营业外支出 　　　　　　　　　　　　　　　　　140 万元
　　预计负债 　　　　　　　　　　　　　　　　　2 680 万元
　　贷：银行存款 　　　　　　　　　　　　　　　　　2 820 万元

【问题】 注册会计师提出此调整意见是否恰当？理由是什么？

【提示】 在审计业务中，对于预计负债的审计，注册会计师应当检查与或有事项相关的法律文件、协议及其原始凭证，获取被审计单位对或有事项的专项声明，并向律师函证，以确认：（1）存在一定的背景、条件或迹象表明被审计单位可能遭受由于诉讼、索赔及估价而带来的或有损失；（2）引起法律诉讼的主要原因所发生的期间；（3）产生不利后果的可能程度；（4）潜在损失的数额或范围。有时，注册会计师还应当检查资产负债表日的相关事项以确认对预计负债的估计。对于律师回函——律师声明书，注册会计师应当根据律师的职业条件和声誉情况，确认律师声明书的合理性。如果律师声明书表明或暗示律师拒绝提供信息，或者隐瞒信息，注册会计师应视为审计范围受到限制，出具保留或无法表示意见的审计报告。

【案例 2】

注册会计师田某在审计华兴公司 2007 年会计报表时发现该公司对 2007 年 12 月 20 日转让债权以及精美公司（注：系大股东）欠款所形成的其他应收款未计提坏账准备。若根据该公司的会计政策与会计估计，对 1 年以内的应收账款按 3% 计提坏账准备，应提坏账准备 218.17 万元。华兴公司的理由是：根据精美公司与华兴公司签订的《债权转让协议》，债权转让款将在 2008 年末支付完毕，精美公司已对截至 2007 年末对该公司的欠款制订了还款计划，鉴于上述原因，该公司董事会决定，对该其他应收款不计提坏账准备。

【问题】 针对这种情况，注册会计师应出具何种审计意见？

【提示】《企业会计制度》规定，"除有确凿证据表明该项应收账款不能够收回或收回的可能性不大以外，与关联方之间发生的或计划对其进行重组的应收账款不能全额计提坏账准备。"这一规定并不意味着企业对关联方之间发生的或计划对其进行重组应收账款可以不计提坏账准备。企业对关联方之间发生的或计划对其进行重组应收账款与其他应收账款一样，也应当在期末时分析其可回收性，并预计可能发生的坏账损失，对预计可能发生的坏账损失，计提坏账准备。据此，该案例中，注册会计师强调说明的事项不符合相关规定，注册会计师应当建议华兴公司在期末分析转让债权以及精美公司（注：系大股东）欠款所形成的其他应收款的可回收性，预计可能发生的坏账损失，并做出相应的纠正和调整。

【案例 3】

注册会计师丁某对新泰公司 2007 年会计报表审计时发现新泰公司从 2007 年 1 月 1 日起改变了公路资产的折旧计提方法，从原来的年限平均法改变为车流量法。由于该项会计政策变更，新泰公司 2007 年度计提的公路折旧费比 2006 年度减少 670 万元。注册会计师认为，新泰公司采用车流量法计提公路资产折旧缺乏合理基础，并不能提供更为可靠、相关的会计信息。

【问题】 在该情况下，注册会计师应出具何种审计意见？

【提示】 新会计准则赋予企业管理层变动会计估计和会计政策的权利，但也同时约束企业不能利用会计估计和会计政策的变动调节利润，因此，注册会计师在审计中应当关注被审计单位会计政策和会计估计变动是否合理与合法，"合理"意味着被审计单位的会计政策和会计估计的变动更能使会计报表公允地反映被审计单位的财务状况与现金流量，"合法"意味着会计政策和会计估计的变动是在国家颁布的财务法规的框架下变动。

第七节　货币资金舞弊案例及审计

货币资金主要包括现金、银行存款、其他货币资金。这里所说的货币资金舞弊不是指会计或出纳利用职务之便、控制中的漏洞而偷盗挪用公司的资金，是上市公司管理层实施的，目的是用来财务造假的一种手段。

一、货币资金舞弊手段

（一）现金余额居高不下

某些上市公司的现金余额非常高，远远不是为了满足日常经营的需要（刚刚上市、增发或配股的除外），这么高的现金，可能是因为以下原因：

1. 大量现金本来就是虚构的，根本不存在。

2. 大股东或实际控制人早就占用了这笔资金，只是在报告期还回，暂时放在账上。

3. 为某些幕后的交易作准备。

4. 现金被冻结或质押，公司根本无法动用。

【案例1】闽福发（000547）

闽福发年收入只有2亿~3亿元（实际上真正的收入估计连1亿元都没有达到），但近几年货币资金一直保持较高余额，甚至超过了年收入额，而且闽福发的货币资金很有意思，除了2002年有"其他货币资金3 550万元"外，其余基本都是银行存款，而这些银行存款都是没有受限的。而实际上，闽福发大股东的股权早就被司法冻结或质押，闽福发截至2005年半年报，资产总额11.08亿元，股东权益4.60亿元，资产负债率58.48%，而这只是账面数，如果扣除大量的泡沫、虚假资产，笔者怀疑闽福发早已资不抵债，在此背景下，竟然还有2亿元甚至3亿元无受限的银行存款，只能断定这些银行存款实为虚构或早已受限。

表2-6　　　　　　　　　　闽福发的货币资金余额表

日　期	2001.12.31	2002.12.31	2003.12.31	2004.12.31	2005.12.31
货币资金（万元）	26 939	24 151	25 128	31 199	20 090
其中银行存款（万元）	26 009	20 595	24 859	30 782	19 731

【案例2】明天系

与德隆系齐名的明天系最近也传出资金链绷紧的传闻，明天系实际控制人是肖建华，其核心企业是明天控股，据该公司网站介绍：明天控股有限公司，是以IT行业为龙头，基础工业为后盾，产品开发和资本运作为两翼的大型高科技企业集团。现有20多个高科技控股公司，其中6家为大型上市公司。与明天系有染的公认的上市公司有华资实业（600191.SH）、明天科技（600091.SH）、宝商集团（000796.SZ）、爱使股份（600652.SH）、西水股份（600291.SH）。

2005年半年报披露，明天科技9.29亿元现金，华资实业5.60亿元现金，爱使股份10.30亿元现金，而3家公司总资产分别为29.37亿元、23.12亿元、32.22亿元。众所周知，明天系掌门人是资本运作起家，如今旗下上市公司有如此巨额现金令人生疑，尽管煤炭投资收益明显，但却不足以支撑整个系的现金需求，而肖建华等资本运作高手对现金需求是非常旺盛的，因为这几年熊市使大多数的同类资金链断裂，在这种背景下，明天系居然手握25亿元现金岂不令人生疑，在这巨额现金的背后怀疑又是一家家的金花股份（金花股份最近承认虚构巨额现金、隐瞒巨额账外借款）。

更令人感到意外的是，明天科技2005年第三季报显示其货币资金余额增加至16.79亿元，据该公司第三季报称"收到的其他与投资活动有关的现金"5.81亿元，但查遍所有的公开信息，不能知道这笔巨额资金的来龙去脉，明天科技称货币资金是公司在建项目的专项建设资金和必要的生产流动资金，而明天科技截至第三季度共实现收入5.11亿元，资金负债率尽管不高，但也有55%，欠银行贷款14多亿元（包括应付票据3亿元），海吉氯碱项目一期总投资也只有17亿元，明天科技为何要一次性准备如此巨额的现金呢？实际上，半年报并没有海吉氯碱项目，资金余额也高达9.29亿元，因此，我们怀疑这笔巨额现金涉嫌虚构或早已设定质押。

（二）受限现金舞弊

某些上市公司虽然账上挂着大量现金，但这些现金公司无法动用，或者只有在特殊条件下才可以动用。简而言之，这些现金是受到限制的。现金受限通常有以下特征：

1. 银行存款的数额变化非常小，如果能够看到具体某个账户的收付金额和余额，就更容易发现存款质押。

2. 现金充裕，但四处举债，甚至是贷款逾期不还。

3. 流动资金不足，但有相当多的定期存款、其他货币资金等。

4. 其他货币资金的金额较大，但没有说明该资金对应的使用目的。

【案例3】悦达投资（600805）

悦达投资 2004 年报现金余额 11.88 亿元，其中有外埠定期存款 5.27 亿元——人们不禁发出疑问：好端端跑大老远去存什么定期存款？且该存款无质押等情况。

截至 2004 年年底，该公司资产总额 61.87 亿元，其中货币资金 11.88 亿元，资产负债率 63%，银行贷款 31.66 亿元（包括应付票据 5.07 亿元），2004 年该公司实现收入 11.88 亿元，实现净利润 3 982 万元，经营活动、投资活动及筹资活动现金净流入分别为 6.13 亿元、–1.40 亿元及 –0.04 亿元。2004 年现金净增加 4.69 亿元。

2004 年年报披露：截至 2004 年 12 月 31 日，公司控股股东悦达集团及其子公司占用公司资金净额（悦达集团及其子公司占用公司资金扣除公司及子公司占用悦达集团及其子公司资金）合计为 22 629.00 万元。其中：本年累计增加 138 246.84 万元，本年累计减少 144 899.44 万元，全年平均占用净额 48 809.61 万元。

2005 年半年报显示，货币资金余额减至 9.22 亿元，经营性现金净流出 4.64 亿元。货币资金中有 5.25 亿元是其他货币资金，附注称：期末其他货币资金中为办理承兑汇票抵押存款金额 51 910.50 万元、信用保证金存款 659.44 万元、外埠定期存款 3.24 万元。而 2004 年年报中 11.88 亿元中有 9.37 亿元是其他货币资金，附注称：期末其他货币资金中为办理承兑汇票抵押存款金额 26 429.50 万元、信用保证金存款 2 639.19 万元、外埠定期存款 52 700.00 万元。

至此，可以百分之百肯定悦达投资外埠定期存款 5.27 亿元实为虚构或已设定质押，造假目的是掩盖关联方占用上市公司巨额资金违规行为。

（三）现金流水舞弊

资金运作的现金舞弊属于高技术的舞弊手段，他们可能通过集团内部的债权债务互转，通过中间公司使关联交易非关联化，通过银行或集团内部财务公司配合资本运作等，是技术含量最高且难以识别证明的现金舞弊。被曝光者往往是资金链断裂被逼现形，或者被监管机构调查后才得以曝光。

这类公司虽然手段高明、造假过程复杂，但都有一个共同的特征：资金往来非常复杂，资金流入流出量非常大。这类公司往往处于关系复杂的集团当中，尤其是多家公司组成的一个"系"。如果该集团的实际控制方资金匮乏陷入困境，那么，马上应该引起警惕，他们随时会想尽各种办法挖走上市公司的现金为自己解困。

对这类现金舞弊公司虽然不好直接识别和证明，但如果能够密切关注公司的各种信息，还是能够比较有效地防范的。

1. 上市公司处于一个关系复杂的集团当中，而且频繁担保与被担保。

2. 集团的实际控制人资金链断裂，十分迫切需要现金。

3. 母公司持有的上市公司股权已经被质押或司法冻结。

4. 上市公司有莫名其妙的资金往来，尤其是与关联方的现金往来。

5. 现金流量表中"收到（支付）其他与经营活动有关现金"金额巨大。

【案例4】天津磁卡（600800）

天津磁卡在2005年9月7日公告中称：研发基地一期建设总用地512.34亩，总投资103 896万元；2005年3月25日，公司与中贸源签订总价款为431 972 300元的《设备采购合同》，2005年6月30日，公司向中贸源预付了5.2亿元设备采购款及原材料采购款。总价值只有4.3亿元，就预付5.2亿元，且如此巨额工程设备不自己招标采购，反而委托一家背景不明公司操作，这只能说明这5.2亿元实际是在空转，也就是天津磁卡并没有真实收到5.2亿元的售房款，也没有真实支付5.2亿元的设备款，而是在银行的配合下做出的虚假现金流；实际上2003年度收回的关联方欠款5.3亿元以及后面支付印刷厂的6.3亿元也被怀疑涉嫌资金空转，以此转回巨额的减值准备，如果是这样，则其2003年、2004年巨额的非经常性损益都是虚假的。

（四）募集资金使用舞弊

募集资金的使用必须存入专用账户中，做到专款专用。不少上市公司在募集资金的时候虚报项目所需经费，费尽心机圈到更多的钱；募集到资金后名义上还挂在账户上，但实际早已秘密转出账外；或者将其作为存款质押套取贷款；或者虚报募集资金的使用金额和使用范围，愚弄广大投资者。

【案例5】建设机械（600984）

该公司2004年7月上市，首募资金2.4亿元，2005年半年报披露，货币资金余额还有7 639万元，但有5 888万元用于信用证保证金，实际银行存款只有1 746万元，2004年年报及2005年半年报显示真正用于在建工程建设的募集资金只有392万元，而该公司在2005年半年报称募集资金已使用18 116万元，剩余6 151万元存放于银行，并称有9 000万元用于补充流动资金，事实上2004年该公司经营性现金净流出13 312万元、2005年上半年该公司经营性现金净流出9 557万元，合计22 869万元，亦即建设机械募集的2.4亿元基本上全部用于"补充流动资金"，这与其披露的募集资金使用情况严重背离，实际上募集资金基本上没有投入募资项目，此外，在这 22 869 万元净流出背后怀疑是巨额资金被关联方占用。

【案例 6】莫高股份（600543）

这是一家 2004 年 IPO 的新股，首募 3 亿元现金，2004 年现金流量表显示经营性现金流净流出 17 976 万元，而该公司 2004 年主营收入只有 26 877 万元；2005 年上半年经营性现金净流入 16 159 万元，货币资金余额高达 31 038 万元，而其总资产也只有 83 608 万元，在货币资金备注中称：有 15 000 万元是半年期定期存款，即是半年期定期存款，为何不列入"其他货币资金"，并将此从"现金及现金等价物"中剔除？更关键的是，在还有 2.45 亿元贷款还没有偿还的情况下，为何要搞定期存款？当然，公司会争辩这是募集资金，要专款专用，可是为什么 2004 年会出现 1.8 亿元的经营性现金净流出呢，难道就没有占用募集资金？当然，更关键的是这笔资金除了存定期外，还没有受其他限制，如质押等。

（五）账外现金舞弊

由于账外现金很难看到，但为了弄清货币资金的完整性，所以，投资者和审计师必须对它特别小心。账外资金并非和账内资金没有任何联系，首先，追查账外资金的来源，账外资金往往是通过故意漏计现金业务，例如向银行贷款后把资金划入账外账户，贷款产生的负债也不入账，使资产负债表恰好平衡；其次，账外资金的使用，很多公司把投资二级市场的收益计入主营业务利润，以此来粉饰利润表；最后，每当账外资金投资失败或资金链断裂时，账外资金的债主往往会上门逼债，经常发生诉讼等纠纷，被迫曝光。投资者和审计师如果从这三个方面仔细分析，提高警惕，还是能够有效防范部分账外资金的。

【案例 7】长征电器（600112）

耀华玻璃（600716）2004 年的半年报中第四大流通股股东就是长征电器，长征电器股份公司持有耀华玻璃 879 512 股，而耀华玻璃 2004 年 6 月 30 日收盘价是 10.38 元。我们在长征电器 2004 年半年报中发现长期股权投资只有 2 156.4 万元，短期股权投资只有 30.3 万元，不能找到该项目投资，这说明了长征电器有账外资产。

【案例 8】银河科技（000806）

财政部 2005 年 6 月下达对银河科技审计师的行政处罚决定书无情地告诉大家这样一个事实，仅在 2003 年度，银河科技虚增销售收入 2.63 亿元、隐瞒银行借款 2.7 亿元。为了填补这 5.33 亿元的巨额窟窿，将大股东银河集团 2003 年 3.9 亿元购入的南宁国际大酒店 95% 的股权以 0.5 亿元的价格转让给银河科技，

2005 年 1 月 18 日公告了该关联交易事项，公告显示该酒店截至 2004 年末资产总额 4.78 亿元、负债 4.24 亿元、净资产 0.54 亿元，在这 4.24 亿元的负债背后是银河科技将账外的银行借款 2.7 亿元转给南宁国际大酒店（实际上转移的负债可能不止 2.7 亿元，应该在 3.5 亿元左右），银河集团作为银河科技的大股东占用上市公司巨额资金，而银河科技又隐瞒巨额债务，最后通过三方协议，银河集团以股抵债偿还占用资金。

二、现金审计策略

1. 控制函证。审计人员必须亲自取得银行函证，即使是销户账号也不例外，在函证过程中要多与银行工作人员交流企业存款是否受限、账户是否完整等，有效地降低企业隐瞒披露带来的审计风险。

2. 核对流水。（1）核对账面和对账单发生额时，务必关注两者的日期是否一致或者接近，高度重视长期未达账项，查看是否挪用资金等，必要时对一些认为可疑的收付进行延伸审计，包括到银行取得该款项的原始发生资料，到对方单位进行函证核对等。（2）关注收付业务内容与公司日常收支的相关性，对大额收付要额外关注。（3）关注银行之间资金划转，如果上市公司存在频繁和大量的银行之间划转，那么该上市公司现金舞弊的可能性就加大，审计人员一定要追查到底，不可半途而废。（4）关注一收一付、一收多付、多收一付等且金额相等、日期相近的情况，防止企业转移资金或者出借银行账号的情况。（5）结合应收应付账款科目审计，防止上市公司粉饰现金流舞弊的发生，审计人员应关注银行进账单，防止账面收款或者付款单位与银行凭证不一致。

3. 关注定期存款、保证金等受限制银行存款。（1）审计人员必须向上市公司索取企业定期原件，如果上市公司提供复印件，则说明该定期存款可能已经质押或者被占用。（2）询问上市公司未质押定期存款的存款目的和上市公司资金富裕程度，并结合上市公司经营现状和未来资金安排计划，对定期存款行为的合理性进行判断。

4. 关注未达账项。注册会计师在核查银行存款未达账项时，应该辨别未达账项是否正确，大额资金支出去向是否明朗，大额资金收入来源是否可疑，可结合资产负债表日后公司的相关业务的账务处理加以判断。若公司对未达账项在资产负债表日后入账及时，应核实所附原始单据是否完整、真实、合法；若公司迟迟不对未达账项入账，可以怀疑其不正常，应视公司能否做出合理解释来判断其是否存在问题。

5. 查询贷款卡。审计人员务必亲自到银行查询贷款卡信息，并将贷款卡信息与账面进行逐笔核对。审计人员在取得贷款卡时保持高度谨慎，必要时可以要求核对贷款卡信息系统信息与银行提供的纸质信息，防止企业与银行工作人员串通舞弊。

第八节　分析性程序审计案例

分析性复核法是指审计人员通过分析被审计单位重要的比率或趋势，包括调查这些比率或趋势的异常变动及其与预期数额和相关信息的差异而获取初步审计线索的方法。在实施分析性复核时，审计人员可以使用简易比较法、比率分析法、趋势分析法等。实际上，分析性程序并不是审计中的一种专用方法，而是财务报表分析方法在审计工作中的一项具体应用。实践证明，分析性程序在所有的审计程序中是成本较低而效果较好的方法。

一、美国医疗用品公司审计案例

（一）案例简介

1. 美国医疗用品公司的困境

里昂·赫斯奇在 1964 年创办美国医疗用品公司。经过十几年的惨淡经营，到 1980 年，医疗用品公司成为规模庞大、盈利丰厚的上市公司。1980 年之前，医疗用品公司可以说是处于垄断地位，但这之后，有几家公司开始进军这一领域，与医疗用品公司展开了激烈的竞争。主要的竞争对手是布莱克曼公司。从 1980 年起，医疗用品公司开始对布莱克曼公司予以猛烈回击。首先是起诉布莱克曼公司侵犯了专利权，其次是加大了研究开发的投入以求在新技术上战胜竞争对手。这两项措施使得医疗用品公司花费数百万美元，从而影响了它的盈利能力。

该公司在 20 世纪 70 年代末 80 年代初利润和销售的奇快增长，引起了美国证券交易委员会的关注，开始对其财务状况进行调查。美国证券交易委员会指出：该公司采取了多种操作，使 1980 年和 1981 年两年的财务报表的利润明显高估。而恩斯特·惠尼会计师事务所也收回了为其 1980 年和 1981 年两个年度财务报表审计所签发的无保留意见的审计报告。为了消除美国证券交易委员会的指控，美国医疗用品公司同意将过去所公布的盈利调低 260 万美元，并让高层管理人员退回这些年由于利润的增长而颁发的大笔奖金。

2. 美国医疗用品公司滥用的会计处理

（1）故意将构成产品成本的存货记作一项长期资产——模具。

（2）记录销售的方法，是当存货从公司总部转移到销售部门后就立即予以确认。美国医疗用品公司的管理人员公开下令把多余的存货运到销售人员处，以达到高估利润的目的。该公司利用这种手段，在 1980 年和 1981 年分别高估利润 115 万美元和 75 万美元。

（3）滥用会计原理，将一些开发和维护专利权的诉讼费用资本化。1980 年，美国医疗用品公司诉讼费用约 100 万美元，该公司将其资本化处理予以逐年摊销。1981 年，这一费用为 580 万美元，主要是与布莱克曼公司打官司花的。公司将这些费用在 10 年内摊销，而这些专利权的有效期在 1983 年和 1984 年就期满。

（4）随心所欲地延长一些固定资产的使用寿命，并首次为这些资产设立残值。

表 2 – 7　　　　美国医疗用品公司 1979～1981 年的合并财务报表　　　单位：千美元

年　份	1981	1980	1979
流动资产			
现金	426	1 234	596
应收账款	36 670	30 475	22 557
存货			
产成品	29 216	9 860	5 685
在产品	5 105	2 667	1 153
原材料	20 948	18 806	7 365
	55 269	31 333	14 203
其他流动资产	7 914	1 567	1 820
流动资产总额	100 279	64 618	39 176
机器厂房和设备			
土地	2 520	2 371	1 027
房屋	32 416	18 511	13 019
模具	32 082	15 963	8 777
机器和设备	40 227	23 762	12 362
	107 227	60 607	35 185

续表

年 份	1981	1980	1979
累计折旧	(14 953)	(9 964)	(6 340)
	92 274	50 643	28 845
其他资产	14 786	3 842	2 499
资产总额	207 339	119 103	70 520
流动负债	18 675	14 432	13 413
长期负债	80 642	47 569	33 497
递延所得税	7 466	2 965	1 384
股东权益	100 556	54 146	22 226
负债与股东权益合计	207 339	119 103	70 520
销售净额	111 800	86 214	60 876
成本和费用			
销售成本	47 983	32 300	25 659
销售管理及其他费用*	45 015	37 740	23 935
利息费用	5 898	4 063	3 403
	98 896	74 103	52 993
税前利润	12 904	12 111	7 879
所得税	1 120	4 226	2 750
净利润	11 784	7 885	5 129
每股净利润	1. 13	0. 89	0. 68
*其中包括研究与开发费	1 337	3 020	2 289

3. 审计工作中的缺陷

美国证券交易委员会在调查中发现恩斯特·惠尼会计师事务所在审计程序中存在许多缺陷，因此对该所提出严厉的批评。最大的缺陷是未执行适当的分析性程序。

首先，从1980～1981年资产类账户中"模具"一项的余额增加率超过了100%，面对如此不正常的增加，注册会计师应该仔细查找增加的性质和来源，确认某些成本是否可以按照公认会计准则予以资本化。

其次，公司的研究和开发费用1981年与1980年相比下降了50%以上。而

1981 年正是美国医疗用品公司着手开发大型新产品之际，这显然不合逻辑。

最后，恩斯特·惠尼会计师事务所忽视了"专利"账户的诉讼费大大增加。

证券交易委员会认为，恩斯特·惠尼会计师事务所应注意到美国医疗用品公司 1981 年财务报表中许多账户变化很大，且这些变化很显然是增加了该公司 1981 年的利润。这些应该引起事务所足够的重视。而且，美国医疗用品公司经理的奖金与业绩是直接挂钩的——如果公司每股利润增加 15% ~ 30%，经理们可以获得比工资高出 15% ~ 75% 的奖金。也就是说管理层有很大的造假动机。

会计师事务所在考虑是否可以允许美国医疗用品公司在将存货运送到销售人员手中后，立即确认销售实现这一问题时，犯了严重的错误，因为这些销售极有可能无法实现。

实际上在恩斯特·惠尼会计师事务所的审计人员在审计模具这一账户时，曾经发现了问题的端倪，并做过一些调查，如走访了为医疗用品公司加工模具的拉赛制造公司（也是恩斯特·惠尼会计师事务所的客户）以确认这些支出的真正性质。但拉赛制造公司的经理拒绝为这些支出的性质作出书面的证据。最终，恩斯特·惠尼会计师事务所的合伙人以证据不足、金额很小结束了调查并签发了无保留意见的审计报告。

【分析】注册会计师如果认真分析美国医疗用品公司的财务报表，就能发现异常现象，从而很快地确定审计重点。通过分析性复核找出报表数据中与企业所处的客观环境、经济形势等不相符的地方，然后分析这种差异是否正常，如果不正常，则应抱着怀疑的态度追查下去。该案例中，美国医疗用品公司正处于研究开发较多的时期，则注册会计师应格外关注研发费用与无形资产账户，看其会计处理是否符合会计准则，毕竟，将研发费用资本化处理是企业惯用的伎俩。

二、课堂讨论案例

注册会计师李浩对向阳公司 2005 年度会计报表进行审计，该公司为一均衡生产企业，2005 年产销形势与上一年相当，且未发生资产与债务重组行为。注册会计师李浩已经对该公司会计报表（1 ~ 6 月份）进行了预审，有关利润表的情况如下：

表 2-8	2005 年度利润表			单位：人民币元
项 目	1~6 月已审实际数	7~12 月未审数	全年合计数	2004 年审定数
一、主营业务收入	120 000 000	216 000 000	336 000 000	240 000 000
减：主营业务成本	100 000 000	162 000 000	262 000 000	204 000 000
主营业务税金及附加	720 000	1 000 000	1 720 000	1 200 000
二、主营业务利润	19 280 000	53 000 000	72 280 000	34 800 000
加：其他业务利润	400 000	300 000	700 000	686 000
减：营业费用	820 000	800 000	1 620 000	1 600 000
管理费用	4 550 000	6 000 000	10 550 000	9 000 000
财务费用	1 450 000	1 750 000	3 200 000	2 800 000
三、营业利润	12 860 000	44 750 000	57 610 000	22 086 000
加：投资收益	—			
补贴收入	—	5 000 000	5 000 000	
营业外收入	60 000	940 000	1 000 000	800 000
减：营业外支出	400 000	550 000	950 000	900 000
四、利润总额	12 520 000	50 140 000	62 660 000	21 986 000
减：所得税（33%）	4 131 600	16 546 200	20 677 800	7 255 380
五、净利润	8 388 400	33 593 800	41 982 200	14 730 620

【问题】 请指出注册会计师应重点关注哪些账户？为什么？

第九节 内部控制失败的案例

内部控制系统在审计工作中的运用被视为近代审计和现代审计的分水岭。COSO 控制框架共有控制环境、风险评估、控制活动、信息与沟通、监控五个要素，覆盖了公司生产经营活动的所有空间和时间，包括从文化理念到考核结果的评价等各个方面。

一、郑百文公司案例
——因内部控制混乱而被注册会计师出具无法表示意见审计报告

中国第一份因内部控制混乱，而被注册会计师出具拒绝表示（无法表示）

意见审计报告企业——郑百文。

审计报告：

……

经审查，贵公司所属家电分公司缺乏我们可信赖的内部控制制度，会计核算方法具有较大的随意性，而家电分公司的资产及业务量在贵公司占有较大比重，致使我们无法取得充分适当的审计证据对贵公司的整体会计报表的收入、成本及相关的报表项目的真实性、合理性予以确认。

……

我们认为，由于上述原因，不能取得充分必要的审计证据，无法确认其对报表整体的影响程度，我们无法对上述会计报表是否符合《企业会计准则》和《股份有限公司会计制度》的有关规定以及是否公允反映了贵公司 1998 年 12 月 31 日的财务状况和 1998 年度的经营成果及现金流量情况发表意见。

这与郑百文公司董事会的声明形成鲜明的对比。郑百文公司董事会的声明是："公司董事会确信……1998 年度的会计报表中，不存在虚假的记载……"

郑百文曾有过辉煌历史：1988 年在全国同行业率先进行股份制改革，成为全国商业批发行业龙头，1996 年上市。上市申请文件中称 1986～1996 年 10 年间，销售收入增长 45 倍，利润增长 36 倍；1996 年销售收入 41 亿元，名列全国同行业前茅。1997 年其主营规模和资产收益率等在所有商业上市公司中排第一。然而神话很快破灭，1998 年郑百文每股净亏 2.54 元，1999 年亏损 9.8 亿元，两创沪深股市亏损之最。如今其有效资产不足 6 亿元，而亏损超过 15 亿元。新华社《假典型巨额亏空的背后》一文形象地描述了郑百文没落之路："一边是越吹越大的数字，一边是越戴越多的桂冠；红极一时的背后掩藏着弄虚作假、胡作非为；一边是冠冕堂皇的理论，一边是移花接木的骗局；唬人一时的 'ST 郑百文经验' 把银行牢牢套住；一边是越铺越大的摊子，一边是越堆越高的债务；高速膨胀下的失控加速了 ST 郑百文神话的破灭。"郑百文的由盛而衰，是典型的内部控制的失败史。正如有关专家指出："郑百文事件为上市公司敲响了警钟，公司上市并不意味着万事大吉，如果上市公司内部没有形成行之有效的监督机制，上市后必然会出现问题。"下面我们依内部控制的若干要素，加以具体分析。

1. 控制环境（Control Environment）分析

企业的核心是企业中的人及其活动，人的活动在环境中进行。控制环境是指对建立、加强或削弱特定政策和程序效率发生影响的各种因素。控制环境是企业内部控制的核心，它直接影响到企业内部控制的贯彻和执行以及企业内部控制目标的实现。我们从以下几个方面对郑百文的内部控制环境进行分析：

（1）经营者的思想和经营作风

1992 年 12 月，公司进行增资扩股，所募集的资金数以亿计被公司领导以投资、合作为名拆借、挪用出去，有 10 多家公司拆借的近 2 亿元的资金至今仍无法收回。连续不断的追款讨债的官司也影响到了其正常的经营活动。

公司上层领导如此，其分公司的经营者的品行及价值观又如何呢？在 1997 年，各分公司仅购置交通工具的费用就高达 1 000 多万元。为完成销售收入指标，以得到公司的奖励，各分公司不惜采用购销价格倒挂的办法，商品大量高进低出。从 1998 年下半年起，设在全国各地的几十家分公司相继停业，数以亿计的货款要么直接进入个人的腰包，要么成为无法回收的呆坏账。公司至今仍有 4 亿多元账款未收回。其分公司的一名经理在任职期间拥有了价值上百万元的宝马轿车和北京罗马花园 300 多万元的豪宅。

仅从几个事例可以看出，不论总公司，还是分公司，经营者往往只注重个人的利益而不顾及公司的整体利益，这种思想和经营作风又怎么能使郑百文持续走向繁荣呢？

郑百文 1998 年取得配股资金后在全国各地迅速铺点，短时间内在全国设立了 40 多家分公司。公司规定：分公司完成销售 1 亿元者，负责人享受总公司副总经理待遇，分公司可自行购买小汽车 1 辆。

（2）人事工作方针及其执行

前面已经述及，企业的核心是企业中的人及其活动，人事政策及员工的素质对企业整体运营状况将起到决定作用。郑百文经营的一个重要特征就是遍布全国的营销网络和众多的销售经理。从 1996 年起，公司投入上亿元资金，建立起 40 多家分公司；1998 年又在全国 9 个城市和地区建立了 12 个配售中心，公司规模进一步膨胀。与此同时，各分支机构又饥不择食地招聘各类人员达上千人，却不注重对职工的上岗培训和考核。公司的扩张过程始终伴随着这样一种现象：一方面是迅速膨胀的分、子公司；另一方面是大量素质较低的业务经理和普通职员。

（3）内部审计的状况

代理人理论认为，由于公司经理人与股东、债权人的利益不一致，从而产生代理人成本。经理人就会通过各种方式来使自己的收益最大化，最终损害股东和债权人的利益。审计是保持经理人与股东和债权人利益最佳化的控制器。

郑百文董事会下设审计委员会，负责公司的内部审计工作，其作用发挥得如何呢？在"郑百文事件"被披露以后，记者曾采访公司董事会秘书，她说不清楚关于报道中提到的做假账一事；她还说，在 1998 年开始出现亏损时，公司才进行全面的内部审计。在她的印象中，以前内部审计比较少，内部整顿也是在公司出了事以后。由此可见，公司内部审计部门形同虚设。没有内部审计部门的事前预测、计划，事中检查、控制，事后分析、评判，又怎能保证郑百文经营战略得当，经营渠道顺畅呢？

2. 风险评估分析

（1）盲目扩张，风险加大。郑百文上市时资产负债率已高达 68.9%，上市后公司没有及时调整资产结构，反而走上大规模扩张之路。1997 年资产规模以 60.12% 的速度高速增长，股东权益仅增长 24.94%，负债率达到 87.97%。1998 年配股后，如果将资金用以偿还负债或补充自身的流动资金，公司经营情况或许有所缓和。但郑百文反而在配股后 1 年内，在全国 9 个城市和地区建立了 12 家配售中心，支出达 2.7 亿元，更加重了债务负担。此后销售收入没有上升，反而从 1997 年的 70.4 亿元下降到 1998 年的 33.5 亿元，负债率在 1999 年中期高达 134.18%。公司董事长对高负债率不以为然，认为"负债经营对公司有利"，并没有认识到杠杆经营必须要用较高的销售利润率来弥补经营风险。但是，1997 年郑百文销售利润率只有 0.69%，远远不能弥补高负债带来的潜在经营风险。

（2）信用销售，埋下祸根。成也萧何，败也萧何。郑百文高速发展的动力和最后让其陷入困境的都是与长虹、建行的三角信用关系。这种销售方式存在致命缺陷——抗风险能力差：一旦郑百文不能在规定期限内将产品销售出去，或资金回笼出现问题，就会引发严重的后果。一方面，郑百文以银行承兑汇票向厂家买断产品，厂商即将产品的销售风险全部转嫁给郑百文。1998 年以来家电竞争激烈，长虹为扩大市场份额，一再降价，直接导致郑百文购入的存货实际价值大幅贬值，最终购销价格倒挂，形成亏损。之后，长虹改变销售策略，放弃单纯依靠批发商经销，郑百文货源因此大幅缩水。另一方面，如果郑百文不能及时回流货款，银行会对其开具的银行承兑汇票的逾期资金进行罚息。1998 年的罚息使公司年度财务费用达到 1.3 亿元，同比增长 1 434.27%。之后建行发现其款项不能收回，即停止对郑百文承兑汇票，掐断了其资金后盾。

3. 控制活动分析

仅以公司货币资金业务的控制情况为例，分析如下：

公司领导以投资、合作为名，随意拆借、挪用上市募集的资金，近 2 亿元有去无回。1998 年股东大会决定向全体股东配售新股，配股资金将用于组建商品销售中心、兼并郑州市化工公司等五个方面。不久又召开董事会，决定更改配股资金投向。公司在资金预算、项目建设等方面存在着严重的管理失控现象。在郑白文陷入困境之际，数亿元的货款因为分公司、子公司的经营管理不善而不能正常回流公司，这都说明了公司对货币资金管理的混乱。

4. 信息和沟通分析

（1）信息披露严重失真

公司的一位财务经理曾回忆说："郑百文其实根本不具备上市资格，为了达到上市募集资金的目的，公司硬是把亏损做成盈利报上去，最后蒙混过关。"为了上市，公司曾组建专门做假账的班子，采用虚增资产、虚减负债、增加待摊费用等手段，最终骗取了上市资格。甚至在1998年公司出现严重亏损时，管理层仍会聚深圳，讨论公司1998年财务报告是反映亏损，还是继续用盈利欺骗投资者？如果公司对外财务报告中的数据均由企业管理者通过"讨论"而得出的话，那么，上市公告及财务报告的虚假程度之深就不言而喻了。

（2）会计制度不规范

截至1999年年底，公司的应收账款、其他应收款、预付账款共计9.77亿元。由于公司缺乏有效的内部控制机制，许多往来款项缺少应有的凭证，无法做到账证相符。另外，天健会计师事务所在对公司的固定资产进行账实核对时发现：由于管理薄弱，相关人员变动频繁，会计记录混乱，会计处理随意，致使财务与经营业务运作脱节。甚至连存货的生产日期、进货时间及存货可变现净值等资料都不能完整地提供。这种混乱状况不仅影响了会计师事务所对公司经营状况的客观审计，而且也不利于公司管理者对本企业相关信息的准确掌握，同时也不利于投资者对公司经营状况的正确分析和判断。

（3）公司内部缺乏必要的信息沟通系统

从1996年起，郑百文为建立全国性的营销网络，投入上亿元，建立了40多家分公司。其中控股子公司达到18家，全资子公司有3家。由于公司规模扩张过快，总公司对分、子公司在财务及人员管理等方面缺乏必要的控制措施，致使公司下属部分外地分支机构的管理人员素质不高，缺乏应有的经营理念；特别是对财务工作缺乏必要的认识和重视。同时，由于会计人员多在当地招聘，且人员变动频繁，造成部分公司会计记录混乱，会计处理随意，内部往来长期不进行核对和清算。这在很大程度上影响了总部对企业整体资金运营的掌握程度，最终必将影响到其宏观经营决策。

5. 监督分析

在1998年开始出现亏损时，公司才进行全面的内部审计。以前内部审计比较少，内部整顿也是在公司出了事以后。这种救火式的内部监督能起多大作用呢？郑百文员工就认为："仅凭公司几个人走马观花，四处看看，这种监管等于没有。"在经营过程中一直没有内审的声音，郑百文就这样一步步走向破产边缘。监督可通过日常的、持续的监督活动来完成，也可以通过进行个别的、单独的评估来实现，或两者结合。在内部控制的监督上，克服重程序监督、轻对"内部人"监督的偏向，真正做到以下三点：首先，加强对企业法人的内部控制监督，建立企业重大决策集体审批制度，以杜绝管理者的独断专行；其次，加强对企业部门管理的控制监督，建立部门之间相互牵制的制度，以杜绝部门权力过大或集体徇私舞弊；最后，加强对关键岗位管理人员的控制监督，建立关键岗位人员轮岗和定期稽查制度，杜绝企业中层干部和供销、会计等重要岗位人员以权谋私或串通作案。

【思考】通过郑百文案例分析思考我国上市公司内部控制建设中应注意的问题。

二、中航油案例

（一）案例简介

中航油成立于1993年，由中央直属大型国企中国航空油料控股公司控股，总部和注册地均位于新加坡。公司成立之初经营十分困难，一度濒临破产，后在总裁陈久霖的带领下，一举扭亏为盈，从单一的进口航油采购业务逐步扩展到国际石油现货和期货贸易业务，并于2001年在新加坡交易所主板上市，成为中国首家利用海外自有资产在国外上市的中资企业。

2003年10月，陈久霖被《世界经济论坛》评选为"亚洲经济新领袖"。2004年9月，新加坡《商业时报》把中航油评选为新加坡股市表现第一名，中航油也曾获新加坡上市公司"最具透明度"企业。

2003年下半年，中航油开始从事石油期权交易，最初涉及200万桶石油，并在交易中获利。随后，中航油即全力进军石油期权交易领域。但随着2004年油价的逐步攀升，导致中航油陷入潜亏境地，而且随着交易量的增加，亏损越来越大，至2004年10月，中航油的资金已无法周转，账面期权交易亏损达到了1.8亿美元。2004年10月9日，中航油董事长荚长斌和另两名非执行董事顾炎飞、李永吉收到了执行董事兼总裁陈久霖递交的关于公司面对交易亏损的报告以及如何解决这场危机的建议。10月16日，顾炎飞、李永吉及中航油母公司中航油集团的所有高层管理人员，开会后决定拯救中航油。陈久霖接下来寻求母公司给予售股集资的指示，并促请母公司脱售15%股权。时任中航油集团总公司总经理兼中航油董事长的荚长斌，同意让中航油集团总公司通过与德意志银行的售股协议，把中航油的 15% 股权配售出去，筹集了 1.11 亿美元的资金，全部用于中航油补仓。10 月 26 日和 28 日，中航油因无法补加一些合同的保证金而遭逼仓，蒙受了 1.32 亿美元的亏损。11 月 8 日到 25 日，中航油的衍生商品合同继续遭逼仓，又蒙受了 3.81 亿美元的实际损失。在连续亏损 5.5 亿美元后，2004 年 11 月 29 日，中航油向新加坡证券交易所申请停盘，11 月 30 日，中航油董事会发布公告，中止陈久霖新加坡公司总裁和执行董事的职务，12 月 1 日，中航油宣布向法庭申请破产保护令。随即，新加坡有关机构对中航油事件展开司法调查。

2004 年 12 月 8 日，陈久霖从国内返回新加坡接受调查，并被警方逮捕，后获保释。与此同时，新加坡证券交易所委派普华永道会计公司对中航油进行审计调查。2005 年 2 月 17 日，中航油财务总监林中山因涉嫌共谋欺骗德意志银行和发布虚假财务报告罪名，第一次在新加坡地方法庭出庭受审便认罪，并表示，他所做的一切，都是被相关领导授意，为保住职位，他不得不按照领导的指示工作。同年 6 月 3 日，普华永道会计公司发布了对中航油的审计调查报告。6 月 8 日，新加坡警方以触犯相关法律为由拘捕了中航油总裁陈久霖、公司财务部主任林中山、中航油集团公司总经理兼中航油新加坡公司董事长荚长斌、中航油非执行董事顾炎飞及李永吉 5 位高管人员。

2005 年 8 月，新加坡证券监管机构以"违反新加坡关于内部交易的法律"为由，对中航油集团公司处以 800 万新加坡元（约 490 万美元）的罚款。

2005 年 12 月，中航油前财务总监林中山被中航油解雇。2006 年 2 月 21 日，林中山因共谋欺骗德意志银行和发布虚假财务报告，被新加坡初级法庭判监禁两年，处罚金 15 万新元。

2006 年 3 月 2 日，新加坡地方法院裁决，中航油 3 名非执行董事荚长斌、顾炎飞和李永吉，因没有向新加坡交易所披露巨额亏损，触犯了新加坡证券期货法。荚长斌承认了局内人交易和没有向新交所披露巨额亏损两项罪行，被新加坡法庭处以 40 万新元的罚款。现年 40 岁的顾炎飞和现年 37 岁的李永吉因没有向新交所披露公司亏损，分别被地方法庭处以 15 万新元的罚款。荚长斌、李永吉同时退出了中航油董事会；同一天，陈久霖给中航油董事部发出辞职信，从即日起自愿辞去中航油执行董事兼总裁职位。

据新加坡地方法庭透露，陈久霖目前面临的指控总共有 15 项之多，其中 10 项是制造虚假信息罪，其余 5 项则分别是欺骗、以假当真使用同意书、没据实向股票交易所和公司董事局汇报等。2006 年 3 月 8 日，陈久霖正式出庭受审，并初步承认 15 项指控中的 6 项，法庭还将陆续开庭审理此案。3 月 21 日，新加坡初级法庭以隐瞒公司巨额亏损5.5亿美元等罪，对陈久霖作出一审判决：33.5万新元的罚款和4年3个月监禁。

事实上，陈久霖这种石油期权投机交易，其股东方中航油集团公司是明令禁止的。国务院1998年8月1日《国务院关于进一步整顿和规范期货市场的通知》、2001年10月11日证监会发布的《国有企业境外期货套期保值业务管理制度指导意见》都明确规定了取得境外期货业务许可证的企业，在境外市场只能进行套期保值，不能进行投机业务。1999年6月2日国务院发布的《期货交易管理暂行条例》，也规定了国有企业的期货交易仅限于从事套期保值业务（且命令禁止场外交易），并要求期货交易总量应当与其同期现货交易量总量相适应。

然而，中航油从事以上交易时，一直未向中国航油集团公司报告，而且中国航油集团也没有发现。直到保证金支付问题难以解决、经营难以为继的情况下，新加坡公司才向中国航油集团公司紧急报告。即便如此，中航油公司也没有向集团公司说明实情。而且为了掩饰公司的违法行为，中航油开始向上级公司提供假账，2004年6月，中航油就已经在石油期货交易上面临3 580万美元的潜在亏损。但公司仍然一意孤行，继续追加了错误方向"做空"资金，但在财务账面上没有任何显示。由于陈久霖在场外进行交易，集团通过正常的财务报表没有发现陈久霖的秘密，新加坡当地的监督机构也没有发现其有违规现象，因此，才使得中航油事件从一个并不很大的失误开始，酿成石破天惊的大案、要案。

（二）中航油内控制度的漏洞

1. 违反规定进行石油衍生品期权交易

经我国证监会批准，中航油在取得母公司中航油集团授权后，自2003年开始做油品套期保值业务。之后，中航油擅自扩大业务范围，从2003年开始从事石油衍生品期权交易，而石油期权投机是我国政府明令禁止的。从所披露的资料来看，中航油违规之处主要有三点：一是从事国家明令禁止的业务；二是场外店头交易；三是期货交易总量超过了现货交易总量。

企业经营必须在相关法律法规的约束下进行，内控制度中的检查与监督机制一个最基本的功能就是使企业的行为遵循各项相关法律法规的要求。

2. 缺少职业胜任能力

陈久霖虽然有丰富的经历和高学历，但对国际石油投机期货市场只是初出茅庐，对于"止损"这样基本的交易原则都还没有掌握，可见其缺少应有的职业胜任能力，对于场外期权投机交易如此高风险的业务缺少应有的专业能力是何等的恐怖，难怪中航油逃脱不了濒临破产的命运了。

3. 董事会形同虚设， 监管功能缺失

中航油于 2002 年在外部审计师的协助下制定的《风险管理手册》包含引进新业务产品的具体要求：对新的产品进行交易，必须在一个委员会和总裁的推荐下获得董事会的批准。普华永道通过调查却发现，中航油在开展期权交易业务时，绕开董事会自行开展了具有极大风险的新业务。公司的重大决策由陈久霖个人意志说了算，权力缺乏制约与平衡，内部控制变成了内部人控制，董事会失去了重要的监督引导作用。在陈久霖越权从事石油金融衍生产品投机过程中，没有任何阻拦与障碍，而在事后还能一手遮天、隐瞒真实信息，足见该公司在职能分工方面，特别是控制活动与监督这两个要素存在严重问题。由于存在这些缺陷，所以就很难保证已有设计好的内部控制能够得到执行。通常，在比较规范的海外公司中，为了保证内部控制的实施，一般说来，除了财务上必须既向公司总经理汇报，又应向董事会汇报外，还有一个不受总经理制约的内部审计委员会。通过这些机构的设置，以保证董事会不仅有知情权，还有干预权。

4. 风险管理与风险意识淡漠

中航油新加坡公司有内部风险管理委员会，其风险控制的基本结构是：实施交易员—风险控制委员会—审计部—CEO—董事会层层上报交叉控制，每名交易员亏损 20 万美元时，要向风险控制委员会汇报，亏损达 37.5 万美元时，要向 CEO 汇报，亏损达 50 万美元时必须平仓，抽身退出。在这个体系中负责管理工作的 CEO 处于核心地位，但遗憾的是陈久霖对其所从事的石油衍生品交易可能带来的风险和潜在的危害性缺少基本的常识。陈久霖面对的是国际上的金融巨头"对冲"基金，老牌的巴林银行就曾因此倒闭。况且，中航油掌握该交易核心机密的均是外籍人员，企业交易成本、资金承受能力等商业机密都暴露在国外投机者眼里，如果企业风险管理机制不健全势必在博弈中处于不利地位。

2004 年 9 月，美国 COSO 委员会发布了《企业风险管理框架》，该框架将企业内部控制发展为企业风险管理，要求董事会将主要精力放在风险管理上，而不是所有细节的控制上。事实上，中航油本身也有一整套内部控制制度。为了追求制度的完美还聘请了国际四大会计师事务所之一的安永会计师事务所制定了《风险管理手册》。中航油的问题不是其不存在内部控制制度，而是在加强内部控制和风险管理的有效性方面。现代风险管理有两条基本原则：一是风险管理应当自上而下；二是风险管理应当独立并建立在良好公司治理架构的基础上。前者强调

的是公司高级管理层，包括董事会和最高经理层在风险管理方面的首要责任。他们负责在整个公司范围内自上而下地推动风险管理。职位越高，权力越大，风险管理的责任也越大。更重要的是，高级管理层本身就应该成为风险管理的对象和重点。后者认为在现代企业制度中风险管理部门应该独立于具体承担风险的经理和业务部门直接向代表股东利益的董事会汇报。因为不对称的风险激励使得经理们具有承担高风险的偏好，从而使得他们自身控制风险的动力减弱。然而当陈久霖在处理期货头寸的过程中这些规定的流程成为形式，设定的风险管理体系并没有发挥任何作用。由此可见公司尽管设计了较好的内部控制但在如何保证制度实施方面，则缺乏有效的措施。

三、巴林银行破产倒闭案
——不重视内部控制导致百年老店破产的案例

（一）案例简介

1995 年 2 月，英国历史最悠久的巴林银行宣布破产。这一破产事件是由该行在新加坡的期货交易发生的巨额亏损引发的。1992 年新加坡巴林银行期货公司开始进行金融期货交易，尼克·里森身兼前台交易和后台结算的主管，两个至关重要的岗位都由其一人把持。翻开尼克·里森的档案发现，在他被派遣到新加坡并成为新加坡国际货币交易所的交易员之前，由于两项总额达 3 000 英镑的于他不利的法院裁决被曝光，巴林银行曾取消了他成为伦敦交易员的申请，但又对此事保持缄默并支持他成为新加坡的交易员。在尼克·里森成为新加坡巴林的衍生产品交易的主管之前，他对衍生产品及其市场的经验很少，参与交易的时间相对较短。尼克·里森利用其前台首席交易员和后台结算主管的双重身份，开立了误差账户"88888"。开户表格上注明该账户只能用于冲销错账，但他却用这个账户进行交易。通过假账调整，使实际亏损隐藏在该误差账户中，反映在总行的其他交易账户则是显示盈利。1994 年 8 月，一份内部审计报告曾指出，新加坡期货公司没有对交易和结算这两个重要岗位进行职务分离，但巴林银行集团高级管理人员漠然视之。更令人费解的是，在长达几年的时间里，内部审计部门始终未能及时发现尼克·里森利用误差账户进行越权违规交易和发生严重亏损的问题。

（二）分析该公司内部控制方面的教训

1. 放松了职员的品质控制。巴林银行明知里森因品行问题有法院不利于他

73

的判决，也清楚他缺乏进行衍生品交易的适当经验，但仍然对他委以重任，铸成大错。

2. 忽视了不相容职务的分离控制。交易和结算属于不相容职务，由一人兼任容易发生错弊，并增加错弊得以掩盖的机会，但巴林银行对这两个职位没有予以分离，导致重大亏损得以转移到误差账户进行隐藏。

3. 缺少有效的内部控制审计。巴林银行的内部审计部门居然在长达几年的时间里未发现里森越权违规交易的实际亏损状况，使局面终至不可收拾。

4. 授权控制形同虚设。里森开立的误差账户，未经授权是不能用于交易的，但巴林银行放松了账户的授权控制，里森得以利用这个账户将错误延续下去。

四、课堂讨论案例

你是某零售集团公司的审计人员，你发现他们的会计系统中存在以下问题，针对每一个问题，请说出在内部控制程序中缺少了哪一项，并就公司应该如何改进程序以避免问题再次发生提出你的建议。

1. 在过去的几年中，该零售集团公司的坏账损失急剧增长。为了增加销售额，一些商店的经理在未对顾客的信用状况进行检查或签署意见的情况下就批准了大量的赊销。

2. 一名会计人员通过在每月的银行存款余额调节表上虚增未兑现支票的金额来掩盖其偷盗公司200美元银行存款的罪行。他以为自己的所作所为是不会被发现的。

3. 肖某在库房工作。他负责保管存货记录、盘点存货，而且可以自由地出入库房。他有时候会偷一些存货，并通过虚报存货的盘点数量来掩盖自己的偷窃行为。

4. 有时候在收货后的第二天才填写验收单。

【本章小结】

本章通过多个中外案例生动地展现了各种常用财务舞弊的手段及特点，注册会计师在审计中如果能始终保持高度的谨慎，严格地按照审计准则及职业道德规范执业，是能够查出大部分舞弊行为的。

复习思考题

1. 列举出其他财务舞弊手段并说明如何审查？
2. 内部控制在审计工作中具有什么作用？内部控制的局限性有哪些？

第三章

国外经典审计案例分析（上）

【本章要点】本章主要介绍了 20 世纪 50～80 年代发生在美国的经典审计诉讼案例。20 世纪的美国在审计实务和审计理论方面无疑是发展最快的。通过这些案例可以更好地了解实务界的审计风险与审计责任。

【核心概念】独立性原则　实质独立　重要性标准　保密性原则　审计轮换制度　审计责任

第一节　巴克雷斯建筑公司审计案例
——把握"重要性"标准时要站在报表使用者的角度

一、案例经过

1955 年巴克雷斯建筑公司成立。4 年后，巴克雷斯公司在美国证券交易所上市。

巴克雷斯公司的主要业务是承建保龄球道。1960 年时是美国三大保龄球道建造商之一。

巴克雷斯公司在签约建筑合同时，投资者必须向巴克雷斯公司预付一小部分订金和签发一张分期付款的汇票，随着保龄球道施工的进度，在几年内将余额汇清。1960 年巴克雷斯公司开始与某财务公司进行销售回租交易。在交易中，巴克雷斯公司将修建的球道卖给该财务公司，该财务公司再将球道回租给巴克雷斯公司的子公司，由其子公司来经营球道。巴克雷斯公司在没有收到任何一笔大额付款之前，就在建造上投入了大笔现金。结果，巴克雷斯公司不得不为建筑项目不断地寻找外部融资。1961 年 5 月为了解决迫切急需的营运资金，公司向证券交易委员会（以下简称"证券会"）递交了 S—1 有价证券申请上市登记表，要求发行总金额为 174 万美元、期限为 15 年、利率为 5.5% 的长期债券。

20 世纪 60 年代初，人们对新型保龄球道发生了兴趣，导致旧型球道市场一落千丈。这使巴克雷斯公司在 1962 年陷入了财务危机。许多签约者开始拖欠到期的应付款项，巴克雷斯公司只得自行承担已建好的球道的运行费用。1962 年年末，由于还不起外部债券的利息，巴克雷斯公司宣布破产。破产后，购买该公司 1961 年公开发行债券的人们集体上诉，巴克雷斯公司、证券经纪商以及毕马威会计师事务所均成为被告。

在巴克雷斯公司的上诉案中，主审法官集中讨论了三个问题：

1. 巴克雷斯公司在申请发行利率为 5.5%、期限为 15 年的债券时，所递交的 S—1 表中是否包含错误的披露。

2. 如果表中有错误的披露，这些错误是否"重大"。

3. 在核实表中的内容有无重大错误时，审计人员是否履行了应尽的谨慎责任。

法官麦克林写下了对巴克雷斯公司一案的意见，并从会计和审计的角度阐述了对这三个问题的理解。

问题 1：巴克雷斯公司 S—1 有价证券上市申请表中是否有错误的披露。

巴克雷斯公司 1958～1960 年的财务报表都是由毕马威事务所审计的。为了发行债券，S—1 表中包含了如下审计内容，即 1961 年第一季度的财务报表和毕马威事务所对该年度财务报表的复核。在评价毕马威事务所在此案件中的表现时，麦克林法官将主要问题集中在事务所对巴克雷斯公司 1960 年的报表审计上。他裁定：1960 年 12 月 31 日会计记录所估计的在建工程中，两项工程的完工程度过于乐观了，因此，报表上会计年度期末收入也高估了。

收入的虚增部分是来自于销售回租交易。当时，会计准则中允许将会计期间的销售回租交易的总收益计入当期收入，但麦克林法官却裁定，这种会计处理方式即使符合公认会计准则，但在此也不允许。1960 年利润表中收入的高估，也导致了公司净收益和每股收益的夸大。

另外，1960 年 12 月底，巴克雷斯公司从它的非合并子公司中转入了 14.5 万美元现金。公司对这次转移现金交易作了规定，即 1961 年 1 月 16 日，巴克雷斯公司必须再将这笔现金还给这家子公司。而报表中却没有任何暂时存款的特殊说明，属于误导信息。

麦克林法官除了裁定巴克雷斯公司 1960 年 12 月 31 日报表上现金余额的夸大外，还得出其应收账款和应收票据也夸大了的结论。如 1960 年末，公司应对明显收不回来的应收账款计提 5 万美元的坏账准备，并且有一笔应收账款属于其子公司。对于应收票据公司经常用客户所签汇票向财务公司贴现，财务公司留下一定比例的金额作为抵押，以防部分汇票不能按时兑现。只有当一张汇票全额兑现后，抵押部分才汇给巴克雷斯公司。巴克雷斯公司为了使公布的财务报表显示良好的资金周转情况，将财务公司留作抵押的金额也列入流动资产项目中是误导行为。巴克雷斯公司财务报表上存在或有负债项目低估问题。公司大量的或有负债是向财务公司贴现应收票据所引起的。法官裁定巴克雷斯公司估计或有负债数额不当。在1960年财务报表中，此项低估金额约为37.5万美元。

问题2：巴克雷斯公司S—1有价证券上市申请表中的错误披露是否属于"重大"？

法官裁定：对报表中高估的销售额、营业净收入、每股收益等的销售和收益数据、报表上的或有负债低估37.5万美元也不属于重大数额。他指出，巴克雷斯公司当时的总资产为6 101 085美元，与总资产相比，无论是报表附注上已披露的，还是实际确实存在的或有负债，对未来投资者来说，总资产额可能都是"一个很大的数额"。

然而，麦克林法官裁定报表中流动资产和由此计算出的流动比率的高估属于重大性错误。法官的理由是：与公司股东相比，债券持有人或未来投资者对公司资金流动状况高估的关心更甚于对公司收益的高估，尤其对曾发生过资金流动困难和将面临严惩营运资金短缺的公司更是如此。

问题3：毕马威事务所在复核S—1表时，是否尽到应有的谨慎责任。在巴克雷斯公司案中，毕马威事务所的主要辩辞是：他们已尽到应有的谨慎责任。

麦克林法官审核了毕马威事务所的工作底稿，这些底稿记录了该事务所为了复核S—1表，对巴克雷斯公司1960年度的财务报表审计程序和1961年每一季度财务报表的复核程序。麦克林法官认为：当时为巴克雷斯公司审计的人员，还不是注册会计师，且他以前对保龄球行业没有任何经验。尤为关注的是"天堂之道"建造项目的销售回租交易审计程序。在仔细审查毕马威事务所的工作底稿后，法官得出这样一个结论：即审计人员从来就没有将这笔交易当做一项重要的关联公司交易进行审计。令人注意的是，承担巴克雷斯公司审计的经理在审计之前很明显的已经发现这一事实。

注册会计师在无保留意见审计报告中，使用了"财务报表真实地反映其财务状况"一词，因此，当财务报表没有达到这一要求时，注册会计师应对其承诺负责。

二、案例分析

现代审计是抽样审计，它是成本与效益折中的结果。抽样审计下，审计人员设定重要性水平，在超过重要性水平的交易或金额中抽取样本审查。因此，重要性水平不仅是个审计理论问题，也是审计实务中的重要概念。它会影响注册会计师抽取样本的多少、出具何种审计意见以及注册会计师可能承担的审计责任。

该案例中，主审法官站在报表使用者的角度来判断报表中是否有重大误报以及审计人员是否尽到谨慎责任。该案例对我国有一定的启示作用，即制定重要性标准时应站在谁的角度。另外，制定重要性标准时，不能仅考虑量化标准，划一个绝对值就行了，还必须考虑各种质的因素。包括：

1. 会计报表使用者及其所关注的信息。

2. 有关法规的特殊规定，如是否存在对数据披露的精确程度或其他特殊披露项目的规定。

3. 涉及合同履行的条款。

4. 影响盈亏逆转的因素。

5. 违反法规或敏感事件。

6. 不期望出现的错报或漏报。如现金、实收资本。

三、思考题

1. 审计人员在审计过程中采用量化的重大性标准的利与弊。

2. 在 1961 年美国会计准则允许确认售后回租交易的收益，但此案发生后不久这种处理方法就不允许了。审计人员是否可以允许客户采用任何准则中未被禁止的处理方法。

第二节 共同基金管理股份有限公司审计案例
——出具保留意见而承担高额赔偿的案例

一、案例经过

1956 年，科恩福德创立共同基金管理股份有限公司，主要投资于有美国背景的公司。1968 年，为共同基金公司寻求多样化投资，而决定与金氏资源有限公司合作。金氏资源有限公司是由迈坎迪·金于 20 世纪 60 年代创办的，该公司主要从事石油、天然气的投机生意。

1968 年科恩福德与金会晤后达成协议：共同基金公司将向金氏资源有限公司购买石油和天然气资源，并专门设立自然资源账户来管理这些投资；而金氏资源公司将以成本价向共同基金公司出售自然资源产业，成本价中包括取得该产业时发生的管理费用以及合理的利润率（7%~8%）。

1969年，共同基金的管理人员在金的花言巧语劝说下，从金的公司购买了价值约1亿美元的石油天然气产业。而且金卖给共同基金的产业多是劣质资源，根本不值钱，后来法庭调查发现，金出售给基金公司的资源的价格几乎是其成本价的30倍。

几年后，由于股价的持续下跌及基金公司所购得的都是劣质资源的缘故，这个庞大的基金公司破产了。该公司的破产引发了一场大规模的民事诉讼。原告是基金公司破产清算的托管人约翰·俄尔，他是塔奇罗斯会计师事务所的合伙人；被告是安达信会计师事务所，该所曾经同时为共同基金公司和金氏资源公司提供审计服务。约翰控告安达信没有向基金公司披露他们一直被金氏资源公司欺诈的消息。

安达信会计师事务所丹佛办事处每年针对共同基金公司的自然资源账户年末余额的准确性实施审计；另外，安达信会计师事务所丹佛办事处也对总部设在丹佛的金氏资源公司进行审计。

诉讼中的一个关键问题是：会计师事务所对共同基金从金氏购买产业时支付价格过高的情况是否知道？答案是：知道。因为事务所有查看这些资料的自由。

第二个问题是：安达信何时知道？安达信是否卷入其中？

共同基金管理公司要求每天对所有的投资进行估价以确定其每日的市场价值，当然也包括自然资源产业。用市场价值的总和，除以发行在外共同基金股份数，计算出每股"净资产值"（Net Asset Value，NAV），再依据NAV计算退股的股东应分配的收益。由于自然资源的非流动性加大了每天计算NAV的难度。为使价值重估顺利进行，金氏公司定期批准销售共同基金管理的部分自然资源来确定剩余部分的公允市价。实际上，许多这种交易都是由金氏公司安排的，并且是欺骗性的。金氏与那些购买者事先秘密签订了附属协议确保后者在交易中不会遭受损失。结果是，这些价值重估交易，明显地高估了共同基金公司股票的净资产值，一方面是已退股的投资者获得了超额的收益，另一方面损害了那些长期持股的投资者。

在对共同基金公司1968年度审计中，安达信的审计人员详细分析了有关价格情况后，认为这些价格是不合理的。

在1969年的审计中，安达信发现金氏又安排了一次类似的交易，交易金额很大，对二者影响都较大。安达信合伙人对这些产业的价值增值问题进行了长时间的讨论，讨论的焦点是交易价格的公允性。最终，安达信的审计人员对共同基金公司1969年的财务报表，出具了保留意见的审计报告。在签署审计报告之前，安达信也曾风闻该交易中存在欺骗的东西，因此事务所向金索取了一份内容为"××产业销售是真实正常交易"的保证声明书。

在案件审理过程中有一场旷日持久的争论，那就是，安达信是否能够并且应该将这些信息，运用到共同基金管理公司的审计中。安达信以保密性原则为依据进行辩护。法庭认为安达信应该向共同基金公司告知他们被金氏公司欺骗的消息，并且是由于安达信的不披露造成了共同基金公司财务报表的误导性。法庭认为安达信这时可以采取以下措施来遵循保密性原则：强烈要求某客户进行必要的披露或者退出其中一个客户的审计。

这一案例中的关键两点：一是法庭针对安达信提出的应遵循保密性原则的判决；二是安达信会计师事务所并没有因出具保留意见的审计报告而减轻其法律责任。安达信会计师事务所被判向共同基金公司破产托管人支付赔偿金 8079 万美元。这是当时美国历史上由会计师事务所作出赔偿最高的审计案例。

二、案例分析

这一经典案例中有许多问题值得我们回味和探讨。

（1）同时审计两家客户，利也？弊也？随着事务所规模的扩大，客户数量的增加，难免出现一家事务所审计的两家公司是客户的情况。好处是事务所对两家的情况更了解。那么事务所能否利用工作之便，随意使用不同客户的资料，来为自己的审计服务呢？如果不征求客户的意见，擅自将从一家客户处得到的资料用于另一家的审计中，就难免会触犯保密性原则。保密性原则也是注册会计师必须遵守的一项职业道德。如果违反保密性原则，客户可以此理由对注册会计师起诉。

（2）保密性原则应执行到何种程度？有人指出，保密性原则已经影响了独立性。如果客户参与非法活动时，审计人员对法院的传唤保持沉默，则有违独立性。当保密性原则与独立性原则发生冲突时，以谁为主？这个问题值得业界深入探讨。

（3）保留意见的审计报告是否可以减少会计师的责任？保留意见出具的前提是在一些非重要方面受到某些条件的限制，或者因客观原因无法对其作出判断时采用的一种有条件的审计报告。它与知情不报，或想通过不表态来逃避责任，是完全不同的两回事。该案例中，安达信会计师事务所一方面对资源的交易价格持怀疑态度；另一方面，又不敢持强硬态度要求金氏资源公司披露内幕交易，在正义与利益之间持"骑墙"的态度，最终为此付出高额的赔偿。

（4）客户声明书的证明力，你能信多少？根据审计准则的规定，注册会计师应向被审计单位管理层获取适当声明。该声明书的作用主要在于使管理层明确其应承担的责任，管理层对其口头声明的书面确认可以减少注册会计师与管理层之间产生误解的可能性。从该案例中可以看出，被审计单位出具的所谓"资源交易中不存在附属协议"的声明并没有减轻注册会计师的审计责任。这对于那些企图用客户声明来减少需要搜集的审计证据和推卸责任的注册会计师敲响了警钟。

三、思考题

1. 在该案件审理过程中，安达信会计师事务所抗辩道："对资产增值业务，由于是公司董事会与管理部门复核与批准，因此应该由他们负责。你同意这一观点吗？为什么法院不同意这一抗辩？"

2. 审计人员向客户取得声明书的根本目的是什么？当客户提供的保证某项业务是真实合法的声明书，作为证据的证明力又有多大？

第三节　马蒂尔公司审计案例
——审计轮换制度的提出

一、案例经过

马蒂尔公司是美国最著名的玩具上市公司，一直被认为是股民看好的绩优公司，对于这样的公司，注册会计师认为是没有什么审计风险的。但当其面对股市的压力，遇到财务困境时，也不得不在财务报表上作假。而安达信会计师事务所涉外审计人员，却抱着以往的信念，墨守成规地执行财务报表审计，并出具了无保留意见审计报告。

马蒂尔公司主要生产"芭比娃娃"系列玩具。1971年，马蒂尔公司被财务分析人士一致认为是全美发展最快的上市公司之一，该年度公司净利润高达3 400万美元，销售额高达2.75亿美元，普通股价格高出面值50倍，股票总市值高达3亿美元。然而，谁也没有想到这原来是个骗局。

尽管从1967~1971年之间，马蒂尔公司财务报表中显示的营业额和利润不断增长，但到了70年代，公司开始出现一系列严重的财务问题。原因是过去几年中，公司改变了原来的单一经营及集中管理的模式，将投资分散到各个行业中去，并予以分散管理。但是马蒂尔公司投资的六个公司中四个公司出现了亏损，这极大影响了其业绩。另外，1970年，公司设在墨西哥的大仓库因火灾毁于一且。由于码头工人罢工，公司无法收到来自香港加工后的玩具。最后，由于货源被切断，致使销售合同无法履行。这些因素综合起来，导致马蒂尔公司1972年亏损了约3 000万美元。

此后公司每况愈下，1972年亏损3 000万美元，且亏损远大于往年，公司股价一路狂泻。美国证券交易委员会决定对该公司的财务进行调查。1975年11月，新任董事长颁布了一份长达500页的报告，详细地介绍了公司管理层是如何精心伪造虚假巨额利润的细节，以及安达信会计师事务所是如何审计公司精心伪造的财务报表的。由普华会计师事务所执行的调查报告，对安达信会计师事务所执行的这次审计业务持批评态度，在许多方面，安达信会计师事务所执行的审计程序及测试是不完善的。他们应对某些信息予以进一步调查。如果能这样做的话，他们完全可以发现1971年与1972年财务报表中的虚假信息。

经查发现，公司主管部门使用了某些非法手段，使公司年度的盈利，符合既定的"预算目标"。

马蒂尔公司财务造假的手法主要包括：

1. 不恰当的销售截期

1971年1月30日是公司的会计年度截止日，为增加公司的销售额，在当日采用了"持有货单"的销售确认方式，从而为公司增加了1 500万美元的销售收入。所谓"持有货单"，是指客户未来才购买，而公司现在就入账的一种手段。

美国证券交易委员会陈述了6条理由，来说明马蒂尔公司不能在1971年1月30日时，将"持有货单"列作销售收入：

（1）在1971年1月30日，商品并没有被运走。

（2）在客户没有收到这些商品前，他们没有对马蒂尔公司做出任何支付。

（3）马蒂尔公司没有在存货中将这些商品单独存放，也没有贴上任何标签，表明这些商品已经属于客户。

（4）在客户收到这些商品之前，他们可以随时取消这批订单而不必付任何罚款或赔偿。

（5）该批商品的所有风险，仍由马蒂尔公司承担。如商品被损坏或偷盗，客户概不负责。

（6）许多销售发票，均由马蒂尔公司擅自开出，没有和客户商量并得到他们的同意。

为了证明这些"持有货单"的合法性，马蒂尔公司编造了公司客户的订单、销售发票以及运单。运单通常要求马蒂尔公司运输部负责人与承担货运的单位负责人同时签字。然而，公司运输部负责人却伪造了承担货运公司负责人在运货单上的签字。

这些伪造的"持有货单"，给马蒂尔公司的会计人员带来了极大的麻烦。当1971年1月30日在会计中记录了这些"持有货单"的销售收入时，尽管这些已被"销售"的商品仍然在存货中，而且没有单独存放。但是，它们已在账面上被调整掉了。所以，当这些商品在数周或数月之后，被实际运走时，会计人员又在账面上予以消除，使得账面数与实际数发生了很大差异，公司的存货记录为此变得极不可靠。为了消除"持有货单"带来的这些问题，马蒂尔公司的管理部门要求会计部门在1972年对销售收入作更正分录。第一笔更正分录是在1971年5月记入，计1200万美元，更正金额中约有一大半是与"持有货单"有关。另一次更正分录则在1972年第一季度末记录到会计账簿中去。然而，这些更正分录带来另一个问题，即1971年5月，公司的销售净额出现了负数。

为了消除因更正分录而带来的销售负数，马蒂尔公司决定在5月份账面上再虚构1100万美元的销售收入。这笔虚构的销售收入，只记录在总账，而不记录到应收账款明细中。这就意味着在两个账户之间，出现了1100万美元的差额。

在1971年8月，马蒂尔公司大约更正了700万美元的"持有货单"记录。在9月份的销售旺季中，公司又消除了记录在总账中虚构的1100万美元的销售收入。这项消除也使得总账与明细账的借贷双方，重新又取得了平衡。由于这些伪造的分录以及一系列的更正分录，使得公司1972年的销售收入，低估了1500万美元。这个数字与1971年高估的销售收入是一致的。

美国证券交易委员会非常关注这一审计案例，即安达信会计师事务所为什么不能发现马蒂尔公司在1971年财务报表中所采用的"持有货单"的伪造手段。安达信会计师事务所表示，此事只有马蒂尔公司管理当局自己宣布真相，否则一般人很难意识到这件舞弊丑闻。但证券交易委员会指出：从安达信会计师事务所在1971年与1972年所掌握的大量审计证据来看，他们应该发现这一舞弊手法。首先，在安达信会计师事务所对马蒂尔公司应收账款发函询证时，有一部分询证函因地址或名字不符而被退回。这些退回的询证函，正是马蒂尔公司在1971年1月30日所伪造的"持有货单"的客户名称。为了查核这些不符，安达信会计师事务所进一步审核了运单，并复印了这些运单作为已销售的证据。美国证券交易委员会指出：这些运单上清楚地盖有"持有货单"的字样，但审计人员却没有向客户询问，这"持有货单"的意义是什么？

同样地，安达信会计师事务所的注册会计师没有注意到，这些与发函询证不一致的应收账款的客户，他们的运单上既没有发货的路线，也没有发货的指令。

最后，审计人员也没有察觉到这些货运单上，都是马蒂尔公司货运部负责人一人签的字，包括冒签外部货运公司负责人签的字。尽管存在如此多的疑问，注册会计师在这些询证不符所引起的货单上，标上记号，并在工作底稿中记下了如此一段话："继续追查了马蒂尔公司的发票以及运货单，这些证据与应收账款数量一致，且货物在1971年1月30日已被发运。"

此外，在指责安瑟·安达信会计师事务所发函询证程序的不足时，美国证券交易委员会还批评了该所的其他很多问题。首先，证券交易委员会指出，在对马蒂尔公司的销售截期进行测试时，审计人员挑选了82张销售金额最大的发票，作为样本进行审核。在这82张发票中，有26张是伪造的"持有货单"的发票。尽管这26张发票上均盖有"持有货单"的字样，但审计人员却视而不见，不去追查这些假发票。

在评审马蒂尔公司1972年的内部控制时，安达信会计师事务所选择了1971年8月作为销售循环控制的测试期间。具有讽刺意义的是，该月正是马蒂尔公司为了消除1971年伪造销售所产生的影响，做了大量更正分录的期间。这些更正分录，高达700万美元，远高于当月的实际销售数。安达信会计师事务所的注册会计师发现了这一问题，并在工作底稿中作出如下解释："这一更正分录，是抵消发票错误而做的，这些错误是在客户对比计算机编制的发票与运货单以后发现的。由于该批商品并没有被运走，但销售却被输入电脑，造成了账实不符。此时客户并不知道贷项通知单是否发出，这可能引起应收账款的期末截期问题。"安达信会计师事务所高级主管在复核工作底稿时，并不满意这段解释，他在下面批注道："需要更好的解释，这儿似乎存在着大问题。"遗憾的是，美国证券交易委员会在工作底稿中，没有发现有任何进一步调查的证据。

最后，美国证券交易委员会还批评了安达信会计师事务所，他们没有采用分析性检查法来评价马蒂尔公司各月的销售情况。如果这样做了，他们就能很快地发现，从1970～1972年期间，马蒂尔公司的月销售额，有极不平常的变化。这些变化，完全是由于采用了伪造的"持有货单"手法及更正分录引起的。

2. 故意低估存货过时备抵

美国证券交易委员会指出，在1971年和1972年的两个会计年度中，马蒂尔公司管理部门故意低估了大约500万美元的存货过时备抵。由于儿童们对某一种玩具的兴趣，难以持久，大型玩具公司都存在存货过时的风险。同样地，在1971年会计年度中，马蒂尔公司积存了大量名叫"热轮"玩具的存货，这一玩具在前几年曾畅销过一阵子。事实上，在1972年，马蒂尔公司不得不把560万只

"热轮"玩具,全部削价销售给一家大的石油公司,并因此亏损 1 100 多万美元。

为了能使公司的年末存货过时备抵数的提取与"实际"情况相符,对那些潜在过时的所有玩具,每周均编制一份虚构的"销售预测表"。然后,根据今后的"销售预测表"来计算实际的过时备抵数,这就使得年底的存货过时备抵数相当低。美国证券交易委员会还发现,在 1971 年与 1972 年间,马蒂尔公司还故意变动未来销售预测方案,使得在年末少记录那些可能已过时的存货备抵数,变得表面上比较合理。注册会计师在审核公司存货过时备抵提取情况时,曾将公司编制的预测数与实际销售情况相比,并挑选了 8 种玩具进行测试。其中,5 种玩具在新的会计年度没有任何销售,而另外 3 种玩具却出现了负销售(只有退货,没有销售)。对此,注册会计师却不作进一步追查,以至于没能发现公司低估存货过时备抵的舞弊情况。

3. 高估递延开发成本

马蒂尔公司每产生一种新的玩具时,会产生大量的开发成本。这些成本包括从模具开始,一直到生产线形成的所有费用支出。这些开发成本,作为资产账户中的待摊费用,按新玩具能够销售的年限,予以平均摊销。从 1970 ~ 1972 年,马蒂尔公司管理部门通过不恰当的摊销递延开发费用来虚估公司盈利。犹如公司在存货过时备抵的计提,以及其他关键的财务数据处理那样。公司现时确定预定的"利润目标",然后再来处理这些开发费用。根据美国证券交易委员会调查,公司利用下述手段来达到少摊开发费用的目的:

(1)将开发费用不按产品项目摊销,从而将预测产品销售较低产品的开发费用,转移到预测产品销售数量较高的产品上去,使单位产品的开发费用少摊。

(2)实际摊销时,不按预测的销售数量,而按实际销售数量来摊销。但摊销比率却按预测数量计算。由于实际销售量低于预测数,使开发费用少摊。

(3)将会计年度末最后 3 个月的开发费用,暂不入账,到下年度才入账。

(4)将某些开发费用递延两次。

安达信会计师事务所在审核马蒂尔公司 1971 年的开发费用时,是通过比较、测试公司预测的销售数量与实际销售数量,来确定开发费用的摊销是否合理。但安达信会计师事务所只是根据客户提供的表格进行审核。美国证券交易委员会批评安达信会计师事务所,没有对马蒂尔公司 1970 ~ 1972 年间,尚未摊销的开发费用激增的原因进行充分调查。美国证券交易委员会还指出,对于这类主观性较强,而且数额巨大的账户,注册会计师本应对此予以重点、严格的审计。

尽管美国证券交易委员会批评了安达信会计师事务所对马蒂尔公司开发费用

的审计程序，但注册会计师还是发现了两项重大的高估尚未摊销的开发费用的事项。会计师事务所拒绝接受马蒂尔公司所作的销售预测的更正分录。这些更正分录使得某些产品少摊应计的开发费用显得合理。例如，在1971年的审计工作底稿中，安达信会计师事务所根据产品的销售年限，重新计算了应摊的开发费用。发现待摊的开发费用多估了200万美元，使本年利润虚估200万元。然而，马蒂尔公司却只调整了140万美元。美国证券交易委员会在注册会计师的工作底稿中，没有找到这一数据的任何根据。因此，也没有办法明确，为什么只调整140万美元就足够了。

注册会计师还发现了马蒂尔公司在1972年间，将120万元的开发费用递延了两次。这一问题，是在安达信会计师事务所高级审计师复核工作底稿时发现的。他在底稿上写明了这一问题的真相，并要求作出调整分录。然而，作为回答上级的批示，执行的注册会计师在旁边注明，"抵消调整分录已作"。但是，证券交易委员会根据对工作底稿及有关报表的复核，发现调整分录并没有做，而且也没有对该问题作进一步调查。

4. 低估应付专利权使用费

马蒂尔公司在制造畅销玩具"热轮"时，从发明者那儿购买了生产该项玩具的专利权。当时双方协议，当马蒂尔公司的销售量达到某一点时，就开始给发明者支付专利权使用费。1970年，公司的销售量已达到双方协议的这一点时，马蒂尔公司为了逃避支付专利权使用费给发明者，将440万美元的无关费用分配到"热轮"的成本中去，如与宣传此玩具无关的广告费以及在引进此玩具前所发生的经营损失。由于这些虚假费用，使公司在1970～1972年之间，至少少支付给发明者200万美元的专利权使用费。

美国证券交易委员会同时指责了安瑟·安达信会计师事务所，认为他们没有对双方的合同进行充分调查，以至于没有发现马蒂尔公司财务报表中隐含着违背合同的内容。证券交易委员会进一步强调，安达信会计师事务所很明显没有对1970年间生产的"热轮"玩具中虚增的440万美元费用进行审核。这些费用后来被证实，完全是虚构的。另外，安达信会计师事务所也没有去复印有关专利权使用费如何计算的报告，以至于没法发现少算了应付专利权使用费给发明者的这项事实。

5. 不恰当计算企业财产毁坏保险的索赔费

1970年9月，马蒂尔公司在墨西哥的一个大仓库因火灾被毁。该仓库已全额向保险公司投了保。除此之外，公司还向保险公司投了与此相关的企业中断经营险。这一中断经营险包括了因中断经营而使收入减少时，可以向保险公司索赔1 000万美元。因此，在1970年的财务报表中，马蒂尔公司将欲向保险公司索赔的1 000万美元记入应收账款。该数字得到安达信会计师事务所的确认。联邦机构有关人士指出，马蒂尔公司使用这一方法来计算索赔额，是完全不可信的。但安达信会计师事务所却承认了这一计算额。事实上，直到1977年，马蒂尔公司才收到保险公司的保险赔偿额，金额只有440万美元。

经调查，美国证监会认定马蒂尔公司1971年和1972年财务报告中的确存在舞弊性信息。由此判定，马蒂尔公司管理层有欺诈行为，负责审计的安达信会计师事务所在审计中未能勤勉尽责。1976年3月，经联邦法院调解，马蒂尔公司股东与公司管理层达成了庭外和解，由公司管理层主要成员爱德拉和罗森伯格赔偿股东3 000万美元。1977年4月，安达信会计师事务所支付了约90万美元的现金给马蒂尔公司的股东们，作为对他们损失的补偿。

马蒂尔公司审计案例已过去许多年了，但它所遗留下来的影响，至今在美国审计界，仍有十分重要的理论意义与现实意义。

1. 增强事务所内的评议制度

1978年，事务所采取了一项新的政策，注册会计师在执行公司审计工作过程中，如遇到复杂的、不寻常的经济业务时，必须回事务所商议，由事务所对这些业务作出评议之后，再予以审计。

2. 审计合伙人的轮换制度

安达信会计师事务所采取了一项新政策，对负责与客户签约的合伙人，每5年轮换一次。1977年，负责协调与监督美国注册会计师协会工作的美国证券交易委员会工作部，也宣布了此项政策。

3. 第二合伙人复核制

1975年，安达信会计师事务所为了强化对审计报告及相关证据的复核工作，规定除了负责签约的合伙人审核之外，还必须由不负责签约的另一合伙人来复核工作底稿。这一措施，也成为证券交易委员会工作部的新规定。

4. 强化人事培训计划

在20世纪70年代早期，安达信会计师事务所在美国伊利诺伊州的圣克莱斯的一个旧校园内，专门开设了一个在职人员培训基地。该基地主要对安达信会计师事务所工作的合伙人与专业人员予以在职再教育的培训。

5. 更新工作程序与实务的工作手册

安达信会计师事务所对原有的指导审计人员如何开展审计程序的工作手册予以清理，建立起一套全新的、更为严格的工作手册，以指导审计人员如何处理财务报表、会计准则、审计程序以及职业道德等方面的问题。

6. 建立公众复核协会

1974 年，安达信会计师事务所出面组织了一个公众复核协会（Public Review Board），这个协会是由企业、专业团体以及政府派代表组成的一个独立单位。这个协会主要是关注事务所工作中产生的各种实务问题，并对事务所各个方面所存在的焦点问题予以审核检查，以引起事务所的重视。

二、案例分析

审计轮换制度。

审计轮换制度包括事务所的轮换与签字注册会计师的轮换。它是为了预防注册会计师与客户合作期间过长而影响审计人员的独立性。

审计轮换制的积极作用有：首先，可以避免会计师事务所及其审计师与客户形成过于密切的关系。会计师事务所及其审计师较长时间地为同一客户服务可能会使会计师事务所对客户形成依赖，对客户做出各种妥协甚至协助造假，从而影响到审计的独立性和客观性。其次，可以避免被客户收买。会计师事务所及其审计师长期为同一客户服务，除了会结成过于密切的合作关系之外，还为客户进而收买审计师提供了方便，这对保证审计的客观性、公正性是极其不利的。再次，长期合作可能会降低注册会计师的谨慎性。长时期的合作容易形成思维定式，过于相信管理当局的人品，放松了对舞弊迹象的怀疑。

但也有人提出定期轮换不利于提高审计质量。由于审计师在刚上任时，对客户公司不够熟悉，信息不足，因此审计风险比较大。后任审计人员在刚上任时必须投入较多精力和时间来熟悉客户公司，以弥补信息劣势，这个过程可能会增大审计成本，降低审计效率。

对于定期轮换的期限，业界倾向于每 3～5 年"定期轮换"。美国的《萨班斯—奥克斯利》（Sarbanes-Oxley Act of 2002）法案规定：会计师事务所的主审合伙人或复核审计项目的合伙人，为同一客户连续提供审计服务不得超过5年，否则被视为非法。

三、思考题

1. 分析该案例中马蒂尔公司所使用的会计舞弊手法？审计人员在审计过程中存在什么问题？我们从中得到哪些启示？

2. 安达信会计师事务所在复核审计工作底稿时，起码发现了两处以上很重要的线索，但审计工作小组都没有对此予以恰当的解决。谁应该为此负责，并由谁来解决这些问题才比较合理？

第四节　弗雷德·斯特公司（厄特马斯公司）审计案例

——审计责任被扩大的案例

一、案例经过

在美国，20世纪20年代是一个经济过热的时代。在动荡不安的经济热潮中，美国的商界既成了事业成功者们的精彩世界，也成了骗子们粉墨登场的表演舞台。当时，在整个联邦机构中，缺乏一个强有力的调控系统来管理证券经营业务（美国纽约证券交易委员会直到1934年才成立）。这样，虽然说不上是纵容，但实际上也是助长了各式各样的金额诈骗案的发生。在20年代之前，大部分商人还是比较诚实的。但是，在此之后形成的风气造就了一批投机分子。这些人和别人做生意时，其欺骗手段简直无孔不入。弗雷德·斯特公司就是这样一个例子，它以损人利己的态度，在20年代中期欺骗了三个债权人的数十万美元。

弗雷德·斯特公司设在纽约市，主要从事橡胶进口和销售业务。在20世纪20年代，橡胶正是各类工业企业所急需的一种原材料。比起10年前来说，全美各企业对橡胶的需求量已增长了两倍多。橡胶进口贸易的性质，决定了该公司需要大量的营运资金。不走运的是，弗雷德·斯特公司却因经常缺乏营运资金，而不得不向多家银行和金融机构贷款，以维持其惨淡经营。

1924年3月，斯特公司向厄特马斯公司贷了一笔10万美元的贷款，厄特马斯公司是一家主要从事应收账款业务的金融公司。厄特马斯公司过去曾和斯特公司发生过几笔小额业务往来，所以对斯特公司比较熟悉。但这次鉴于贷款数额较大，厄特马斯公司要求斯特公司的管理当局，出具一份经过审计的资产负债表，以决定是否同意发放这笔贷款给他们。事实上，几个月前，斯特公司已经请了著名的道奇与尼文会计师事务所，对该公司 1923 年的资产负债表进行了查证。该事务所在伦敦和纽约均有分支经营机构。纽约的分支机构对斯特公司 1923 年 12 月 31 日的资产负债表查证后，签署了无保留审计意见审计报告（见表 3 - 1），并应斯特公司的要求，向它提供 32 份联号的审计报告副本。道奇与尼文会计师事务所自 1920 年起就一直为斯特公司查账。因此，他很清楚地知道：斯特公司将会用这些审计报告，去向银行申请贷款。但他们并不清楚，斯特公司具体会向哪些银行或金融公司申请这些贷款。

斯特公司出具的经审计过的资产负债表显示，它的总资产已超过了 250 万美元，且有近 100 万美元的净资产。在看了这份资产负债表和审计报告后，厄特马斯公司向斯特公司提供了 10 万美元贷款。随后，厄特马斯公司又向其发放了两笔总计 65 000 美元的贷款。在同一时间内，斯特公司还以同样的手法，从其他两家当地银行，得到了超过 30 万美元的贷款。

对厄特马斯公司和这两家贷款给斯特公司的银行来说，不幸的事终于发生了：1925 年 1 月，斯特公司宣告破产，随之而来的法庭证词表明，就在资产负债表报告斯特公司拥有 100 万美元净资产的 1923 年年底，公司已处于资不抵债的无望状态。斯特公司的一名会计（在法庭记录上只知其名叫罗姆伯格）以虚构公司巨额会计分录的方法，向审计人员隐瞒了公司濒临破产的事实。其中虚构最大一笔的会计分录，是将超过 70 万美元的虚假销售收入，记入应收账款账户的借方。

在斯特公司破产后，厄特马斯公司为追回经济损失，起诉了道奇与尼文会计师事务所。厄特马斯公司宣称：事务所在对斯特公司进行审计时，不仅麻痹大意，而且还具有欺诈行为。《纽约时报》也报道说：厄特马斯公司诉讼案所提出的过失赔偿要求，是一个全新的概念。而且对那些希望向事务所追索损失的第三者来说，审判结果将被作为此类案件的重要判例之一。此案过失赔偿要求之所以被大家所关注，就在于道奇与尼文会计师事务所与厄特马斯公司并没有存在任何合约关系。而当时有一条明确的法律条文规定：一方只有与另一方有明确的合约关系时，才能向另一方追索由于它的过失行为而造成的损失。

厄特马斯公司诉讼案中另一个令人关注的焦点是，会计师事务所的创始人乔治·亚历山大·道奇爵士，成了此案的被告。道奇先生在第一次世界大战期间，曾担任过两届伦敦行政司法长官。他是在 1909 年时，与一名叫约翰·尼文的年轻会计，合办了一个会计师事务所。约翰是苏格兰人，但已移民纽约。新的会计师事务所业务兴旺，道奇先生也于 1917 年被英王乔治五世封为爵士，并且最终成了新兴的注册会计师行业中一名最受人尊敬的人物之一。尼文先生同样也小有名气。但具有讽刺意味的是，就在斯特公司宣告破产时，尼文正担任美国会计师协会（美国注册会计师协会的前身）的主席。厄特马斯公司诉讼案中所提出的另一个问题，就是乔治·道奇爵士和其他没有直接参与对斯特公司查账的合伙人，是否也应对下属的过失行为或所称的过失行为负有法律责任。

表 3 – 1　　　　　道奇与尼文会计师事务所对斯特公司
1923 年 12 月 31 日资产负债表的审计意见

1924 年 2 月 26 日

道奇与尼文会计师事务所

注册会计师

梅登路 80 号，纽约

查账报告

我们已经检查了弗雷德·斯特公司截止于 1923 年 12 月 31 日这一年的账目，特此证明所附的资产负债表与给我们的信息和解释相一致。并且我们进一步证明，按照联邦所得税的规定，该报表公允地反映了弗雷德·斯特公司在 1923 年 12 月 31 日的财务状况。

厄特马斯公司对道奇与尼文会计师事务所的诉讼案在纽约地方法院进行审理。厄特马斯公司的律师，陈述了道奇与尼文会计师事务所的审计人员，应该很轻易地查出斯特公司在 1923 年 12 月 31 日的资产负债表中，虚增了 70 多万美元应收账款项目这一事实。这个虚构事项如果被纠正的话，将使斯特公司报告的净资产减少近 70%。那么厄特马斯公司也就不可能贷给他如此大额的款项了。

法庭证词揭示了道奇与尼文会计师事务所对斯特公司进行的审计工作，主要是由一名叫西斯先生的年轻人完成的。在 1924 年 2 月初，当西斯到斯特公司进行查账时，他发现自前一年的 4 月起，公司均未记总账。因此，他和助手们在最初几天的工作，便是将公司的日记账过入总账。完成这一切以后，斯特公司的应收账款余额约有 64.4 万美元。就在西斯准备编制公司账户试算表的前一天，斯特公司的会计罗姆伯格从西斯手里要走了总账账本。在看完了总账以后，罗姆伯格又作了一笔贷记销售收入、借记应收账款的分录，金额大约为 70.6 万美元。在这笔应收账款分录旁，他填入了这个数字，表示这笔金额已过入销售明细账中。第二天，罗姆伯格提醒西斯，注意总账中已增加这笔分录，并解释说这笔账是公司 12 月份的销售收入，当时由于疏忽而没有记账。西斯不加询问与调查，便将这些纯属虚有的应收账款，列入资产负债表中。罗姆伯格及其副手还为此准备了 17 张销售发票，但发票上反映的销售业务没有一笔是真正发生过的。

在接下来的证词中，西斯最开始说他不记得是否检查过那些证明斯特公司 12 月份发生销售的 17 张发票。但后来当原告律师指出：只要瞄一眼就能看出那些发票是假的时，西斯承认说他没有检查过其中的任何一张发票。那些有问题的发票准备得很仓促，既缺少货运号码，也没有客户订单号及其他有关的资料。在承认没有检查这些发票后，道奇与尼文会计师事务所的律师为此项疏忽辩护说，审计主要是"抽样测试"，而不是对所有账目进行详细检查。随后又辩解说，这17张假发票并未包含在被检查的200多张发票之内是不足为奇的。法庭对此裁决指出：虽然通常审计工作是建立在以抽样为基础的原则上的，但鉴于罗姆伯格登记的12月份大额销售收入性质可疑，道奇与尼文会计师事务所有责任对其进行特别检查。"对于在日常商业过程中记入账簿的账户来说，用抽样和测试的方式来进行查账就已经足够了。……（然而）由于环境所决定，被告必须对12月的应收账款给予仔细的查看。"

在审判中，厄特马斯公司的律师尖锐地指出，除了罗姆伯格登记的12月销售收入的疑点以外，道奇与尼文会计师事务所应有更多理由对特斯公司管理当局的正直性予以怀疑。如在年终平添70万美元应收账款，而且道奇与尼文会计师事务所的审计人员在核查该公司存货账目时，也曾发现了超过30万美元的不实之处，这些不实，对比未经审计的存货余额，多估算了90%。与此同时，在对应付账款的检查中，也发现了问题。审计人员发现：该公司使用同一财产向不同的银行申请了抵押贷款……法庭因而裁决指出：对于道奇与尼文会计师事务所的审计人员来说，即便是与斯特公司的职员们有良好的关系，或是在以前的查账工作中，并未发现他们有任何品格方面的问题，但鉴于这次查账中所发现问题的性质和范围，事务所的确应对斯特公司账目的准确性，持极大的怀疑态度。对于这点的看法，法庭记录道："询问要通过表面深入到何种程度，无疑是一个判断力问题，这一点各种意见常常不一致。当老熟人和良好的声望在一开始就有不容置疑的疑点时，那么对这些疑点的分析就将导致怀疑和不信任。"

由于律师不能证明道奇与尼文会计师事务所故意欺骗厄特马斯公司（故意欺骗是诈骗成立的必要条件），陪审团撤销了对道奇与尼文会计师事务所欺诈罪的指控。但对过失的指控，陪审团判厄特马斯公司获胜，道奇与尼文会计师事务所应向厄特马斯公司赔偿超过18.6万美元的损失。但负责此案的法官却认为，此判决有误，所以他推翻了陪审团的判决。法官解释说，他并不是指道奇与尼文会计师事务所在1923年对斯特公司进行审计时没有过失，但他的观点来自于一条由来已久的规矩，即只有与被告有合约关系的一方，才能起诉和要求被告对疏忽而造成的损失进行赔偿。"除非疏忽大意造成了被告相对于原告具有责任的破坏，否则它不能成为提出控诉的理由。如果不把被告的责任限制在斯特公司之内，而是将其延伸到可能阅读与依赖斯特公司资产负债表的所有人，那么就等于强迫被告对全世界都承担一种潜在的责任。"

厄特马斯公司的律师对法官的判决表示不服，并决定提起上诉。纽约最高法院受理上诉的部门在查阅了案情后，通过投票的方式，以 3∶2 的超过半数的决定，维持了陪审团所作的仲裁。受理上诉此案的大法官麦克阿维提出：关键问题是，在没有直接合约关系的情况下，道奇与尼文会计师事务所对厄特马斯公司是否应该负有责任。麦克阿维得出结论认为：即使道奇与尼文会计师事务所在合约中明确地指出了只与斯特公司发生责任关系，但事务所也应对厄特马斯公司及其他依赖斯特公司财务报表的各方面，负有一定责任。他指出：事务所不能在出具了无保留审计意见后又声称对此不负任何责任。正因为被告的专业知识，银行和商业机构才要求独立的会计师出具审验合格的资产负债表，并据此发放贷款。他们有权要求事务所在表示审计意见时，应合理地保持谨慎小心的专业精神。

尽管麦克阿维法官和他的两个同事确信道奇与尼文会计师事务所应对厄特马斯公司负有法律责任，但处理此事的另外两名法官却坚持，这种责任并不存在。持不同意见的法官芬奇认为：如果道奇与尼文会计师事务所要负责的话，那么这对事务所来说，就显得太不公平了。"如果原告（厄特马斯公司）曾经告诉过道奇与尼文会计师事务所的审计人员，他们将依据审计意见来发放贷款的话，那么审计人员就有机会来估计他们所负的责任和风险。从而在确认出具此项审计意见的责任后，就能决定出对账户审查应达到何种程度。"

在法院作出裁决后，道奇与尼文会计师事务所的律师又向更高一级的法院提出上诉，该法庭对此案作了最后裁决。主审法官杰明·卡道佐是一位享有盛誉的法律专家。在美国法律界颇具影响力。卡道佐和他的 6 名副手一致认为：当时推翻陪审团过失赔偿裁决的决定是正确的。卡道佐基本上同意芬奇法官的意见，即由于道奇与尼文会计师事务所在不知出具的审计意见报告，将被第三者用来作为发放贷款依据的情况下，让其向第三者承担法律责任是不公平的。他进一步指出说：如果斯特公司在签约时，指定厄特马斯公司作为合约的受益人的话，那么他的判决将不会是这样的。

对道奇与尼文会计师事务所和他的同行们来说，不幸的是，在结束了对厄特马斯公司一案关于赔偿的评述后，卡道佐法官又对此案的另一方面作了严厉的批评，并暗示厄特马斯公司如果以重大过失行为对道奇与尼文会计师事务所进行诉讼的话，他们可能会获得成功。"过失行为，即使不等同于诈骗，但也不是不能说作为诈骗行为的推断证据……至少这种过失被认为是重大的情况下，是这样的……（在厄特马斯公司一案中）陪审团可以发现……（道奇与尼文会计师事务所的审计人员）对账目不实视而不见，并盲目地发表了予以赞同的意见。"

二、审判结果：对美国注册会计师行业的影响

回顾此案，审判结果对美国注册会计师行业主要有两点影响。第一，它确立了受益人的权利。审计合约的直接受益人，通常称为主要受益人，有权对有过失的审计人员追索损失。然而。根据此案的惯例，只有极少的原告，能成功地把他们自己确立为审计合约中的主要受益人。但不论怎样，就此案结果而言，通过这一案例从此扩大了审计人员法律责任范围已被历史所证明。第二，它为代表非合约关系的第三者的律师，提供了一种新的策略来控告审计人员。在此案之后，此类案件的原告律师们开始以重大过失为由，起诉审计人员。而在此以前，对希望向审计人员追索损失的非合约关系的第三者来说，唯一可行的起诉理由，只有诈骗行为。由于确立重大过失行为比证明故意诈骗倾向要容易得多，为此，审计人员对那些使用审定后财务报表的第三者来说，一下子面临着更大程度的法律责任。

卡道佐法官对此案谈及的第二个问题是：乔治·道奇先生和他的合伙人，尽管他们与斯特公司的法律纠纷没有直接关系，但其个人是否应为参与此事的下属的行为负法律责任，值得探讨。尽管此案是否存在过失行为尚无定论。但卡道佐法官指出，原告有权要求重新审判，以确定道奇与尼文会计师事务所的过失行为究竟是属于诈骗还是重大过失。卡道佐法官还十分明确地说道：既然那些雇员都是事务所合伙人的工作人员，那么道奇与尼文会计师事务所的所有合伙人，都应为事务所雇员在斯特公司审计过程中的一切行为负法律责任。

在卡道佐法官对厄特马斯公司一案作出裁决后，注册会计师对使用财务报表的第三者的法律责任范围被逐渐扩大了。第一次扩大是紧接着厄特马斯公司案件后，于1933年颁布的《证券法》。该联邦法案在各州的法律基础上，强化了审计人员一种非常重要的法律责任，即对购买新上市证券的最初购买人，应负一定的法律责任。而且，在1933年《证券法》下，原告不需要去证实审计人员是否有诈骗行为或重大过失甚至有无过失。相反，原告只要能证明，与销售新的证券相联系的财务报表中有重大错误或遗漏，那么事务所作为被告就必须证明，他的雇员在进行审计工作时，是相当勤勉的。为了确认这种勤勉的辩护，事务所必须证明在进行了"合理的调查"之后，出具的包括在证券登记书中已经审计的财务报表实质上正确。但如果原告能明确指出这份有争议的财务报表中含有重大错误的话，被告的辩护一般会被法官驳回。

在此后的几十年中，注册会计师的法律责任在常规法律规定下，也有了一定

的扩大。1965年，美国立法部门出台了一套在法律裁决时被大量援引的法律摘要，即《民事侵权行为案重述》，该摘要指出，除原始受益人以外，可预见受益人也有权向失职的审计人员追索损失。可预见受益人是指一些有限的潜在使用财务报表的团体或阶层的成员。而审计人员一般能意识到这些潜在报表使用者的团体的存在，但并不要求知道这个团体中具体有哪些个人或单位。1983年的罗斯布鲁斯法案最终超越了上述法律摘要的界限，指出不管是可合理的预见、还是普通的财务报表第三者使用者，都有权向失职的审计人员追索损失。比起可预见的第三者来说，可合理预见的第三者包含了更大范围的潜在报表使用者，可合理预见的第三者的最广义的定义是，将包括所有拥有一份经审计人员审定过的财务报表并据此作出决策的个人投资者们。

三、案例分析

该案例确立了"厄特马斯主义"（Ultramares vDoctrine）。根据"厄特马斯主义"，注册会计师对第三者是否负有责任，关键是看过失程度的大小，普通过失不负责任，而重大过失和欺诈则应当负责。

被告道奇与尼文会计师事务所为弗雷德·斯特公司进行审计并出具了无保留意见的审计报告，但其后不久这家公司宣告破产。厄特马斯公司是这家公司的应收账款代理商（企业将应收账款直接卖给代理商以期迅速获得现金），根据注册会计师的审计意见曾给予它几次贷款。厄特马斯公司以未能查出应收账款中有70万美元系欺诈为由，指控会计师事务所具有过失。纽约上诉法庭（即纽约州最高法院）的判定意见是犯有普通过失的注册会计师不对未曾指明的第三者负责；但同时法庭认为，如果注册会计师犯有重大过失或欺诈行为，则应当对未指明的第三者负责。

根据"厄特马斯主义"，注册会计师对于未指明的第三者是否负有责任的关键在于过失程度的大小。普通过失不负责任，而重大过失和欺诈则应负责任。但是，自20世纪80年代以来，许多法院逐渐扩大了该责任范围，判定具有普通过失的注册会计师对可以合理预测的第三者负有责任。所谓可以合理预测的第三者是指注册会计师在正常情况下可以预见将依赖财务报表的人，例如资产负债表日有大额未归还的银行贷款，那么银行就是可以合理预测的第三者。在美国，目前关于习惯法下注册会计师对第三者的责任仍然处于不确定状态。一些司法权威仍然承认"厄特马斯主义"的优先地位，认为注册会计师仅因重大过失和欺诈对第三者负有责任；但同时也有些州的法庭坚持认为，具有普通过失的注册会计师对可以合理预期的第三者也有责任。

目前，我国尚没有关于注册会计师与第三者责任关系的法规，完善该立法，界定注册会计师的责任范围是当务之急。

四、思考题

1. 请指出 20 世纪 20 年代的审计报告与现在的审计报告的根本区别。审计报告演变的主要原因是什么？

2. 20 世纪 20 年代只对公司的资产负债表进行审计，并以此来进行对外部第三者的利润分配。而现在要对资产负债表、利润表、现金流量表等会计报表进行审计。分析这种变化的主要原因是什么？

第五节　卡迪罗旅游系统公司审计案例

——注册会计师坚持原则而免受惩罚的案例

一、案例经过

卡迪罗公司成立于 1935 年，1956 年被劳根·里恩收购，是美国第四大旅游机构，在美国证券交易所挂牌上市。

1982~1984 年期间公司业绩不佳，共损失 150 万美元。

1985 年的一天，劳根·里恩要求会计主管史密斯将联合航空公司预付给卡迪罗公司的 20.3 万美元确认为收入，但史密斯知道这样做是不对的，因为合同上说明若不发生该项费用，应将这笔款项退还给联合航空公司。于是史密斯拒绝了老板的要求结果被炒了鱿鱼。

1985 年 11 月，负责对卡迪罗公司进行审计的塔奇·罗斯事务所的合伙人海伦·沙珀德发现这样一笔调整分录：

借：应付账款——联合航空公司　　　　　　　　　　　　203 210

　　贷：旅游佣金收入　　　　　　　　　　　　　　　　　　　203 210

会计人员的解释是这是第二季度卡迪罗公司从联合航空公司赚取的佣金收入。而海伦在检查了这一协定后，发现协定中说明在某些特定情况下，这笔款项应还给联合航空公司，因而在 1985 年度不能确认为收入。于是他要求联合航空公司对这一有争议的款项出具确认书。劳根·里恩跟海伦解释说这一款项在任何情况下都不会还给联合航空公司。经海伦再三要求，劳根·里恩才同意了她的请求。

联合航空公司的确认书声明，到 1990 年之前，如果双访所签合约的某些规定未被履行，该笔款项应还给联合航空公司。这时，劳根·里恩对海伦解释说他和航空公司的董事长之间有秘密协议，这笔款项永远不许返还。海伦再次要求与航空公司的董事长联系却遭到劳根·里恩的拒绝。很显然，这一秘密协议根本就是子虚乌有。

海伦要求卡迪罗公司对这一确认收入的分录进行调整，但遭到财务主管的拒绝。1985 年 12 月 30 日，劳根·里恩解除了卡迪罗公司与塔奇·罗斯事务所之间的合作。并且不支付事务所的审计收费 17.5 万美元。

1986 年 1 月 21 日，卡迪罗公司又聘请了梅恩·赫德曼会计师事务所作审计。而梅恩·赫德曼会计师事务所的审计人员很快就提出了与原聘事务所同样的问题，即联合航空公司的付款能否确认为收入的问题。劳根·里恩解释说他们签订的所谓的秘密协议已经取代了书面的合同约定，即这笔款项在任何情况下都不需返还。而梅恩·赫德曼会计师事务所人员拒绝接受这一解释，并坚称这一付款必须在合同的 5 年有效期内按比例地确认收入。最终，由于注册会计师与卡迪罗公司主管意见不一致，辞去了该项审计业务。

1986 年年初，卡迪罗公司开始经历严重的偿债危机。

1987 年 5 月，卡迪罗公司的主要债权人对其提出强制破产诉讼。而上述两家会计师事务所由于在审计卡迪罗公司时严格遵守了审计人员的职业道德与审计准则，因而免予起诉，也免除了证券交易所对他们的指责。

二、案例分析

该案例的结果与本书所列其他案例的结果恰恰相反。

由于对一笔 20.3 万美元账务处理的分歧，塔奇·罗斯会计师事务所的会计师坚持原则，为此损失了 17.5 万美元的审计收费。公司后续的事务所，也因同样的原因辞去了对卡迪罗公司的审计业务。虽然两家会计师事务所因坚持原则而丢失了业务，但最后却因祸得福，事务所免除了破产诉讼人对他们的起诉。

会计师事务所是自主经营、自负盈亏的企业，于是许多事务所为了生存、为了经济利益而屈从于客户的压力。如果业界多一些这样的例子，宁可丢掉客户也要坚持原则的事务所和注册会计师，整个行业处于良性竞争的环境中，会更有助于提高审计质量。否则，事务所为争抢客户而压价、放弃原则，最后毁掉的是整个行业的信誉。

为此，注册会计师的监督部门，不仅要公布与处理那些不讲职业道德、违法乱纪的注册会计师与事务所，以引起行业警惕，更应该表扬那些在审计工作中坚持原则、认真执行职业道德的注册会计师与事务所。

三、思考题

本案例中，会计师面临哪些道德困境？在各种道德困境中，哪一方会受到影响和伤害？在上述情况下，会计师应当对这些当事人负哪些责任？

第六节　潘·斯奎尔银行审计案例
——典型的金融企业审计案例

一、案例经过

1982年7月5日，美国联邦存款保险公司对潘·斯奎尔银行进行财产清理。1974年这家银行总资产只有2 900万美元，而当其被关闭时，总资产已超过5亿美元。由于银行破产，潘·斯奎尔银行本身及分支机构、存款人以及美国联邦存款保险公司保险基金等共计遭受的损失超过15亿美元，它的破产，成为当时美国金融界最为严重的事件之一。潘·斯奎尔银行关闭之后，涉及此案的当事人之多，无法胜数，其中包括：银行关闭前的董事及主管们、将大量的存款人资金注入这家银行的货币中间商、这家倒闭机构的代理行以及对该行进行审计的毕马威会计师事务所。

在关于银行倒闭责任如何负担的问题上，有关第三方都把毕马威会计师事务所当做他们的目标。联邦银行代理处、潘·斯奎尔银行主要存款来源的货币中间商，甚至是对这家银行倒闭进行调查的美国众议院，都将谴责的矛头指向毕马威会计师事务所，都对毕马威会计师事务所在潘·斯奎尔银行倒闭的责任方面，进行了极为强烈的批评。在听证会上，毕马威会计师事务所的一个合伙人向法院提出中止诉讼的申请，他解释说，事务所的审计报告只供银行董事们使用，外部有关部门不应当依赖毕马威会计师事务所在银行倒闭3个月之前对潘·斯奎尔银行1981年度的财务报表签发的无保留意见的审计报告。该合伙人的这一申请，激起了众议员圣·德门愤慨的反应："你们没有意识到这一事实：潘·斯奎尔银行在同经纪人打交道时，已将你们的报告送给……全国各地的公众、信用社以及销售和租赁公司，这些人、机构之所以相信潘·斯奎尔银行，是由于他们阅读了这一银行的财务报表与审计报告，因为这是他们所能得到的全部信息……"

在潘·斯奎尔银行这一案例中，毕马威会计师事务所遭受了相当多的批评。最终这一持续了仅 6 个月的委托关系，成了审计界破费最多的委托关系之一。

(一) 潘·斯奎尔银行简介

潘·斯奎尔银行成立于 1960 年，位于俄克拉荷马城西北部附近的一个购物中心内。1974 年以前，该银行的主要客户都是购物中心内的小商品零售商及周围社区的居民；1974 年，在詹宁斯买下这家银行之后，潘·斯奎尔银行立即参与了 70 年代末期俄克拉荷马州骤然升温的石油热中，致力于开采石油和天然气的投机贷款。这一业务，导致了 1976～1982 年期间，这家银行的总资产每两年就要翻一番。当它被美国联邦存款保险公司勒令关闭时，对石油和天然气行业的贷款，已占到银行资产的 81% 以上。

20 世纪 70 年代后期，潘·斯奎尔银行吸收了很多石油和天然气企业客户，但由于资金规模有限，它不能满足客户的贷款需要。为了满足迅速增长的贷款业务的需要，一方面，潘·斯奎尔银行拼命地扩大它的存款基础，通过对大额存单提供优惠利率（比当时普通的利率高出 25～150 个基点），在短期之内吸引大量的投资；另一方面，说服几家主要的大城市银行，帮助它们向一些最大的石油和天然气企业融资。潘·斯奎尔银行为企业安排了贷款"辛迪加"，并履行了所有必需的管理职能，比如，对石油储备工程的开发进行评估等。在潘·斯奎尔银行的帮助下，对多家规模较大的石油和天然气企业融资的大城市银行包括：西雅图第一国民银行、大陆（伊利诺）银行及大通（曼哈顿）银行。仅大陆（伊利诺）银行就向潘·斯奎尔银行的客户提供了超过 10 亿美元的资金，而大通（曼哈顿）银行提供的资金则超过 2 亿美元。然而，由于卡特总统的能源节约政策以及石油输出国组织大量的过剩生产，石油和天然气的价格从 1980 年起开始暴跌，许多靠潘·斯奎尔银行贷款支撑的企业很快就无利可图了。这一状况，直接影响了银行资金的流动性。

1980 年年初，潘·斯奎尔银行的巨额利润，迅速增长的存、贷款数量，都令美国货币总监办公室产生了怀疑，美国货币总监办公室联邦银行检查人员在一次例行检查中发现，潘·斯奎尔银行违反了银行法的许多规定，其中包括资金的流动性缓慢、储备资金不充足、贷款回收差，等等。1980 年后期，美国货币总监办公室迫使银行的董事们在一份"管理协定"上签字，要求并同意了银行为改正这些问题所采取的补救措施，其中包括雇用几位具有丰富的银行经验的主管官员和雇用埃顿·贝勒先生——一位在俄克拉荷马商业界有极佳信誉的银行家为新总裁。此外，贷款检查和控制程序予以加强并制度化，贷款损失准备较上一年增加 100%。

联邦银行检查人员在 1981 年秋天进行银行状况检查时，对潘·斯奎尔银行采取的这些措施做出了肯定评价。但就在检查后不久，石油生产供过于求的状况进一步恶化，迫使越来越多的小型开采公司不得不停产，而这些小型开采公司，正是构成潘·斯奎尔银行贷款客户的主要成员。潘·斯奎尔银行由于面临贷款周转压力，急需稳定增长的存款，为此，银行千方百计吸引大的投资者和同行的拆借来保持其存款，甚至不得不求助于以前那些违法的行为。在潘·斯奎尔银行破产前的最后 7 个月内，就向石油和天然气投机商们提供了超过 10 亿美元的贷款，这其中包括直接贷款和也介绍其他银行进行的间接贷款。

1982 年春天，当联邦银行检查人员再次到潘·斯奎尔银行时，发现这家银行的财务状况已经相当恶化。在潘·斯奎尔银行关闭前的最后几周，联邦储备局不得不向这家银行注入几百万美元的紧急贷款，以维持其起码的偿付能力。美国货币总监办公室最终于 1982 年 7 月做出结论：潘·斯奎尔银行已经无可挽回，同时命令美国联邦存款保险公司将其予以关闭，并指令美国联邦存款保险公司作为其诉讼财产管理人。

（二）潘·斯奎尔银行的审计纠纷

安永会计师事务所在俄克拉荷马城的办事处从 1976～1980 年期间曾对潘·斯奎尔银行执行过多年的审计，其中从 1976～1979 年，银行均得到了安永会计师事务所无保留意见的审计报告。自 1979 年 12 月 31 日开始，潘·斯奎尔银行成为第一潘氏股份有限公司的全资子公司，1981 年，安永会计师事务所对潘·斯奎尔银行1980 年的财务报表发表了保留意见的审计报告（见表 3-2），报告中指出："在贷款损失准备金的充分性方面，其可靠性不能令审计人员感到满意。"

表 3-2　　　　　　　　　**安永会计师事务所的审计意见**

第一潘氏股份有限公司董事会：

我们已经检查了贵公司 1980 年 12 月 31 日和 1979 年 12 月 31 日的资产负债表和截至 1980 年 12 月31 日为止的相关的损益表、股东权益表及财务状况变动表（以上报表均包括潘·斯奎尔银行本身的报表及合并后的报表）。除了第二段所述的情况外，我们的检查是按照公认审计准则进行的，我们相应地实施了抽查会计记录以及其他我们认为必要的审计程序。

在 1980 年 12 月 31 日的对可能的贷款损失计提准备金的充分性上，由于某些贷款缺乏有关证明抵押品价值的记录，我们对此结果不能满意。

我们认为，上述报表（个别报表及合并报表）符合公认会计原则的要求，公允地反映了第一潘氏股份有限公司 1980 年 12 月 31 日的财务状况（合并前及合并后）以及该年度的经营成果（合并前及合并后），该期间会计的选用符合一致性原则。

安永会计师事务所
1981 年 3 月 13 日

1982 年秋天，在潘·斯奎尔银行案的国会听证会上，负责管理安永会计师事务所俄克拉荷马办事处的合伙人哈洛德·罗塞尔被要求说明，他的事务所在 1980 年对潘·斯奎尔银行进行审计时所碰到的问题。罗塞尔报告说，在 1979 ~ 1980 年期间，银行的贷款记录情况日趋恶化，特别值得一提的是，很多贷款记录都未附开发石油储备的当期工程报告，其他附有当期工程报告的，又没有工程师签署的意见或是没有列出工程师们在估计石油储备时所需说明的假设。当被问及是否同银行管理当局讨论过这些问题时，罗塞尔作了肯定答复，并指出银行当时对会计师事务所发表有保留的审计意见很不高兴，在没有预先通知的情况下，詹宁斯决定改聘毕马威会计师事务所对其 1981 年的财务报表进行审计。

负责组织潘·斯奎尔银行听证会的国会调查委员会，对于安永会计师事务所被解聘之后，为什么选择毕马威会计师事务所对该银行进行审计很感兴趣。负责管理毕马威会计师事务所俄克拉荷马办事处的合伙人吉姆·布兰顿告诉委员会，在他们事务所被选择作为潘·斯奎尔银行新的审计执行人之前，事务所内就有几位成员同该银行的几位高级主管非常熟悉。兰顿认为这一事实，起码可以部分说明为什么在 1981 年秋天，潘·斯奎尔银行选择了毕马威会计师事务所来作为新的审计执行者。布兰顿透露，毕马威会计师事务所俄克拉荷马城分所的有些合伙人，在此之前已从潘·斯奎尔银行获得 200 万美元的贷款，并且还有 100 万美元的贷款限额，这些贷款使会计师事务所面临"独立性问题"，而这一问题，应在接受该银行作为审计客户之前就必须解决。双方当事人就此问题达成协定，即潘·斯奎尔银行将"完全退出"这些贷款及贷款限额业务，由其他银行来办理。但在 1982 年 7 月 1 日——就在潘·斯奎尔银行关闭的前 4 天——毕马威会计师事务所得知，其中一项贷款已经被潘·斯奎尔银行重新购回。毕马威会计师事务所的官员们注意到，这一购回交易，是在他们不知情的情况下进行的，且这一交易完全违背了他们以前与银行达成的谅解协议。

（三）毕马威会计师事务所对潘·斯奎尔银行的审计

吉姆·布兰顿向国会调查委员会提交了一份详细的备忘录，其中包括他的事务所对潘·斯奎尔银行所进行的 1981 年审计。资料显示，1981 年审计的焦点，是银行所计提的贷款损失准备金。布兰顿注意到了 1981 年 12 月 31 日该账户的余额，比 1980 年 12 月 31 日该账户余额的两倍还多；1981 年，潘·斯奎尔银行注销了 480 万美元的贷款坏账，而在 1980 年，贷款坏账刚刚超过 60 万美元。除此之外，从潘·斯奎尔银行 1981 年 12 月 31 日的资产负债表（见表 3 - 3）可以看出，在 1981 年年底时，对可能的贷款损失计提的准备金，已占全部贷款总额的 1.5%。

据布兰顿说，他的事务所在 1981 年度对潘·斯奎尔银行的审计中，对导致安永会计师事务所发表有保留意见的 1 500 万美元的有问题贷款，给予了特别的关注：截至 1981 年年底，这些贷款中的绝大部分，已经收回；在 1981 年 12 月 31 日尚未收回部分，对安永会计师事务所提出的贷款记录问题，已通过建立一个信用检查部和银行采取的其他纠正措施，在很大程度上得到了改正。布兰顿为了支持这一观点，提到了美国货币总监办公室于 1981 年对潘·斯奎尔银行进行的检查结论，该检查表扬了银行的董事们对潘·斯奎尔银行的管理和经营政策所作的改进。

表 3 - 3　　　　　潘·斯奎尔银行 1981 年 12 月 31 日资产负债表

潘·斯奎尔银行

（第一潘氏股份有限公司的全资子公司）　　　　　单位：美元

资　产	1981 年	1980 年
现金、定期存款及存放同业证券投资	87 465 338	59 625 519
（见附注 2）：		
美国国库券	13 123 075	10 992 420
州债券	34 362 974	31 334 926
贷款（附注 3，附注 4）	277 407 896	203 437 140
减：		
未摊销的折价	21 771 330	1 537 889
贷款可能损失的准备金	4 141 447	2 004 587
贷款净额	271 095 119	199 894 664
售出联邦基金	53 000 000	16 000 000
银行房屋、财产和设备（净值）		
（附注 5）	3 877 929	2 481 667
应计利息收入	20 495 932	7 372 553
其他资产（附注 9）	1 704 004	762 888
资产总计	485 124 371	328 464 637
负债和股东权益存款：		
活期存款	232 636 575	142 624 714
储蓄存款和可转让提款账户	1 822 223 800	13 341 126
定期存款（附注 6）	196 817 006	144 822 794
存款总计	447 677 381	300 788 634

续表

资　产	1981 年	1980 年
可购回协议项下的售出贷款	——	2 795 561
购入联邦基金	900 000	650 000
应计利息支出和其他负债		
（附注 9）	4 949 589	3 808 039
负债总计	453 526 970	308 042 234
股东权益		
普通股	1 000 000	1 000 000
资本公积	18 000 000	10 000 000
未分配利润	12 597 401	8 922 403
股东权益总计	31 597 401	20 422 403
承诺或有负债（附注 12）		
	485 124 371	328 464 637

　　1981 年度对潘·斯奎尔银行的审计结果，显然令毕马威会计师事务所的审计人员们对银行的财务报表是否公允表述的这一结论不存在什么怀疑。根据毕马威会计师事务所在听证会上的证言，该事务所对潘·斯奎尔银行 1981 年度财务报表发表的审计意见的具体措辞，是经过事务所几位资深的合伙人（包括布兰顿）检查和批准的。

　　国会调查委员会的成员们对 1981 年潘·斯奎尔银行审计进行仔细检查的最后一个方面，是毕马威会计师事务所既对潘·斯奎尔银行进行审计，又对大通（曼哈顿）银行进行审计。这将涉嫌来自同一事务所的审计人员，很可能在审计期间对两家银行的情况进行了信息交流。国会委员会关心的是，由于存在这样的交流信息的机会，大通（曼哈顿）银行很容易得到潘·斯奎尔银行正在恶化的财务状况的情报，觉察出潘·斯奎尔银行已违反了银行法的某些规定，这使该银行有可能利用这些信息来处理已提供给潘·斯奎尔银行的贷款资金。事实上，美国联邦存款保险公司已对大通（曼哈顿）银行提起诉讼，理由是：在潘·斯奎尔银行关闭之前不久，大通（曼哈顿）银行被指控从潘·斯奎尔银行不当地撤回了资金。毕马威会计师事务所的合伙人拒绝承认他们事务所在俄克拉荷马城的办事处与纽州市办事处之间进行了这样的信息交流，并否认为大通（曼哈顿）银行提供了关于潘·斯奎尔银行状况的内部信息。

在国会听证会的证据中，对毕马威会计师事务所是否可信赖性最为不利的一个证据是美国货币总监办公室 1982 年 12 月 31 日签发的一份报告。该报告称：毕马威会计师事务所 1982 年的审计是"不可接受的"。在这份报告上说："尽管毕马威会计师事务所已经发现了一些问题，如高于担保品价值提供贷款，未收到借款者的付款之前，就向代理行支付本金和利息，银行提取的贷款损失准备金数额不足……在这样的情况下，还是发表了无保留意见审计报告。"

国会议员韦伯注意到了 1982 年春天美国货币总监办公室执行的审计几乎是和毕马威会计师事务所的审计同时进行，这一审计发现了许多"严重的问题"，而毕马威会计师事务所的独立审计人员检查出来的问题及其严重程度远不及美国货币总监办公室在审计报告中所指出的那样。

毕马威会计师事务所的合伙人所作的证言表明，会计师事务所可能对自 1980 年美国货币总监办公室发布命令之后的潘·斯奎尔银行所实施的内部控制程序，给予了过度的信赖。除此之外，1981 年秋天美国货币总监办公室检查人员重访银行之后发表的有利于该银行的报告，也可能使毕马威会计师事务所的审计人员错误地产生了一种安全感，回过头再看一下，该银行 1980 年所实施的新的控制措施，只奏效了很短的一段时间。

在对毕马威会计师事务所执行的审计进行检查之后，至少可以得出这样一个结论：如果石油价格继续保持上升势头的话，就不会出现这一所谓的审计失败。一位国会调查成员就曾经指出，潘·斯奎尔银行是一间"纸牌搭成的房子"，它是建立在石油价格不断交替上升这一假设基础之上的。

（四）尾声

1985 年春天，在美国俄克拉荷马城的联邦法庭上，对潘·斯奎尔银行贷款部经理威廉姆·帕特森提起的刑事诉讼中，有 26 项有关银行欺诈的指控被宣告不成立。3 年之后，在芝加哥的一个联邦法庭上，一个对帕特森提出的刑事诉讼亦被宣告为无效，其中有 12 项同上述相类似的刑事指控也被撤销。但这并不意味着帕特森无罪，1988 年 7 月，在连续的刑事指控中，帕特森最终与联邦检察官达成了认罪求情协定，对滥用银行资金一事表示服罪，并被宣判在联邦监狱中服刑两年。1984 年，帕特森在潘·斯奎尔银行的一个同事也对银行欺诈指控表示服罪，并被处以 30 个月的有期徒刑。

到 20 世纪 80 年代末，由于毕马威会计师事务所被牵涉进潘·斯奎尔银行倒闭一案中，对其提出的民事诉讼金额已远远超过 10 亿美元；美国联邦存款保险公司对毕马威会计师事务所的起诉金额达 9 000 万美元；美国司法部也向 12 位毕马威会计师事务所的雇员或前雇员提起诉讼，其中有一项指控说，这些人同潘·斯奎尔银行存在一定的利益关系，使其在执行审计时不独立。1991 年 10 月，俄克拉荷马州公共会计局暂停毕马威会计师事务所在俄克拉荷马州执业 10 天，如果该暂停处罚经毕马威会计师事务所上诉之后仍未被撤销，它将成为对较大的会计师事务所施加的最严厉的惩罚之一。

潘·斯奎尔银行的倒闭，对审计职业界的一个最重要的影响是，审计人员们意识到，银行审计再也不是低风险的审计业务了。20 世纪 80 年代初，随着金融界中的高级主管人员们对高风险企业提供贷款资金事件的增多，使得银行的经营风险出现了戏剧性的增长，不断出现了融资、储蓄和贷款的危机风波。审计职业界采取了许多步骤以帮助审计人员制定更为有效的金融机构审计策略。其中一个最重要的措施是出版了一本名为《对银行贷款损失准备金的审计》（纽约：AICPA，1986）的专著，该书的出版目的，是为了帮助审计人员证实贷款损失准备金或坏账准备金的提取是否恰当，在银行、储蓄和贷款审计业务中，这些准备金账户是问题最多的账户之一。

二、案例分析

潘·斯奎尔银行审计案例是一个比较典型的金融企业审计案例。由于美国经济环境的变化，使得原先以为石油会涨价的形势，突然变得扑朔迷离起来，而将信贷业务押在这一形势上的潘·斯奎尔银行，却由此而带来一系列信用危机。尽管这一审计案例应该说是环境与形势所造成的，但一旦对簿公堂，注册会计师又难辞其咎。该案例对我们如何从被审单位行业性质的角度认识控制环境，有一定的教育意义。

独立性是注册会计师的灵魂，它要求注册会计师不仅要保持实质上的独立，而且要保持形式上的独立。事务所与客户之间的经济牵连（比如贷款）影响事务所的独立性。美国注册会计师协会在职业道德准则中，允许注册会计师与被审单位存在一些正常的借贷关系，如事务所所借款项占被审单位的资产比例不大，或用事务所住宅抵押借款，只要符合法律手续并公开化，就被视为不影响独立性；而超出这些范围，则不允许注册会计师执行相关的审计业务。因为，这会影响注册会计师的公正性。上述审计案例中，就是因为毕马威会计师事务所与该银行存在一些未被公开的借贷关系，而被指控违背了独立性。

对于自负盈亏的企业来说难免会经营失败，注册会计师不应该对客户的经营失败负责任。但是被审计单位一旦发生经营失败、破产倒闭等情况，受到损失的投资者为尽可能挽回损失，都会起诉审计方要求一定的赔偿。因此，注册会计师要注意评价客户的经营风险及由此带来的审计风险。对于经营风险较高的客户应慎重签约。注册会计师除了要对被审单位内部控制进行评估，还应关注客户赖以生存发展的环境。在市场经济条件下，企业对社会的依赖性日趋加剧。对社会变动的任何错误反应甚至是迟缓反应，都可能会使企业遭到灭顶之灾，其后果当然会将与之有关的注册会计师一起牵连进去。上述案例中的银行倒闭，在很大程度上是由于外部能源政策的改变所引起的。因此，新审计准则中，加入了风险评估、风险应对方面的内容，了解被审计单位及其环境，了解被审计单位的内部控制。注册会计师应从下列方面了解被审计单位及其环境：（1）行业状况、法律环境与监管环境以及其他外部因素；（2）被审计单位的性质；（3）被审计单位对会计政策的选择和运用；（4）被审计单位的目标、战略以及相关经营风险；（5）被审计单位财务业绩的衡量和评价；（6）被审计单位的内部控制。

三、思考题

1. 潘·斯奎尔银行贷款业务的哪些特征使得该银行的经营风险同不存在这些特征的情况下相比较高出很多？审计风险的哪一要素会受到客户经营风险的影响？

2. 若前任会计师事务所对客户的前期财务报表发表了无保留意见，后任会计师事务所的职业责任会受到影响吗？为什么？为了将客户的"意见收买"行为减至最低，审计职业界做了哪些工作？

3. 潘·斯奎尔银行对毕马威会计师事务所合伙人的贷款是否为该事务所带来了形式上或实质上的独立性问题？指出在哪些条件下，潘·斯奎尔银行不必将这些贷款让售。

4. 现代银行经营主要有哪些风险？它对审计风险有哪些影响？

第七节　月桂山谷地产公司审计案例
——注册会计师轻言妄断致人丧命的案例

一、案情简介

1978 年，两位美国加利福尼亚州的商人，克劳德·乔特和哈瑞·摩尔合作建立了一个不动产发展公司——月桂山谷地产公司。合伙协议规定，两位合伙人对新公司投入相同的资本，平等分享收益。乔特投入的是一整块 400 亩土地，估价 64 万美元。摩尔则投入相同数量的资金。

从1978～1981年年底，乔特将地产改建成适合房地产开发的用地。同时，摩尔则与几个建筑公司谈判，商谈在乔特的土地上如何建造大片豪华的房屋。

在1981年年底时，摩尔因公司进度的缓慢而不安。同时他也担心乔特不能很好地管理合伙公司日渐减少的现金，而且，这些钱很可能在项目完成前就会被用完。于是，摩尔聘请以前曾雇用过的纽拜会计师事务所来复查合伙公司的账目。当摩尔将此意图告诉乔特时，乔特表示无异议。几天后，乔特通知当时正在执行审计业务的道格拉斯·迈克会计师事务所，他们要更换新的会计师事务所了。而道格拉斯·迈克会计师事务所是从1978年开始，就为月桂山谷地产公司服务的会计师事务所。

1981年12月初，事务所的高级注册会计师杰·肯特·纽拜，到月桂山谷地产公司的办公室检查公司的账本。纽拜要求乔特提供公司名下所有的报表、资产清册、公司总分类账、现金收支日记账和复核登记簿。在月桂山谷地产公司查账的第二天下午，纽拜告诉乔特，尽管他没有发现公司财务记录有什么重大的问题而且乔特投入公司的地产也被作为资产列在公司账上；但是，该地产在法律上未被转移到月桂山谷公司名下，而是仍在乔特的个人名下。这是不符合法律规定的。因此，纽拜指责乔特在过去的三年里，"挥霍"了摩尔投资在公司的大部分现金。公司的账目尽管形式上没有问题，但实质上是不实的，乔特欠公司成千上万的钱，"很可能要坐牢"。

乔特提出：立即以契约的方式，将月桂山谷的个人地产转为公司财产。但纽拜告诉乔特，那样做"太迟了"。

最终乔特与摩尔协商解决了这个问题。协议是：乔特归还摩尔最初投资于合伙公司的现金，并为前三年支付12%的年利息。乔特为他犯的错误道歉，并坚持说，他真的一直不知道需要将400亩地产的名称改为公司的名称。另外，乔特坚称，他已尽了所有的努力来保全摩尔投资于公司的资金。两周内，乔特设法借了近90万美元，用于清偿摩尔的本息。

合伙公司解散后，乔特失去了完成月桂山谷地产公司发展的兴趣。接下来的几个月里，乔特的健康状况开始恶化，以致最终不得不寻求精神医生的帮助。乔特将他物质上和精神上的恶化，归咎于摩尔合伙公司的解散，以及杰·肯特·纽拜指责他"狡诈和不诚实"。1982年年底，乔特告诉吉姆·哈迪，即月桂山谷地产公司以前的会计师事务所的合伙人，导致他和摩尔合伙关系破裂的问题所在。哈迪立即告诉乔特，本州的法律不需要他用契约的方式将月桂山谷地产归到合伙公司名下。哈迪说，合伙人之间确定的意向书，才是决定合伙人的个人资产是否归于合伙公司的关键因素。

因为乔特和摩尔的合伙条约清楚地规定，乔特最初以 400 亩地产作为资本投入，那么即使地产仍在乔特的名下，该地产在法律上已经是合伙公司的资产。事实上，在月桂山谷地产公司 1978 年成立后为公司开账时，哈迪已经研究过这个具体问题。

在听完哈迪解释说"他不需要如杰·肯特·纽拜坚持的、要将 400 亩地产的名称转为月桂山谷地产公司的名称"的事实真相之后，乔特非常生气。他立即聘请律师，提出对纽拜会计师事务所的民事诉讼，指控纽拜会计师事务所在执业过程中营私舞弊、欺骗和蓄意精神折磨。地方法院的主审法官在审理完该案件后，作出审判：认为三个指控都没有证据，驳回乔特的诉讼。诉讼失败的几天后，乔特死于心脏病。

在乔特死后的几个月，他的遗产执行人向州上诉法庭提出对纽拜会计师事务所的上诉。上诉法庭判决：认为纽拜会计师事务所在执业过程中确实存在相当明显的营私舞弊的证据，但关于欺骗和精神折磨的指控，上诉法院同意地方法院的决定，即这两个指控并不存在。对案件签署法律意见的上诉法官说，杰·肯特·纽拜在对乔特提出任何职业建议时，应该更全面地研究关于乔特对合伙公司最初投资的法律问题。尽管上诉法官强调：纽拜会计师事务所在执业过程中犯有营私舞弊罪，但他将判定纽拜会计师事务所的注册会计师行为，是否成为造成乔特遭受损害的直接原因这一问题，留给陪审团去决定。法官同时说，虽然从法律的解释来看，乔特不能以蓄意精神折磨罪起诉纽拜会计师事务所，但原告的律师可以证明：杰·肯特·纽拜诽谤了乔特。

在乔特的遗嘱执行人对纽拜会计师事务所所提出的民事诉讼案审判前，纽拜会计师事务所提出愿对乔特的当事人予以大笔赔偿，以求庭外解决此案。在杰·肯特·纽拜就克劳德·乔特的不幸事件向乔特的家庭成员道歉后，乔特的遗嘱执行人才接受纽拜会计师事务所的这一提议。

二、分析

由于注册会计师对一个法律问题的错误解释，导致了一家合伙公司解散，当事人为此深感忧虑并导致心脏病发作而死亡。

与其他案例不同的是，注册会计师并没有在审计程序上或职业道德上犯有过失，而是在一个法律问题上误导了当事人，由此引起了法律纠纷。

在普通人眼中，注册会计师是具有渊博的知识和丰富工作经验的专业人士，客户是尊重、信奉注册会计师的专业解释的，因此，注册会计师更应该注意自己的一言一行，切忌不懂装懂，轻易做出结论。

　　另外，注册会计师需不断进行后续学习教育，掌握最新的知识和资讯是非常重要的。

三、思考题

　　此案中争论的焦点在于一个法律问题——乔特是否需要以契约的方式，将 400 亩地产归到合伙公司名下。注册会计师应熟知此类法律问题吗？如果你在杰·肯特·纽拜的位置上，当你发现问题中的地产未以契约方式归于合伙公司，你会怎么做？

第四章

国外经典审计案例分析（下）

【本章要点】本章主要介绍了 2001 年以来美国发生的以安然公司为首的经典审计案例。这一系列的财务舞弊案例凸显出美国制度安排的结构性缺陷，迫使人们反思美国的公司治理机制以及会计审计规范体系。

【核心概念】特殊目的实体 规则导向 原则导向 并购 公允价值 金融创新

2001 年开始，美国爆发出一系列的财务丑闻案，对美国的经济乃至世界经济产生了重大的影响，同时严重打击了投资者的信心。这些都发生在制度、法律、监管相对完善的美国，我国公司治理及监管措施有不少是借鉴美国的，这些事件给我们敲了警钟，对于我国这样正处于改革之中，法律制度并不完善的情况下，我们应该从这些事件中吸取什么样的教训。

第一节 安然公司审计案例
——百年老店安达信倒闭

一、案情基本资料

安然公司，总部设在休斯敦，经营电力和天然气、能源和商品运输以及为全球客户提供财务和风险管理服务等，其中能源交易量居全美之首，2000 年营业额达 1 010 亿美元，总资产为 620 亿美元，业务遍及 40 多个国家和地区，员工超过 2 万名，是美国最大的能源公司，也是美国最大的能源商品和服务公司之一。

翻阅安然公司 1997～2000 年度的财务报告，其傲人的业绩令人怦然心动。

表 4 - 1 安然公司经营业绩表 单位：亿美元

年 份	1997	1998	1999	2000
营业收入	202.73	312.6	401.12	1 007.98
净利润	1.05	7.03	8.93	9.79

2001 年 10 月 16 日，安然公司突然宣布，该公司第三季度亏损 6.38 亿美元，净资产因受外部合伙关系影响减少 12 亿美元。安然股价随之迅速下跌。11 月 18 日，美国华尔街日报披露，安然公司财务主管与一些关联安然公司的资产和股票有牵涉，并从中获利数百万美元。10 月 22 日，安然公司承认，SEC 的质询已升格为正式调查。11 月 8 日，安然公司向 SEC 递交文件，修改过去 5 年的财务状况申明，宣布 1997 年以来通过非法手段虚报利润 5.86 亿美元，并未将内部巨额债务和损失如实报告。11 月 21 日又宣布，延期偿还 6.9 亿美元的债务。此后，安然公司的股价一路下跌，到 11 月 29 日已跌至 26 美分，市值仅有 2.68 亿美元。而一年前安然公司股价还高达 90 美元，市值近 800 亿美元，并在《财富》杂志所列的全球 500 强中位居前 10 名。

在安然公司承认有重大舞弊行为后不到 2 个月内，安然股价便跌破 1 美分，市值急剧缩水，致使大批中小投资者倾家荡产，许多与安然公司有着资金和业务往来的公司受到巨大影响。如曾为安然提供贷款的多家银行的股价下跌。JP 摩根大通股价下跌 5.6%，花旗集团股价下跌 5.4%，许多银行的信用评级被降低，金融债券被抛售，引起美国债券市场的震荡。更严重的是，安然案引起的冲击波还远远不能控制在美国境内。在德国，德意志银行就指出，安然公司陷入危机可能使其损失数千万美元；在伦敦，大多数银行股价应声而跌；在日本，四大银行股价创下年度新低；在香港，尽管汇丰没有与安然发生借贷关系，股价依然受到影响而走低。许多航运公司因安然无法履行合同而破产，美国天然气和电力市场更是直接受到巨大冲击。

二、创新的会计处理手法

（一）SPE 及其会计处理

安然从 1997 年以来，主要通过"组织创新"、"交易设计"和"衍生工具"等方式，创立了近 3 000 家特殊目的实体（Special Purpose Entity，SPE），利用这些网络与安然公司进行不具有经济实质的关联交易。

SPE 是为了实现某一特定目的而临时设立的从事某项交易或一系列交易的实体。发起人或受益人对 SPE 的会计处理有别于投资者对子公司的会计处理。满足以下全部条件，SPE 的财务报表可以不予合并：

（1）独立于发起人或受益人的第三方业主对 SPE 拥有充足的权益性投资；

（2）该独立的第三方业主的投资是重大的（至少等于 SPE 资产总额的 3%）；

（3）该独立的第三方业主在 SPE 拥有控制性的财务利益（一般指持有 SPE 超过 50% 的表决权）；

（4）该独立的第三方业主在 SPE 的投资具有重大风险和报酬（即该业主的投资及其潜在回报处于风险之中且不得由其他方作出任何形式的担保）。

SPE 的组织形式灵活，既可以是公司，也可以是信托基金或合伙企业。

由于不把 SPE 合并进报表的条件比较宽松，因此安然公司利用 SPE 进行表外融资，以提高信用等级，并通过与 SPE 发生资产买卖、股权转让、对冲交易等业务筹划，夸大营业规模，编造会计利润。

（二）安然公司管理人员充分利用了现有会计制度的漏洞，打擦边球，进行了一系列的会计创新，包括衍生金融工具和表外融资

最主要的创新成就，来自对金融工具的创造性"运用"。通过新的金融工具使本来不流动或流动性很差的资产或能源商品"流通"起来。

2000 年年底，安然公司的资产负债表中约有 655 亿美元的资产，但其中约有 210 亿美元的资产是看不见摸不着的金融衍生工具，1996 年时金融衍生工具仅有 24.7 亿美元。金融衍生工具是指受若干变量影响而在未来日期结算的合同，而这些合同从签订到结算，不仅存在一个过程，而且还存在很大不确定性。由于存在相当大的不确定性，会计准则部门一直犹豫地考虑能否将它们列入资产负债表，因为这既看不见，也摸不着，且在资产负债表日既不是权利、也不是义务，而只不过是未来可能要执行的权利或义务。一直到 1998 年，美国财务会计准则委员会才把这些称之为金融衍生工具的合同列入所谓的资产与负债定义中去（这些交易或合同是没有过去交易的，它只是一种未来交易，且这种未来交易，还是建立在某些可能变化的条件上）。只要通过特殊目的实体来安排未来可能执行的某些合同，就可以增加数以亿计的资产。

其主要的方法有二：

第一种方法，是为能源产品（包括天然气、电力和各类石油产品）开辟期货、期权和其他复杂的衍生金融工具，以期货、期权市场和衍生金融合同把这些能源商品"金融化"。因为期权合同是将来执行的，或大盈或大亏，使尚未实现的长期合同的盈亏得以确认为当期损益。比如，为了避免三年以后的汽油价格风险，一家公司可能希望买进一种汽油合同。如果三年后汽油价每升超出 40 元，可以以每升 40 元的价格买进 100 万升汽油；如果三年后汽油价低于 20 元，则愿意以每升 20 元买进 100 万升汽油。那么，交易对手在哪里呢？到哪里去购买这种特定的汽油衍生证券呢？更重要的，这一合同本身值多少钱呢？——安然在任何时候都愿意卖给任何公司这种或其他任何能源衍生证券，它可以成为所有这类合同的交易对手，在这个意义上，它为这些需求创造了市场。

为诸如此类的合同定价并参与交易，不仅极度复杂，而且风险极高。安然研制出一套为能源衍生证券定价与风险管理的系统，这构成了它的核心竞争力。这些定价技术、风险控制技术以及财力资源上的优势，使安然垄断了能源交易市场，并从一个天然气、石油传输公司变成一个类似美林、高盛的华尔街公司。如果说有什么差别的话，可能是安然交易的品种是能源证券，而美林和高盛主要交易金融证券和股票。

第二种方法，为了降低财务报表中的负债额，安然通过设立特殊目的实体向其提供资金股票，然后用这些特殊目的实体借的大笔资金来购买资产或开展业务，而债务不会显示在安然的财务报表上。

具体做法：是将一系列不动产（如水厂、天然气井与油矿）打包，以此为抵押，通过某种"信托基金"或资产管理公司，对外发行债券或股权，以此把不动产"做活"。

以不动产抵押发行证券本身不足为奇，关键在于，在此过程中，安然建立了众多关联企业与子公司，之间隐藏着多种复杂的合同关系，从而达到隐蔽债务、减税以及人为操纵利润的目的，这一手法也恰恰是导致安然破产的主因。

三、舞弊手法透视

（一）通过 SPE 高估利润，隐瞒负债

安然公司不恰当地利用 SPE 符合特定条件可以不合并其报表的会计惯例，将本应纳入合并报表的三个 SPE 排除在合并范围之外，导致 1997 ~ 2000 年高估 4.99 亿美元的利润，低估了数十亿美元的负债。

安然公司建立一系列子公司，将其大部分设在免税区，利用资产置换交易，达到避税目的的同时把不动产置换给子公司，由子公司用资产抵押发债，取得现金注入安然公司。如果资产升值，就收回资产，用先进或优先股偿债，实现利润；如果资产减值，损失便隐而不报，再建一个子公司，再用资产抵押套现偿还债务，就这

样用一种类似传销的链条式手段进行着资本运营，创造着虚假的利润。

安然称发现了如何使传统能源公司一跃成为高增长、高利润的"新型企业"的"秘诀"。但实际上，公司的大部分"价值"都来自于被隐藏起来的债务。为了扩张企业，安然需要大量融资，但又不想增发股票或直接发行更多负债，以免摊薄股权或降低债信评级。在许多种可能的选择中，安然选择了一条危险的道路：利用关联企业来隐藏债务。

安然钻了美国通用会计准则（GAAP）的空子，虽然拥有许多子公司50%的股份，但仍然无须合并其报表，所以，虽然在实质上控制了所设立的子公司和投资项目，这些子公司的负债在安然本身的资产负债表中却很难反映出来。

表4-2　　　　　　安然公司重新合并3个SPE的财务影响　　　　单位：亿美元

项目名称	1997年	1998年	1999年	2000年	合并
调整前净利润	1.05	7.03	8.93	9.79	26.80
减：重新合并 JEDI 和 Chewco 抵消的利润	0.45	1.07	1.53	0.91	3.96
重新合并 LJM1 抵消的利润	—	—	0.95	0.08	1.03
审计调整调减的利润	0.51	0.06	0.02	0.33	0.92
调整后净利润	0.09	5.90	6.43	8.47	20.89
调整前债务总额	62.54	73.57	81.52	100.23	—
调整后债务总额	69.65	79.18	88.37	106.51	—

（二）利用出售回购和股权转让操纵利润

1999年6月至2001年7月，安然公司与LJM公司发生了24笔交易，这些交易的价格严重偏离公允价值，交易发生的时间主要集中在编制年度和季度财务报表之前，已出售的大部分资产又由安然公司或其控制的SPE以更高的价格赎回。

从2001年第一季度开始，美国能源和电力的价格出乎意料地下降。安然引以为傲的能源交易业务利润下降。为了稳定股价和达到华尔街的盈利预测，安然在第二季度间将北美公司的三个燃气电站卖给了关联企业Allegheny能源公司，成交价格10.5亿美元。市场估计此项交易比合理价高出3亿~5亿美元，此后该利润被加入能源交易业务利润中。在公布的2001年度第二季度利润中，能源交易业务共占7.62亿美元。但如果没有上述这笔关联交易，能源交易业务的利润可能只有2.62亿美元。作为华尔街多年的宠儿，安然公司通过以上种种复杂的金融工具将公司收入和业务的稳定性与其股价表现绑在了一起。反过来，股价的表现又取决于公司每个季度的盈利能否达到华尔街的盈利预测。由于太多地使用自己的股票提供担保，安然更加有动机铤而走险，想方设法制造利润，以推动股价。

比如，在 2001 年 6 月 30 日，也就是第二季度结束的前一天，安然将它的一家在得克萨斯州生产石油添加剂的工厂卖给了一家名叫 EOTT 公司的关联企业。市场现在怀疑，安然在发现自己无法提供令华尔街满意的盈利数字后，强迫 EOTT 在第二季度的最后一天达成了交易。

滑稽的是，安然早在 1999 年年底已经因为该厂生产的添加剂属于过时产品，而把该厂列为"损毁资产"（Impaired Asset），冲销金额高达 4.4 亿美元。时隔仅 18 个月，安然竟又以 1.2 亿美元的价格出售！

（三）通过空挂应收票据，高估资产和股东权益

会计处理上，通过设立关联实体虚增资产和权益。安然公司通过设立特殊目的实体为自己投资进行套期保值等活动，不少特殊目的实体的资本金并未真正到位。在资本金未到位的情况下，安然公司一边确认应收票据，一边确认股东权益，这样公司共虚计资产和股东权益近 10 亿美元。

（四）与著名的金融机构相互勾结，隐瞒银行贷款

安然公司除了利用特殊目的实体隐瞒负债以外，还与著名的金融机构相互勾结，将银行贷款予以隐瞒。例如，1997 年 12 月至 2001 年 9 月，花旗银行和摩根大通银行以衍生工具预付款的名义向安然公司贷款 50 亿美元，但安然只将其中的 1.482 亿美元反映在合并资产负债表上，其余的则在两家银行的配合下予以隐瞒。

四、安达信的审计失败

对安然公司的审计竟然成为安达信的"滑铁卢"。总结安达信对安然的审计存在以下问题。

1. 安达信出具了严重失实的审计报告和内部控制评价报告。

安然公司自 1985 年成立以来，其财务报表一直由安达信审计。1997～2000 年出具的审计报告均为无保留意见。2000 年度，安达信为安然公司出具了两份报告，一份是无保留意见加解释性说明段（对会计政策变更的说明）的审计报告，另一份是对安然公司管理当局声称其内部控制能够合理保证其财务报表可靠

性予以认可的评价报告。经过与安达信的磋商，安然公司 2001 年 11 月向 SEC 提交了 8—K 报告，对过去 5 年财务报表的利润、股东权益、资产总额和负债总额进行了重大的重新表述，并明确提醒投资者：1997～2000 年经过审计的财务报表不可信赖。

2. 安达信对安然公司的审计缺乏独立性。

（1）安达信不仅为安然公司提供审计见证服务，而且提供收入不菲的咨询业务。

安然公司是安达信的第二大客户，2000 年度，安达信向安然收取了 5 200 万美元的费用，其中 2 700 万美元为咨询服务收入。安达信提供的咨询服务甚至包括代理记账。社会各界纷纷质疑，既然安达信从安然公司获取回报丰厚的咨询收入，它能保持独立性吗？安达信在安然公司的审计中是否存在利害冲突？它能够以超然独立的立场对安然公司的财务报表发表不偏不倚的意见吗？即使安达信发现了重大的会计问题，它有可能冒着被辞聘从而丧失巨额收入的风险而坚持立场吗？面对诸如此类的质疑，即使安达信能够从专业的角度辩解自己并没有违反职业道德，但社会大众至少认为安达信缺少形式上的独立性。

（2）安达信的政治行动委员会在 2000 年美国国会选举中捐赠了 99 万美元的政治献金。

（3）安然公司的许多高层管理人员为安达信的前雇员，他们之间的密切关系至少有损安达信形式上的独立性。安然公司的首席财务主管、首席会计主管和公司发展部副总经理等高层管理人员都是安然公司从安达信招聘过来的。至于从安达信辞职到安然公司担任较低级别的管理人员的更是不胜枚举。

3. 安达信在已觉察安然公司会计问题的情况下，未采取必要的纠正措施。

根据调查显示，安达信在安然黑幕曝光前已觉察到安然公司存在的严重会计问题。2001 年 8 月，也就是安然披露造假之前，安达信意识到事态相当严重，但安达信并没有主动向证券监管部门或安然公司审计委员会报告，也未采取其他措施纠正已签发的审计报告。安然公司事发后，安达信还以安然公司未提供完整资料为由，为其审计失败辩解。

4. 销毁审计工作底稿，妨碍司法调查。

最让人难以相信的是，安然事发后，安达信居然销毁了数以千计的审计档案。2002 年 3 月 14 日，美国司法部就安达信三个办事处（休斯敦、伦敦和波特兰）销毁审计档案一事，以"妨碍司法"的罪名向安达信提出刑事指控。这是司法部第一次向"五大"提出刑事指控。至此，创办于 1913 年的安达信事务所倒闭了，"五大"变成了"四大"。

五、安然事件背后的证券监管问题

1. 将上市公司因舞弊倒闭的全部责任归咎于注册会计师有失偏颇

可以把对上市公司的监管分成五层：董事会、证券市场参与者、媒体、行政监管、司法诉讼。越靠前者起的作用越直接，成本越低，越有"纠错"效果；越靠后的渠道，"最后补救"的性质越强。

目前关于公司治理问题的讨论主要集中在三方面：公司董事会的构成（独立董事）、政府行政监管（证监会）和民事与刑事诉讼（法庭）。这三种监管渠道显然至关紧要，它们的有效性也是中国证券市场发展的必要条件，只有通过法治才能建立市场发展必需的诚信。但从安然事件我们能看到，除这三种，还有两种甚至更重要的监管渠道：市场力量和媒体。大致上，可以把对上市公司的监管分成五层：董事会、证券市场参与者、媒体、行政监管、法庭诉讼。

这五层监管缺一不可，但监管效率与成本非常不同，越靠前的监管渠道，起的作用越直接，成本越低，可能越有"纠错"效果；越靠后的渠道，"最后补救"的性质越强。

但正如安然的例子所显示的那样，因为董事会成员常以公司管理层和当事人为主，在许多实际情况下这一层监管并不有效。另一方面，政府行政监管与法庭通常在事件尾声或事态极端严重时才介入，这两层监管的举证责任重，成本最高，主要起"最后补救"作用，在其他阶段发挥的主要是威慑作用。

美国证监会正式对安然立案调查是在2001年10月底。10月31日，已离任的安然财务总监法斯托接到美国证监会的传票，要求配合证监会的调查（至今法斯托仍在抗拒传票）。美国证监会正在通过法庭途径迫使安然公司各方与调查合作。不少律师事务所正在代表股东对安然、多位董事和其他现任与前任高级管理人员提出起诉。但是，证监会的这些调查与法庭的介入只能起到"最后补救"的作用。

美国证监会和法庭对安然难以进行直接监管，这不仅仅因为这些行政与执法机构没有直接利益关系（因此没有足够的激励与动机），而且也因为政府行政部门不可能有足够多的人力物力去一一实现事前核查。在美国，证监会和法庭的作用更侧重于间接监管，它们的责任是设置并维护有利于市场运作、实现"公开、公平、公正"的市场规则与机制，通过市场机制让市场和媒体自己去"纠错"，去监管公司行为。

市场力量和媒体对公司的监管通常更直接，甚至在事态刚刚发生或正在发生时就可产生效果。但这两种渠道（尤其是市场渠道）需要相应的市场机制配合，比如做空机制、信息披露机制。政府行政监管的直接责任应以设立并维护合理的市场机制为中心，把对公司的直接监管留给董事会、市场和媒体。在安然整个事态的发展中，媒体与买方分析师不断地分析、质疑安然公司，迫使安然公司面对现实，调整不当行为。没有他们对安然的积极监管，安然可能不会破产，可能还在继续使用金融手法、会计手法和多重关联企业欺骗股东。

2. 美国会计制度的缺陷

(1) 以规则为基础的会计准则制定模式的缺陷

安然事件前，国际上占据主导地位的主要有两套会计准则，一套是以规则为基础（Detailed Rules Basis）的美国会计准则；一套是以原则为基础（Basic Principles Basis）的国际财务报告准则（包括原国际会计准则）。二者之间孰优孰劣的争论由来已久。美国会计准则体系相当繁杂而具体，它包括美国财务会计准则委员会（FASB）发布的会计准则公告、紧急问题工作组（EITF）发布的问题解释、美国注册会计师协会（AICPA）和证券交易委员会（SEC）发布的有关会计规则等。它们中许多都是根据实务中出现的某一问题而专门制定的，因此不少会计准则实际上是会计规则。这种模式的优点是：公司可以减少交易设计的不确定性；注册会计师可以减少与客户的纷争；证券监管部门可以便于监督实施。其会计准则曾经为众多国家所采纳，不少国家认为它代表了会计准则发展的方向。然而安然事件充分暴露出以规则为基础的会计准则制定模式的两大缺陷：

首先，企业较易通过"交易设计"和"组织创新"逃避准则的约束。安然事件表明，以具体规则为基础的会计准则，不仅总是滞后于金融创新，而且企业公司管理者在众多的会计条款中能够找到漏洞，可以通过"交易设计"和"组织创新"轻而易举地逃避准则的约束。比如对安然的表外财务利益问题上，准则规定小于3%这一基准可不将"特殊目的实体"（SPEs）列入合并报表范围，这就鼓励了上市公司将所有权结构复杂化，导致上市公司故意隐瞒财务信息，打会计准则的"擦边球"。

其次，不能反映经济业务的实质。以具体规则为基础的会计准则过分强调技术细节反而给企业滥用准则的机会。企业可以技巧性地安排技术上完全合乎规定的交易，同时又避免报告交易的实际经济意义。因为美国会计准则只注重人们对投资工具是否拥有形式上的合法所有权，而不是对投资工具的实质控制权，这样极易诱导人们只注重交易的形式，而漠视交易的实质，独立的专业判断让位于机械地套用规则。其结果，会计人员和注册会计师可能敷衍了事，认为只要不违反

119

会计准则详细的硬性规定，就是正确的，而对财务报表是否公允反映麻木不仁。与此相对照，国际会计准则推行"实质重于形式原则"，可迫使安然这类公司在其"特殊目的实体"成立时就对表外利益进行披露。

（2）民间会计准则制定机构的缺陷

按美国的法律，美国会计准则的制定权属于 SEC，但事实上执行的是以民间自律为主的会计准则制定机构 FASB，安然事件充分暴露了民间会计准则制定机构的如下缺陷：

第一，会计准则制定具有明显的利益相关者倾向。负责制定美国财务会计准则的 FASB 是一个非营利的民间组织，它的权威来源于法律要求公共公司（public companies，公共公司的定义比上市公司更广）的财务报告必须遵守公认的会计准则，它的经费主要来源于大公司的自愿捐款。以非营利的民间机构来制定会计准则原本是希望会计准则的制定过程免受政治或商业利益的影响，而事实上 FASB 在制定会计准则时常常受到各种利益团体的游说。特别是当一个会计准则对企业财务报告影响较大时，FASB 必须为平衡各方利益而妥协，这样公布的准则在为投资者提供有用的信息上又大打折扣。比如，FASB 在 1994 年前后，准备出台一项要求将股票期权作为费用予以确认和计量的准则。由于该准则的出台将严重损害美国大公司经理阶层的利益。为了维护自己的利益，美国大公司不断游说国会，以至于许多国会议员提出了"1994 年会计改革法案"，要求"任何新的准则或原则，以及对现行准则或原则的修订，只要准备用于根据本法案提供的会计报表的编制，只有获得 SEC 法定委员会多数赞成票的情况下，方能生效"。后来，在克林顿总统的干预下，该项法案未予通过。为了避免出现 FASB 制定准则，SEC 批准准则局面的出现，FASB 相当明智地做出妥协，只要求将股票期权作为费用予以披露，而无须确认。结果是根据第 123 号准则，企业向雇员发放认股权时不需要确认相关的成本，这是明显违反财务会计的配比原则的。

第二，准则制定时间过长。例如，有关"特殊目的实体"的准则，FASB 已酝酿了 20 年之久，至今依然无任何结果。而安然的问题起因就是安然长期有意掩盖它在"特殊目的实体"的负债和损失。另一个发人深省的问题是：FASB 在 20 世纪 90 年代不遗余力地制定关于衍生金融工具方面的会计准则，为何包括安然在内的许多上市公司还是能够轻而易举地利用金融工具规避准则的约束？从准则制定的效率角度看，FASB 必须决定是制定一个或少数几个基本准则来规范衍生金融工具的确认、计量和报告，还是针对不同的衍生金融工具制定一系列的具体准则，并提供详细的操作指南。FASB 已经在衍生金融工具会计准则方面耗费了大量人力物力，但收效甚微，而且严重影响了准则制定的整体效率。如何提高准则制定效率，以应对资本市场创新所带来的层出不穷的问题，已成为后安然时代 FASB 面临的一个中心问题。

3. 美国公司治理中的漏洞

一般说来，董事会中 2/3 的董事应独立于管理层。美国机构投资管理委员会对独立董事作如下定义："独立董事与所任职企业的唯一关系是其董事职责，而不应参与公司的其他营运和管理。"按照纽约股票交易所和纳斯达克市场制定的公司治理结构标准，董事会中负责监管公司财务的审计委员会应全部由独立董事组成。安然的董事会是怎样呢？这些董事与安然公司之间是怎样的关系？

安然在 2000 年召开了 9 次董事会，董事每人接受了 7.9 万美元的薪金，其中一些董事的信息如下：

罗伯特·巴佛，拥有 850 万股安然股票，是安然最大的个人股东，同时是 Belco 石油天然气公司董事长和 CEO，从 1983 年开始任安然董事。2000 年，Belco 与安然的交易达 3 200 万美元。

赫博特·维纳科，1985 年加入安然董事会，任金融委员会主席。他拥有 Capricon 投资公司，这家公司全资控股 Natco 集团。2000 年中，Natco 集团向安然及其附属企业销售占其全部销售额的 1.6%。

约翰·伊奎特，前通用电气公司高级管理人士，2000 年 5 月加入安然董事会。安然每年支付其 20 万美元咨询费。

查尔斯·赖曼斯特，执行董事，薪金委员会主席。安然对他所在的安德森癌症中心大量捐款。

劳德·魏汉姆，前英国下议院议员、安然董事会审计委员会成员。安然每年支付其 7.2 万美元的咨询费。

温迪·格雷曼，安然董事会审计委员会成员。她是联邦交易委员会成员，曾担任美国期货委员会的主席。在过去三年里，安然向她所任职的乔顿马桑大学和她的研究中心捐助了 5 万美元。

约翰·曼德桑，审计委员会成员，同时也是安德森癌症中心总裁，安然在过去 5 年里向此中心捐助了 56.79 万美元。

据记录，安然共签订了 7 份涉及 14 名董事的咨询服务合同，还有多项与不同董事所在的企业进行产品销售的合同，或是向一些董事任职的非营利机构捐款。安然董事会像是一个"有浓厚人际关系的俱乐部"。不难理解，当安然将关联交易递交董事会批准时，自然容易获得通过。

当然，安然董事会的这种非独立性并不罕见，其他许多上市公司也类似。

安然案例说明，在许多时候，董事会可能受到管理层的影响乃至控制。如果没有媒体和市场力量施加的强大压力，"独立的董事会"有可能疏于股东委托的诚信责任。

附：

审计档案

　　按照审计档案使用期限的长短和作用的大小，可以将其分为永久性档案和当期档案。永久性档案是由那些记录内容相对稳定，具有长期使用价值，并对以后的审计工作具有重要影响和直接作用的审计工作底稿所组成的审计档案。当期档案是由那些记录内容在各年度之间经常发生变化，只供当期审计使用和下期审计参考的审计工作底稿组成的审计档案。那么，永久性档案和当期档案具体包括哪些内容呢？以下列举一些永久性档案和当期档案的组成内容，帮助大家进一步理解永久性档案和当期档案的构成。

　　一、永久性档案的内容

　　（一）审计项目管理

　　1. 被审计单位的地址、主要联系人、职位、电话；

　　2. 参与项目的其他审计人员或专家的姓名和地址；

　　3. 审计业务约定书原件；

　　4. 各期审计档案清单（如对各期财务报表审计业务，记录共有几本审计档案、存放地点等）；

　　5. 其他。

　　（二）被审计单位背景资料

　　1. 组织结构；

　　2. 各投资方简介；

　　3. 管理层和财务人员的名单及职责；

　　4. 董事会成员清单；

　　5. 历史发展资料；

　　6. 业务介绍；

　　7. 关联方资料；

　　8. 会计手册；

　　9. 员工福利政策；

　　10. 其他。

　　（三）法律事项资料

　　1. 有关设立、经营的文件的复印件（如公司章程、批准证书、营业执照、税务登记证等）；

2. 验资报告；

3. 历次董事会会议纪要；

4. 影响财务报表的重要合同、协议等文件的复印件（如所得税减免批准证明、银行借款合同和担保协议等）；

5. 有关土地、建筑物、厂房和设备等资产文件的复印件（如资产评估报告、土地使用权证、房产证等）；

6. 分支机构的资料；

7. 所投资企业的资料；

8. 其他。

二、当期档案的内容

（一）沟通和报告相关工作底稿

1. 审计报告和经审计的财务报表；

2. 与主审的审计人员的沟通和报告；

3. 与治理层的沟通和报告；

4. 与管理层的沟通和报告；

5. 管理建议书；

6. 其他。

（二）审计完成阶段工作底稿

1. 审计工作完成核对表；

2. 管理层声明书原件；

3. 重大事项概要；

4. 错报汇总；

5. 被审计单位财务报表和试算平衡表；

6. 有关列报的工作底稿（如现金流量表、关联方和关联交易的披露等）；

7. 财务报表所属期间的董事会会议纪要；

8. 总结会会议纪要；

9. 其他。

（三）审计计划阶段工作底稿

1. 总体审计策略和具体审计计划；

2. 对内部审计职能的评价；

3. 对外部专家的评价；

4. 对服务机构的评价；

5. 被审计单位提交资料清单；

6. 主审审计人员的指示；

7. 前期审计报告和经审计的财务报表；

8. 预备会会议纪要；

9. 其他。

（四）特定项目审计程序表

1. 舞弊；

2. 持续经营；

3. 对法律法规的考虑；

4. 关联方；

5. 其他。

（五）进一步审计程序工作底稿（可以按会计科目、某类交易或列报划分）

1. 进一步审计程序表；

2. 有关控制测试工作底稿；

3. 有关实质性测试工作底稿（包括实质性分析程序和细节测试）；

（六）合并财务报表的工作底稿

（七）其他

第二节　世界通信公司审计案例

——创造美国公司破产金额的纪录

一、与安然如出一辙

世界通信公司成立于 1983 年，总部设在密西西比州的克林顿市，20 世纪 90 年代曾经是美国"新经济"的明星企业。

2002 年 6 月 25 日世界通信向媒体宣布，内部审计发现，2001 年度以及 2002 年第一节度，世界通信虚增利润 38.52 亿元。此消息一出，对早已是风声鹤唳的华尔街市场又一沉重的打击，世界通信的股价跌至 0.06 美分。许多美国媒体将世界通信的英文缩写"WorldCom"改为"World-Con"（世界骗局）。

2002 年 11 月 5 日世界通信承认的虚假会计利润已经超过 93 亿美元。世界通信曾经以 1 150 亿美元股票市值成为美国第 25 大公司。2002 年 7 月 21 日，世界通信向法院申请破产保护时，申报的资产总额高达 1 070 亿美元，成为美国有史以来最大的破产案。

虽然世界通信申报的账面资产总额高达 1 070 亿美元，但评估专家估价这些资产的公允价值仅为 150 亿美元，而负债总额为 450 亿美元。

世界通信的做法在多方面与安然如出一辙。同样是做假账，同样是首席财务官违规操作，同样是首席执行官事发前不久辞职，同样是巨额债务压逼而融资困难，同样是让安达信做审计……唯一不同的是，世界通信吸取了安然的教训，想

"变被动为主动"以求渡过此劫。刚上任不到两个月的首席执行官希吉莫尔承认公司犯下了"不可否认的过失"，声明已通告前不久刚接手审计的 KPMG 公司再进行全面的审核。同时宣布"求生计划"：解除首席金融官斯科特·苏立文的职务，从 6 月 28 日起开始裁员 1.7 万人，占全部职员的 1/5。

二、通过收购兼并迅速崛起

世界通信的发迹历史，实际上就是一部富有传奇色彩的并购史。世界通信从一个名不见经传的电信转售商发展成世界第 15 大跨国公司，大致经历了 5 个发展阶段。

第一阶段：崛起与上市（1983～1989 年）。1983 年成立 LDDS 公司，1984 年营业收入还不到 100 万美元。1989 年与 ADVANTAGE 公司换股合并，实现借壳上市，营业收入突破 1 亿美元。

第二阶段：从 LDDS 到世界通信（1990～1995 年）。1995 年 5 月易名 World-Com，昭示其从一个区域性电信公司变成一家跨国公司。

第三阶段：向因特网扩张（1996 年）。营业收入增至 48 亿美元。

第四阶段：确立在电信业的领导地位（1997～1998 年）。营业收入突破 300 亿美元。

第五阶段：进军无线通信和国际互联网（1999～2001 年）。

从 1983～2001 年，世界通信共完成了 65 项重大收购兼并。世界通信收入的快速增长主要得益于收购兼并这种扩张方式。2002 年 7 月 21 日申请破产保护前，世界通信业务覆盖 65 个国家，员工 85 000 名，资产超过 1 000 亿美元，营业收入超过 350 亿美元。

三、造假的败露

世界通信财务舞弊案的发现，既不是由人才济济、经费充裕的监管部门发现的，也不是由经验丰富跻身于"五大"的安达信发现的，更不是由位高权重薪酬丰厚的董事会发现的，而是三个内部审计人员发现的。

四、舞弊的手段

世界通信造假的手段并不高明，造假的动机是为了迎合华尔街财务分析师的盈利预期。造假手法主要是两种：

1. 滥用准备金科目，利用以前年度计提的各种准备冲销线路成本，夸大对外报告的利润。

2000年10月和2001年2月苏立文（CFO）觉得线路成本占营业收入的比例偏高，利润无法达到华尔街的预测。为此分别降低第三季度和第四季度的线路成本调减8.28亿美元和4.07亿美元。

借：坏账准备/预提费用

　　贷：线路成本

2001年第三季度

借：坏账准备　　　　　　　　　　　　　　　　　　　　4亿美元

　　贷：线路成本　　　　　　　　　　　　　　　　　　　　4亿美元

上述分录既无原始凭证支持，也缺乏签字和正当理由。会计人员虽然知道这些账务处理缺乏正当理由，也不符合公认会计准则，但最终还是屈从于苏立文的压力，参与造假。

2. 以"预付容量"为借口，要求分支机构将原已确认为经营费用的线路成本转至固定资产等账户，以此降低经营费用，高估经营利润。这类造假金额高达38.52亿美元。

这些造假手法所涉及的会计分录没有任何原始凭证作支持，也没有授权签字。

第二类造假手法在夸大利润的同时，也虚增了世界通信经营活动产生的现金流量。

3. 其他方法。将收购价格分摊至未完工研发支出，并作为一次性损失在收购当期予以确认，未来期间就可以减少商誉摊销和避免减值损失。

1998年9月收购MCI（微波通信公司），世界通信原计划将370亿美元收购价中的60亿~70亿美元分摊至未完工研发支出，并确认为当期损失，以降低商誉的确认额（商誉大约300亿美元）。此计划受到SEC的干预。

收购MCI时，世界通信将MCI的固定资产价值由账面的141亿美元调整为107亿美元，此举使商誉虚增34亿美元。MCI固定资产的平均折旧年限为4.36年，计提34亿美元减值后，每年可减少7.8亿美元的折旧，而虚增的34亿美元商誉分40年摊销，每年约0.85亿美元，每年需增6.95亿美元的税前利润。

利用巨额冲销消化代价高昂的并购形成的商誉。美国财务会计准则委员会2001年7月颁布142号准则《商誉及其他无形资产》，不再要求上市公司对商誉以及没有明确使用年限的无形资产进行摊销，改为减值测试并计提减值准备。世界通信利用这一契机，计提大量无形资产减值准备，确认为一次性损失，从而减少了每年应摊销的无形资产 13 亿元。值得一提的是，丑闻曝光后，世界通信账面超过 500 亿美元的无形资产一文不值。

五、安达信的又一次经典审计失败

尽管世界通信公司存在前所未有的财务舞弊，其财务报表严重歪曲失实，但安达信会计公司至少从 1999 年起一直为世界通信出具无保留意见的审计报告。就目前已经披露的资料看，安达信对世界通信的财务舞弊负有不可推卸的重大过失审计责任。安达信对世界通信的审计，将是一项可载入史册的典型的重大审计失败案例。

安达信至少从 1999 年起一直为世界通信出具无保留意见的审计报告，安达信为此负有不可推卸的重大过失审计责任。安达信对世界通信的审计失败，主要归于以下四个方面：

1. 安达信缺乏形式上的独立性

安达信 2001 年共向世界通信收取了 1 680 万美元的服务费用，其中审计收费 440 万美元、税务咨询 760 万美元、非财务报表审计（主要是外包的内部财务审计）160 万美元、其他咨询服务 320 万美元。自 1989 年起，安达信一直担任世界通信的审计师，直到安然丑闻发生后，世界通信才在 2002 年 5 月 14 日辞退安达信，改聘毕马威。安达信在过去 10 多年既为世界通信提供审计服务，也向其提供咨询服务。

此外，世界通信历来是安达信密西西比杰克逊（世界通信总部所在地）分所最有价值的单一客户，这一事实不禁让人对安达信的独立性存有疑虑。杰克逊分所的设立，目的是为了"伺候"和保住世界通信这一给安达信带来不菲审计和咨询收入的客户。这种情况下，杰克逊分所的安达信合伙人难免会对世界通信不规范的会计处理予以"迁就"。对世界通信的主审合伙人而言，丢失这样一个大客户，其后果是不堪设想的。

2. 安达信未能保持应有的职业审慎和职业怀疑

安达信向美国证券交易管理委员会（SEC）和司法部门提供的 1999~2001 年审计工作底稿表明，安达信在这三年里一直将世界通信评估为具有最高等级审计风险的客户。在编制 1999~2001 年度审计计划时，安达信对世界通信审计风险的评估如表4-3所示。

从表4-3可以看出，安达信的审计计划已经认识到世界通信的会计及财务报告具有重大的审计风险，这种风险主要源于世界通信制定了过于激进的收入和盈利目标。换言之，安达信已经意识到世界通信具有报表粉饰或财务舞弊的动机。尽管如此，面对如此高风险的审计客户，安达信却没有保持应有的职业审慎和职业怀疑。

表4-3　　　　　　　　　安达信对世界通信的风险评估情况

风险评估项目	风险评估级别
会计及财务报告风险	重大风险
关键管理和雇佣岗位人员配备的充分性	中等风险
对审计工作涵盖范围的态度	中等风险
对信息和人员的无限制接触	中等风险
管理当局关于舞弊防范和侦察政策的质量	中等风险
履行财务报告职能的能力	中等风险
过于激进的收入或盈利目标	重大风险
良好的会计和披露惯例	中等风险

根据美国公认审计准则（GAAS）的规定，应有的职业审慎要求注册会计师保持合理的职业怀疑（2002年11月AICPA颁布的第99号准则《财务报表审计中对舞弊的考虑》则要求注册会计师保持怀疑一切的心态）。因此，注册会计师应当坚持诚实和正直的立场，勤勉地搜集和客观地评价审计证据。合理的职业怀疑还意味着，注册会计师不得因为信任被审计单位管理当局的诚实而满足于获取不是完全令人信服的审计证据。尽管GAAS在这一方面的要求是人所共知，但安达信对世界通信的线路成本、准备金提和转回、收入确认和商誉减值等重大事项进行审计时，几乎完全依赖于世界通信高层的管理声明书，而不是建立在获取充分适当审计证据的基础上，以至于世界通信审计委员会在2002年6月向安达信通报世界通信利用冲销线路成本虚构利润时，安达信向新闻媒体的解释是世界通信高层并没有在管理当局声明书中就此事告知安达信。可见，安达信的做法严重违反了GAAS关于应有的职业审慎和职业怀疑的相关规定，负有重大过失责任。

3. 安达信编制审计计划前没有对世界通信的会计程序进行充分了解

GAAS要求注册会计师在了解被审计单位经营业务和相关内部会计控制的基础上，恰当地编制审计计划，据以合理制定和实施能够发现导致财务报表重大错报漏报的错误与舞弊的审计程序。GAAS 特别强调注册会计师在编制审计计划前，应当了解可能对财务报表产生重大影响的交易、事项、程序和惯例。但安达信没有按照 GAAS 的要求，对世界通信的下列相关会计控制和程序进行充分了解，导致其未能合理制定和实施有助于发现财务舞弊的审计程序：

① 世界通信会计和报告系统对结账后调整分录、准备金转回的规定和控制程序。

② 手工会计分录和合并试算平衡表的编制及控制程序。

③ 管理当局对重组准备和其他准备金以及线路成本的估计判断及相关控制程序。

④ 世界通信的内部控制结构及其在实际执行中的效果。

⑤ 管理当局对资产减值的计提和转回的估计判断和相关控制程序。

⑥ 世界通信会计政策在不同期间运用的一贯性，特别是线路成本在 2001 年以前均作为期间费用，而 2001 年度和 2002 年第一季度世界通信却以"预付容量"的名义将 38.52 亿美元线路成本予以资本化。

4. 安达信没有获取足以支持其审计意见的直接审计证据

GAAS 明确指出，注册会计师应当获取充分适当的审计证据，作为其对财务报表发表审计意见的依据。管理当局的声明不能作为注册会计师实施必要实质性测试程序以获取充分适当审计证据的替代。记账凭证及其原始凭证、总账和明细账记录、成本费用归集分配表、银行存款调节表以及其他相关会计资料均构成支持财务报表的证据。如果没有获取支持财务报表的基础会计资料并对这些资料的恰当性和准确性进行测试，注册会计师就不应当对财务报表发表意见。显而易见，安达信对世界通信的审计并没有遵循 GAAS 的上述规定。

① 安达信没有获取世界通信通过转回准备金以冲销线路成本的直接证据，而是过分依赖管理当局的声明，以至于未能发现世界通信在 2000 年第三季度和第四季度以及 2001 年第三季度至少将过去计提的 16.35 亿美元的准备金用于冲销线路成本的舞弊行为。现已查明，这些转回分录均属于"空白记账凭证"，无一例外地缺少相关的原始凭证或其他证明材料。具体地说，安达信没有充分考虑来自财务报告信息系统之外的会计分录（即这些分录并非来自世界通信的收入、费用、现金收入、现金支出和薪资支出等会计和报告信息系统）的有效性。尽管世界通信为了掩饰其舞弊行为，采用化整为零的方式，将 12 亿美元的转回冲销分录拆成几百笔分录，以逃避安达信的审计，但如果安达信检查了总账记录或者要求审阅结账后的调整分录，完全可以发现这些没有原始

凭证作支撑的会计分录的可疑之处。此外，稍有一点审计常识的注册会计师都知道，通过转回已计提的准备金是上市公司调节利润的惯用伎俩，因此，对于准备金的借方发生额必须进行重点审计。而安达信竟然对这16.35亿美元的准备金转回无动于衷，确实令人费解。从重要性水平的角度看，2000年第三季度和第四季度世界通信转回准备金虚增了12.35亿美元的利润，占当年对外报告净利润的29.7%，2001年通过转回无线通信部门已提取的坏账准备虚增了4亿美元的利润，占当年对外报告净利润的26.6%，均远远超出约定俗成的重要性水平（通常为净利润的5%~10%）。对于如此重大的事项，安达信本应进行重点审计，但令人匪夷所思的是，无线通信部门负责人斯图帕克和内部审计部负责人辛西亚都曾就世界通信总部要求无线电部门在2001年第三季度冲销已计提的4亿美元坏账准备一事向安达信的合伙人抱怨，而安达信竟然视而不见，连起码的职业敏感性都没有。

②安达信没有获取世界通信将38.52亿美元的线路成本由经营费用转入厂场、设备和财产（Plant, Property and Equipment）的直接证据，以至于未能发现世界通信的财务舞弊。与准备金的转回一样，这38.52亿美元所涉及的重分类调整分录（将经营费用重新划分为资本支出）无一例外地缺乏相关的原始凭证、签字授权等证明材料。其中有一笔分录（内部审计部摩斯先生最早发现的那笔怪异分录）的金额为5亿美元，缺乏原始凭证和签字授权，是一起典型的利用空白记账凭证伪造利润的案例。仅这笔分录所虚构的利润就占世界通信2001年利润的33.3%。安达信以倡导风险导向审计模式著称，难道风险导向审计模式就不需要测试凭证以获取支持其审计意见的直接证据？真不明白安达信是如何确定审计重要性的，又是如何进行审计抽样以确定凭证测试样本的。此外，这38.52亿美元的所谓资本支出，均没有纳入世界通信的资本预算之内。安达信如果将这些由线路成本转入的资本支出与世界通信内部的资本预算进行对比分析，世界通信高管人员会计造假的破绽将暴露无遗。事实上，世界通信内部审计部负责人辛西亚就是因为发现这些资本支出没有纳入资本预算，也没有经过董事会或股东大会的批准授权，而对世界通信会计处理的真实性产生怀疑的，并以此作为突破口，揭开了世界通信的造假黑幕。

六、尾声

美国联邦地方法官丹尼斯·科特2005年9月21日批准了世界通信公司财务欺诈案中原告和被告的一系列和解协议。根据这些协议，世界通信欺诈案的受害者们将获得超过 61 亿美元的赔偿。

2002 年 4 月，世界通信财务作假丑闻曝光，涉及金额高达 110 亿美元，从而成为美国历史上最大的公司欺诈案。丑闻披露后，世界通信公司很快申请破产保护，后获得重组，并更名为美国微波通信公司。

根据科特 21 日（2005 年 9 月 21 日）批准的协议，在世界通信破产时持有该公司股票和债券的近 83 万投资者和有关机构将获得赔偿。赔偿金将由该案的被告们支付。这些被告包括投资银行、审计公司、前世界通信首席执行官伯纳德·埃贝斯等。这些被告被指控篡改世界通信公司财务报告，从而误导了投资者。

最大一笔赔偿金来自花旗集团，总额达 25.8 亿美元。另外，摩根大通公司将支付 20 亿美元。埃贝斯也将放弃其大部分个人资产，包括在密西西比的一座价值数百万美元的豪宅，以及他在一个木材公司、一个小码头、一个高尔夫球场、一家饭店和面积达数千英亩的林地中所持的股份。这位前世界通信总裁已在 2005 年早些时候被美国曼哈顿联邦地方法院判处 25 年监禁。

过去的一年中，世界通信欺诈案原告的律师们分别与不同的被告达成了和解协议，但必须在得到法官的批准后，方可开始收取赔偿金。

不过，该案的律师们认为，许多投资者得到的赔偿金可能只占其损失的一小部分。

第三节　美国在线审计案例
——世纪合并背后的财务舞弊

一、案例背景

2000 年 1 月 10 日，美国在线（American Online）与时代华纳（Time Warner）宣布合并，创造了美国有史以来企业最大的并购纪录。

根据协议，美国在线股东将拥有新公司 55% 的股份，时代华纳股东拥有 45% 的股份。时代华纳股东持有的每股股票可换取新公司 1.5 股股票。此次"两强之间的战略合并"将造就一家市值超过 3 500 亿美元的巨无霸企业，成为有史以来规模最为盛大的公司并购行动。美国在线当时市值 1 634 亿美元，时代华纳 833 亿美元。两公司合并后成立的新公司——"美国在线时代华纳公司"预计收入可达 300 亿美元。

合并信息公布当天，时代华纳的股票飙升了 25.31 元，涨幅达 39%，收盘价为 90.06 美元。美国在线的股价下降了 1.88 美元。

合并以换股方式进行，美国在线与时代华纳的股东将其所持股票换成新成立的美国在线时代华纳（AOL Time Warner，Inc.）股票，美国在线与时代华纳分别成为美国在线时代华纳的全资子公司，美国在线与时代华纳的原股东分别拥有新公司 55% 和 45% 的股权。

时代华纳的发展史：时代公司成立于 1922 年，1923 年《时代》杂志正式发行。1918 年华纳兄弟开设第一个西海岸工作室。1989 年时代公司与华纳兄弟公司合并，组成时代华纳公司。1996 年收购了特纳广播公司，将 CNN 纳入麾下，确立了其在美国传媒业的霸主地位。与美国在线合并前，时代华纳已成为拥有 512 亿美元资产、273 亿美元营业收入和近 20 亿美元净利润的超大型跨国公司，股票市值超过 1 100 亿美元。

美国在线：属后起之秀。1985 年史蒂夫 - 凯斯创办量子电脑服务公司，利用网卡为用户提供在线数据传输服务。1992 年，成为在纳斯达克进行股票交易的上市公司。1994 年更名为美国在线，开通了"AOL. com"的网站，1996 年移至纽约股票交易所上市。1998 年，向世界通信收购了电脑服务公司的股权，解决了网络容量问题，同年，以 40 亿美元的代价收购了网景公司。从而成为美国最大的网络服务公司。至 2000 年年末，股票市值在 1 330 亿美元。

2001 年年末，美国在线时代华纳员工总数超过 8.9 万人，营业收入高达 382 亿美元，资产总额突破 2 000 亿美元，涉及电影、电视、出版、音乐、娱乐、互联网多个行业。

就在合并刚完成，美国在线准备大展拳脚的时候，互联网行业开始步入冬季，". com"公司纷纷倒闭。

根据 141 号财务会计准则《企业合并》的要求，美国在线时代华纳需采用购买法对此次并购行为进行核算，以合并时的股票价格计算，合并的收购成本为 1 470 亿美元，时代华纳净资产账面价值 179 亿美元，形成 1 100 亿美元的商誉，连同合并前两家公司已有的商誉，商誉总额突破 1 300 亿美元。2002 年分别在第一季度和第四季度计提了 542 亿美元和 447 亿美元的商誉减值准备，高达 989 亿美元，2002 年亏损总额高达 986.96 亿美元。

在计提了约 989 亿美元的商誉减值准备后，美国在线时代华纳的商誉余额仍高达 369.86 亿美元，占其资产总额的 32%，无形资产总额占资产总额的比例高达 70.32%，相当于有形资产的 2.55 倍。

尽管合并后营业收入增加，但净利润却节节下降。与此同时，股价自合并完成后下降了 70%。

二、造假的败露

2002 年 7 月《华盛顿邮报》发表文章揭露美国在线与时代华纳合并之前的财务舞弊。7 月 24 日 SEC 宣布对其会计问题进行调查。7 月 31 日美国司法部宣布对其会计问题进行调查。基于新闻自由的一贯立场，美国在线时代华纳旗下的 CNN 和《财富》杂志也自曝家丑。由此引发一系列高层人事变动：2002 年 7 月 18 日，美国在线时代华纳首席运营官（COO）引咎辞职，2003 年 1 月，凯斯辞去董事长职务，由时代华纳总裁出任董事长兼首席执行官。至此，美国在线时代华纳的决策和经营大权基本上由时代华纳的原班人马控制。宣布重新编制 2000 年 9 月 30 日至 2002 年 6 月 30 日的财务报告

三、舞弊手法透视

美国在线的财务舞弊主要发生在两个阶段：一是 1994～1996 年；二是与时代合并前后的 2000～2002 年。

（一）1994～1996 年的财务舞弊手法

将市场营销成本作为递延资产，美其名曰"递延订户获取成本"（DMAC）。如果不是将营销成本由期间费用调整为递延资产，并随意改变摊销年限，美国在线 1994～1996 年的 3 年实际是连续亏损的。

表 4-4　　　　　　DMAC 对美国在线经营业绩和财务状况的影响　　　　单位：百万美元

年　份 项目名称	1993	1994	1995	1996
营业收入	52	115.7	394.3	1 093.9
税前经营收益 ——调整前 ——调整后	1.7 1.7	4.2 -21.8	-21.4 -98.6	65.2 -171.8
净收益	1.4	2.2	-35.8	29.8
资产总额	39.3	155.2	405.4	958.8
DMAC	—	26.0	77.2	314.2
DMAC 占资产比		16.8%	19%	32.8%

133

（二）与时代华纳合并前后的财务舞弊手法

美国在线为了实现与时代华纳的战略合并，所采用的舞弊手法包括：

1. 隐瞒".com"公司系统性危机对广告收入的消极影响

21世纪，".com"公司纷纷破产，幸存下来的".com"公司缩紧开支，裁减广告费。美国在线的营业收入主要来自于广告收入和订户收入，广告收入中，来自".com"的公司占据了相当大的比重。

至2000年9月，美国在线的广告和商业收入超过20亿美元，占全部营业收入的1/3，2001年将失去1.4亿元的广告收入，美国在线本应披露这种消极影响。

2000年10月初雅虎公布第三季度财务报告，股价暴跌21%，殃及美国在线股价下跌17%。广告经营部经过谈判，劝说那些".com"公司立即支付少量违约金，作为解除与美国在线的广告合同，美国在线将这些违约金确认为广告收入，共5 600万美元。

为此，美国在线高管以重要性为由辩解。重要性的判断不能仅局限于量化标准，而应以信息披露是否会影响投资者的判断为先决条件。

2. 将法律纠纷收入包装为广告收入

财务分析师在评价和预测企业的核心盈利能力和现金流量创造能力时，一般只关注具有可持续性的营业收入，不在乎营业外收入。

1999年，美国在线收购了MOVIEFONE公司，继承了应收取的2 280万元的仲裁和400万美元罚息。2000年9月与温布里公司提出和解方案：与美国在线签订一项金额为2 380万元的广告合同，美国在线豁免全部2 680万元欠款。温布里公司主要从事赌博业，开设赛狗网站，取名24dogs.com。美国在线利用此手法在2000年第三季度将另一起未决诉讼1 300万元赔偿款包装为广告收入。

3. 利用合并优势调节在线广告收入

2001年6月，高尔夫频道拟与时代华纳签署一项协议，同意支付2亿美元以便在未来5年利用时代华纳有线电视网播发其录制的体育节目。在交易快要达成之际，美国在线中途介入，将合同的内容作了部分变更：将原先商定的2亿美元体育节目播发合同拆分成两份，一份为与时代华纳签订的1.85亿美元体育节目播发合同，另一份为与美国在线签订的1 500万美元广告合同。这对高尔夫频道来说只有好处没有坏处。因为合同总金额未变，还利用美国在线免费做了广告。通过这项合同变更，美国在线顺理成章地将 1 500 万美元确认为广告收入，使在线业务部门在 2001 年第三季度报出较好的广告收入数字。

表面上看，此项合同没有改变美国在线时代华纳的收入总额，也没有增加其利润总额。但是它改变了收入的结构、加速了收入确认时间、实际上是免费做广告。将 2 亿美元合同拆成两份，一份为 1.85 亿美元的节目播放合同，另一份为与美国在线签订的 1 500 万美元的广告合同。这是一项附带的无偿捐赠行为，不是广告销售行为，一分钱的广告收入都不应确认。

4. 将广告代理全额确认为广告收入

买断式代销和非买断式代理代销业务，差别在于风险与报酬是否转移。

美国在线为其他网站承揽和代理广告业务。2001 年 7 月，与美国最大的在线拍卖网站电子港湾签订广告代理协议。美国在线不是根据惯例按代理业务所分享的净收入确认为广告收入，而是按代理业务的收入总额确认为广告收入。共确认 9 500 万美元收入。承担实质性财务风险的是电子港湾，不是美国在线。那么它与电子港湾的关系就是非买断式的代理代销关系。

5. 借助循环交易虚构广告收入

循环交易又称套换交易、背靠背交易、三角交易。是指卖方在向买方出售商品或提供劳务时，又按与售价相同的价格向买方购入商品或劳务。

第一种手法：与家庭商店公司从事"三角交易"，虚购至少 1 200 万美元的广告收入。如美国在线与 FinanCerter 达成秘密交易，由家庭商店以 375 万美元的价格向 FinanCerter 购买它根本不需要的软件（75 万美元），并要求 FinanCerter 向美国在线支付 300 万美元的广告费，美国在线再将这 300 万美元的大部分以购货款形式返还给家庭商店公司，一圈下来，家庭商店、FinanCerter 及美国在线都增加了 300 万美元或 375 万美元的收入。

第二种手法：以投资为名，要挟被投资公司向美国在线购买广告服务。与氧气媒体公司签订协议：美国在线对它投资 3 000 万 ~ 5 000 万美元，作为交换，氧气媒体至少购买 1 亿美元的广告服务。另外向休斯电子公司投资 15 亿美元共同开发新产品，休斯电子向美国在线购买 1.5 亿美元的广告。

第三种手法：与设备供应商从事设备换广告的套换交易。这些套换交易的显著特点是偏离公允价值。多付的设备款可作为固定资产分期摊销，收到的广告费则当期确认为收入。实质是美国在线自己花钱买收入。

四、结局

2009 年年底，美国媒体巨头时代华纳公司表示，该公司将于 12 月 9 日把美国在线拆分出去，而相比并购前的 1 630 亿美元，美国在线目前市值约为 34.4 亿美元，大幅缩水超 9 成，而广告业务的下滑是导致这场最昂贵并购最终散场的根本原因。2000 年 1 月，美国在线宣布以 1 810 亿美元收购老牌传媒帝国时代华纳，成立美国在线—时代华纳公司，这到目前为止都是最大金额的并购案。但并购之后，在尝试了几年的整合后，业务并没有朝预期方向发展。据悉，美国在线的互联网接入业务已经衰退了很久，同时在线广告业务陷入困境。

五、启示

1. 对于面临收购兼并压力的上市公司，注册会计师应充分考虑高管人员高估经营业绩的风险，提防这类公司通过交易策划虚增收入和利润，以防审计失败。

并购作为最直接、最有效的实现扩张以及资源整合的方式，其优点非常明显，比如，扩大生产经营规模，降低成本费用；提高市场份额，提升行业战略地位；取得充足廉价的生产原料和劳动力，降低成本，增强企业的竞争力；实施品牌经营战略，提高企业的知名度，以获取超额利润；等等。但是，并购在使企业快速扩张的同时可能会导致资金链紧张。其次，并购中会较多运用计提各项资产减值准备来调节报表中的利润。

2. 主营收入是企业实现盈利的牢靠基础，创造现金流的主要源泉，还是评价企业核心竞争力的重要指标。注册会计师应充分关注上市公司是否故意混淆主营业务收入与非主营业务收入的界限，是否在收入分类上蓄意误导投资者。

3. 在没有现成市价可供参考时，公允价值的应用应特别谨慎。

公允价值计量属性的特点是可以提高会计信息的相关性，但是可靠性较差。这也是我国会计准则中曾经禁止使用公允价值的部分原因。如何确定资产的公允价值是会计审计中的高风险区。

4. 会计处理上的稳健做法与激进做法仅一步之遥。

注册会计师应当学会从多个会计期间的角度来看待和分析这些减值准备的影响，而不应一味地迁就上市公司过度稳健的会计处理和做法，否则，就会被上市公司利用减值准备进行巨额冲销以夸大未来盈利能力的伎俩所欺骗。

第四节 施乐公司审计案例分析

——复印机巨人的财务舞弊

一、公司简介

施乐（Xerox）崛起于 20 世纪最伟大的发明之一——静电复印技术（或叫"施乐技术"）。

20 世纪初，施乐还只不过是美国东北部一个小镇上的一家小公司，出于对一项新技术的执著追求，耗时 14 年举债开发。施乐复印机的出现，在某种意义上改变了人类的生活方式，施乐公司从此进入全球 500 强行列。1993 年，施乐在《财富》500 强排名第 21 位。1999 年，施乐营业收入高达 192 亿美元，股票涨到最高点达到 68 美元，施乐公司成了名副其实的复印机业巨人。

然而，从 1999 年下半年开始，施乐业绩开始下滑。2000 年第三季度，出现了施乐历史上的第一次季度亏损，同年下半年，施乐股票跌至 3.85 美元，跌幅超过 90%。施乐的资信度被降至 BB 级，接近垃圾股。全球的资本市场对施乐关起了大门，巨大的债务压力一波一波地涌来，施乐几乎接近破产的边缘。

施乐公司是美国复印机产业的巨人之一，在 20 世纪 70 年代由于忽视了全球性的竞争威胁而被迫进入防御状态。从 60 年代到 70 年代初在世界复印机市场一直保持垄断地位。但由于忽视了竞争的存在，从 1976～1981 年，施乐公司遭遇到了全方位的挑战，其中最具威胁的竞争对手是日本的佳能公司，该公司竟然推出了以施乐公司的成本价销售复印机的惊人举措，竞争结果是施乐公司的复印机全球市场份额从 82% 直线下降到 35%。为了弄清佳能公司的降价策略，施乐公司开展了大量的竞争情报研究，通过对竞争对手和自身的对比分析，施乐公司多方面调整了复印机产品的战略和战术，以降低生产成本，提高产品质量，最终从日本佳能公司夺回了市场份额。施乐公司认为：如果没有竞争情报，今天的复印机产业就不会有它们的一席之地了。

二、为迎合华尔街而杜撰的经营业绩

2002 年 4 月 SEC 指控施乐公司在 1997～2000 年 4 年间总共虚报了 15 亿美元的税前利润。此外，证交会估计施乐公司在同一时期内还虚报了大约 30 亿美元

137

的营业收入。施乐公司未对证交会的结论作出任何评价，但双方达成了如下协议：证交会对施乐公司在财务报告上弄虚作假的行为处以 1 000 万美元的罚款，同时要求施乐公司再次进行审计，彻底查清其账目。

三、舞弊手法透视

（一）提前确认复印机设备的销售收入

1. 武断确定融资权益回报率，人为压低融资收入，夸大复印机销售收入。早在 1995 年，施乐公司就在其销售型租赁业务中，夸大复印机销售收入和设备融资的公允价值，将租赁协议总价减去这两个租赁要素公允价值之间的差额作为设备销售收入的公允价值。而根据会计准则的规定，设备销售收入应根据同类复印机设备的市价等因素确定复印机的公允价值，以此作为确认销售收入的基础。在 1997~2000 年期间，施乐公司持续低估其融资的公允价值，从而提高其对外报告的设备销售收入。通过操纵融资业务的回报率，施乐公司在没有多销售一台复印机或其他产品的情况下，提前确认了 22 亿美元的设备销售收入和 3.01 亿美元的收益。

2. 以毛利规范化为借口，低估维护收入，高估复印机销售收入。20 世纪 90 年代，由于行业的激烈竞争，施乐复印机的毛利在不断下降。施乐公司不仅没有正视这种现状，反而通过所谓的"毛利规范化"，在世界范围内对预期租赁收入重新划分。这既缺乏法律依据，也不符合会计准则，完全是公司高层调整。在 1997~2000 年期间，通过毛利规范化转移至复印机销售收入的金额为 6.17 亿美元，形成的税前利润高达 3.58 亿美元。

3. 利用租赁价格调增和展期，提前确认复印机销售收入。施乐公司利用该方法从 1997~1999 年第二季度提前确认了近 3 亿美元的复印机销售收入和 2 亿美元税前利润，以便弥补实际业绩与预期业绩之间的差距。将 1999 年度调入和调出的影响相互抵消后，这种手法在 1997~2000 年期间对税前净利润的影响额为 5 800 万美元。

（二）夸大设备残值，虚增收益

根据租赁准则的规定，在租赁开始时，出租方应对租赁设备估计残值加以记录，并禁止对其进行修改。

1997~1999 年期间，施乐公司不顾准则的规定，将其在欧洲、巴西、美国、阿根廷及墨西哥所出租的复印机设备的净残值调高了 9 500 万美元。施乐公司通常在期末将残值调高，以使报告业绩达到或超过内外部的收益预测值。从 1997 ~ 2000 年，上述缺乏依据的残值调增使施乐公司报告期税前利润虚增了 4 300 万美元。

（三）构造"资产组合策略"交易，加速收入确认

1999 年，施乐公司通过所谓的"资产组合策略"交易，向投资者出售其租赁设备组合的收益流，提前确认了 4 亿美元的销售收入和 1.82 亿美元的税前利润。

（四）操纵准备金和其他收益项目，虚购经营业绩

施乐公司通过将过去为其他目的多提的准备金转回，虚增了 5 亿美元的税前利润。由于施乐公司未对准备金的转回予以披露，导致其财务报告存在重大的虚假和误导性陈述。

（五）未披露应收款的保理业务，误导了投资者对其现金流量的判断

施乐公司在 1999 年的财务报告中，没有披露 1999 年年底发生的金额为 2.88 亿美元的应收账款保理业务，这些保理业务使施乐公司报告期末的现金余额由负数变为正数。施乐公司隐瞒了这些交易对现金状况的重大影响，使投资者误以为现金流量来源于经营活动。

四、审计问题透视

2003 年 1 月 29 日，SEC 对毕马威会计师事务所及其预示了财务舞弊案里相关的 4 名合伙人提起民事诉讼，指控他们在 1997 ~ 2000 年间默许施乐公司大量做假账的行为，要求毕马威及相关合伙人退回收取的审计费并支付罚金。

1. 融资权益回报率的审计问题

施乐公司不断改变融资权益回报率的确定假设，并将应用范围扩大到世界各地区。融资权益回报率的每次改变都导致施乐公司加速确认更多的复印机销售收入。毕马威的签约合伙人每次都认可这些会计调整，而没有对调整结果的正确性进行测试。施乐公司称不能直接计算产品的公平价格，只得在报告期末借助高管人员的"高层会计调整"加以确定。对此，4 位被告完全接受，而没有深入分析这些"高层会计调整"是否意味着施乐公司内部管理存在缺陷。1997 年 2 月 7

日，施乐公司位于罗彻斯特的美国客户运营部总裁收到了一位毕马威合伙人的来信，在信中，这位合伙人对施乐公司日益依赖融资权益回报率进行的高层调整表示关切，并阐明了自己的观点："我们相信，在没有辨明客户的情况下确认收入及相关资产是不恰当和不稳健的会计做法。租赁业务应当在详细的会计记录中予以登记，财务报表的合并应当以单一的公允市场利率为基础，而不应对转移给XCC（施乐信贷公司）的公司间租赁业务进行任何调整。我们建议，美国客户运营部在1997年度应终止对融资收入的调整，以强化收入确认政策，简化会计程序，并加速租赁业务账款的结算，尽可能多地收回现金。"被告朵兰斯基也收到了这封信的复印件。罗彻斯特办事处曾在两个场合向朵兰斯基提出过警告，指出不应当允许施乐公司调增已出租复印机的残值，因为这种做法违反了公认会计准则。加拿大办事处也向朵兰斯基指出，施乐公司确定融资权益回报率的模式是"没有依据的"，并带来"不必要的会计控制风险"。朵兰斯基还从巴西办事处获悉，基于财务报告目的而采用的融资权益回报率模式，其内涵报酬率远远低于巴西的实际市场利率。当施乐公司将融资权益回报率模式的运用扩大到欧洲时，萨佛然知道，毕马威英国办事处既没有对该模式在欧洲是否适用进行测试，也没有形成任何结论。1998年萨佛然成为施乐公司审计项目的全球主要签约合伙人时，巴西办事处告诉他，施乐公司总是在"微调"会计政策以增加利润，这种"微调"是在施乐公司总部完全知情（通常是在其建议下）的情况下进行的。巴西办事处明确告知萨佛然，这种"微调"增加了财务报告的舞弊风险，且施乐公司总部强加给巴西子公司的收入和盈利目标增大了审计风险。巴西办事处还告诉萨佛然，巴西子公司没有对会计估计的计算方法加以记录。萨佛然知道，融资权益回报率模式并没有考虑巴西当地融资的利率。1998年，巴西办事处就其1997年发现的问题再次向萨佛然提出疑虑：巴西子公司计算融资收益所运用的内涵报酬率远远低于实际利率，且这种模式"没有考虑巴西市场固有的不确定性，因而其现金流量也存在诸多不确定性因素"。萨佛然本人在1998年也发现了与巴西子公司所采用的6%折扣率（市场利率超过了20%）相关的4 000万美元审计差额，但却没有要求施乐公司调整其会计记录。1999年，巴西办事处警告萨佛然，这种武断确定融资收入的模式导致巴西子公司第一季度和第二季度采用的回报率降至零，并敦促毕马威总部对这种模式的恰当性重新予以审查。

同样地，毕马威东京办事处和伦敦办事处也对施乐公司在当地的子公司武断确定融资权益回报率的做法表示异议，但萨佛然仍一意孤行，未予理睬。2000年，罗彻斯特办事处告诉康威，施乐公司采用融资权益回报率模式前所使用的传统会计方法才能充分代表收入确认的公允价值。

伯伊乐1999年年初担任施乐公司审计项目的公共关系合伙人。第一次列席施乐审计委员会会议之前，他就认识到施乐公司融资收入确认模式存在缺陷。然而，萨佛然和伯伊乐既没有阻止施乐公司这种缺乏依据的做法，也没有要求它重新制定和使用更加切合实际的折现率。

2000年，当康威成为施乐审计项目的主要签约合伙人时，他得出了施乐公司融资收入的确认模式存在严重缺陷的结论，因为它所采用的折现率没有考虑施乐公司租赁业务的不稳定因素，如租约取消、坏账和租赁协议重新谈判等因素。更不可思议的是，施乐审计委员会曾进行过一次特别调查，明确告知康威和伯伊乐：施乐公司通过武断确定融资回报率以弥合实际收入与预期收入之间的差额。尽管这次特别调查使施乐公司的操纵行为暴露无遗，但康威（伯伊乐也知情）依然签字认可了施乐公司2000年的财务报告，而没有履行审计程序来判定融资收入的确定模式能否如实地报告相关的收入。

2. 毛利规范化的审计问题

通过其合伙人，毕马威知道施乐公司从1997年开始采用毛利规范化的做法。施乐公司的管理层向毕马威表明，由于不知道复印机的公允价值，无法在租赁开始时合理地分配设备收入、融资收入和服务收入，并以此作为其采用毛利规范化做法的理由。朵兰斯基、萨佛然、康威和伯伊乐在未履行审计程序验证这种做法合理性的情况下，贸然接受了施乐公司的解释。施乐公司经常改变毛利规范化这一操纵手法，并不断扩大其应用范围。1997～2000年，毛利规范化调整了十多次。除极少数情况外，每次调整都导致施乐公司立即确认越来越多的复印机销售收入，而递延的收入却越来越少。毕马威的签约合伙人在没有测试这些调整是否合理的情况下就予以认可。1997年，施乐公司明确告知朵兰斯基，由于欧洲地区设备维护的毛利超过了复印机销售的毛利，施乐公司只得进行"高层会计调整"，将租赁协议的总款项更多地分配至复印机销售收入，以平衡设备维护与复印机销售之间的毛利。对于这种毫无根据且违反公认会计准则的收入操纵，朵兰斯基竟然没有提出异议。

对于施乐公司在欧洲采用毛利规范化调整租赁业务的不同收入构成，毕马威英国办事处向朵兰斯基提出了多次质疑，并在1997年的审计过程中指出，毛利规范化将带来"很高的重大虚假陈述风险"，"捆绑式"租赁中的利润是经过"人为操纵的"，"没有什么根据"。朵兰斯基也了解到，毛利规范化是如此敏感，以至于施乐公司禁止毕马威欧洲地区的注册会计师与施乐在当地公司的管理层讨论这一问题。

朵兰斯基在他自己的审计底稿中也得出毛利规范化是一种高风险会计操作的结论。尽管如此，他并没有实施审计程序判定在美国和欧洲或巴西之间的毛利差距是否正当，把设备维护收入和复印机销售收入平均分配是否合理，而只是简单地接受施乐公司管理层的解释，并对这些缺乏依据的人为调整表示认可。

1998年和1999年，毕马威英国办事处和巴西办事处也曾多次就施乐公司以毛利规范化为借口随意调整租赁业务的收入构成向萨佛然表示严重关切。萨佛然也认定，采用所谓的"毛利规范化"和"融资权益回报率"操纵收入和盈利将产生重大歪曲，就像最近被指控财务舞弊的山登公司和阳光公司一样。萨佛然甚至告诉康威和伯伊乐，施乐公司在1999年扩大"毛利规范化"的应用范围，导致其确认了许多"不成熟的收入"。

3. 租赁设备提价和展期的审计问题

毕马威和被告萨佛然、康威和伯伊乐至少从1999年第一季度起就知道施乐公司采用租赁设备提价和展期的做法调节利润。施乐公司告诉萨佛然，将租赁设备提价和展期获得的额外收入全额在当期确认虽然明显违反了公认会计准则，但这种做法是对的，因为它"注重实效"，而且"更加公允地反映了业绩"。萨佛然表示认可并征求了康威和伯伊乐的意见，获得了他们俩人的赞同。

萨佛然曾向施乐公司的首席财务官、主计长和其他高级财务经理指出，提前确认租赁设备提价和展期的收入是错误的，这种做法应当予以终止。尽管萨佛然对这种会计操纵手段提出了警告，但施乐公司并没有停止操纵行为。相反，在1999年第一季度，施乐公司的首席财务官接受了萨佛然（已经获得康威和伯伊乐的认可）的建议，将提前确认的提价和展期收入随意地降至重大性水平之下，即低于税前利润的5%。但萨佛然知道，施乐公司通过这些蓄意和不恰当的会计操纵手法最终确认了6 800万美元的税前利润，大约占了第一季度税前利润的14%。到了1999年第二季度，施乐公司利用这些会计手法又提前确认了3 200万美元的税前利润，萨佛然同样予以认可。

4. 不恰当调增残值的审计问题

当施乐公司提出调增复印机残值并进行追溯调整时，朵兰斯基和萨佛然都知道这种做法有悖于公认会计准则，目的是为了弥合实际业绩与华尔街盈利预期的缺口。他们和其他注册会计师曾就此事与施乐公司进行了商议，但朵兰斯基和萨佛然最终屈从了施乐公司管理层的压力，并于1997年认可了施乐公司的这种操纵手法。

5. 不恰当计提和转回准备金的审计问题

1997 年施乐公司收购兰克（Rank）公司之前，聘请毕马威英国办事处进行尽责调查（Due Diligence Study）。英国办事处告知施乐公司和时任施乐审计项目全球签约合伙人的朵兰斯基，收购兰克公司的潜在税务风险介于"十分遥远至很低"之间。尽管如此，朵兰斯基还是鼓励施乐公司计提了 1 亿美元的准备金，这一做法违反了第 5 号财务会计准则的相关规定。1999 年，萨佛然、康威和伯伊乐得知，施乐公司 1997 年在朵兰斯基的鼓励下违规计提了兰克准备金。随后，他们允许施乐公司在 1998 年和 1999 年将这笔准备金转回，用于冲销与这一准备金毫不相关的费用。他们也没有要求施乐公司披露这一事项或重编财务报表以更正这一不恰当的准备金。1997～2000 年，施乐公司转回了约 20 笔、金额高达 3.96 亿美元的超额准备金，以改善其财务业绩。这些准备金有一部分记录在经营部门，但大部分（截至 1996 年 12 月 31 日为 2.25 亿美元）由施乐公司的高级财务经理记录在总部的账上。朵兰斯基和萨佛然以季度为基础，对绝大部分的超额准备金进行量化和评估。事实上，这些准备金在毕马威的审计底稿上不是被确定为"没有特定项目"的准备金，就是被确定为"契机性"的准备金。朵兰斯基和萨佛然清楚，施乐公司实质上将这些准备金作为一种弥合业绩缺口的工具。

6. 资产组合策略交易的审计问题

萨佛然和毕马威都了解施乐公司使用了资产组合策略（PAS）交易，并进行了跟踪调查。萨佛然、康威和伯伊乐都知道，施乐公司在 1999 年大量使用这种交易手段，确认了 3.98 亿美元的收入，而根据公认会计准则，这些收入本应在后期确认。施乐公司没有如实披露 PAS 交易占施乐公司年度收入很大一部分比例的事实，构成了严重疏漏。

尽管萨佛然对此了如指掌，但他却认为没有必要披露 PAS 交易对施乐公司1999 年盈利的影响。伯伊乐和康威从萨佛然提交的备忘录中获悉了 PAS 交易产生的巨额虚报数字，但他们默认了萨佛然对 PAS 交易的处理方法，而没有予以制止。总之，SEC 掌握的大量证据表明，朵兰斯基、萨佛然、康威和伯伊乐都十分清楚施乐公司利用"融资权益回报率"、"毛利规范化"、"租赁设备提价和展期"、"调增租赁设备残值"、"高估准备金和转回准备金"、"构造 PAS 交易"等手法大肆操纵收入和利润，以弥合实际业绩与华尔街盈利预期之间的缺口。他们虽然曾多次向施乐公司表示严重关切或要求其予以更正，但在施乐公司管理当局的压力下，他们在出具审计报告时，对发现的重大问题装聋作哑，默许甚至纵容了施乐公司的盈余操纵行为，以保住这个给他们带来丰厚回报的客户。当职业道德与经济利益产生冲突时，毕马威的这4位合伙人最终选择了经济利益。现在，他们正面临着 SEC 的欺诈指控和众多投资者的民事诉讼，预计毕马威及其相关合伙人将为此付出高昂的经济代价和惨重的信誉损失。

本 章 小 结

　　本章介绍了安然、世界通信、美国在线时代华纳、施乐公司的财务舞弊的动因、手段以及审计中的问题。我们应把这些案例作为一个整体看待，去思考美国经济、法律制度中的漏洞和问题。

复习思考题

1. 21 世纪美国上市公司财务舞弊的主要动机是什么？手段有哪些？
2. 美国四大会计师事务所面临哪些信任危机？如何才能化解这些危机？

第五章

中国证券市场财务舞弊及审计案例

【本章要点】本章介绍了中国建立证券市场以来出现的典型舞弊案例，这些案例凸显了中国证券市场上的种种缺陷，为了融资圈钱不择手段，占尽便宜的关联方交易以及大股东无情地掏空上市公司等。

【核心概念】 大股东　关联方交易　资产置换　债务重组　关联担保

第一节　银广夏公司案例

一、世纪绩优与世纪骗局

银广夏曾经是股市上的大牛股，从股价到业绩，均创下了令人炫目的纪录：1999 年，银广夏的每股盈利 0.51 元；股价则从 1999 年 12 月 30 日的 13.97 元启动，一路狂升，至 2000 年 4 月 19 日涨至 35.83 元。2000 年年报披露的业绩再创"奇迹"，在股本扩大 1 倍的基础上，每股收益攀升至 0.827 元。

(一) 神话的破灭

2001 年的 8 月，一篇关于银广夏虚假利润的文章引起了一场轩然大波，曾经是股市里面一个神话的银广夏，竟然是这样一个烂摊子。

1987 年 4 月，陈川创立"深圳广夏录像器材有限公司"；1993 年 11 月，陈川在宁夏合资成立"广夏（银川）实业股份有限公司"；1994 年 6 月，公司股票在深圳证券交易所上市。此后银广夏投资牙膏、水泥、白酒、牛黄、活性碳、葡萄酒、房地产，但收效并不显著。1996 年公司开始治沙种草，创建闻名于世的银广夏麻黄草种植基地，银广夏由此踏上发迹的征程。1998 年 10 月 20 日，天津广夏（集团）有限公司与德国诚信贸易公司签订了蛋黄卵磷脂和桂皮、生姜精油、含油树脂等萃取产品出口供货协议，供货金额 5 600 万马克。1999 年天津广夏实现对德国诚信公司出口 1.1 亿马克，使当年上市公司利润总额达到 1.58 亿元，银广夏股价从 13.97 元飞涨到 35.83 元；2000 年银广夏创始人陈川去世，宁夏科技厅厅长张吉生接过指挥棒，天津广夏再立新功，当年实现出口 1.8 亿马克，并且与德国诚信公司续签出口合同 60 亿元人民币，使银广夏的业绩和股价两个车轮飞转，成为深沪两市屈指可数的蓝筹牛股。然而，2001 年 8 月，银广夏却因媒体一份质疑文章，露出了造假的破绽，身价一落千丈。

（二）《财经》杂志，揭开银广夏陷阱

《财经》杂志 2001 年 8 月发表封面文章《银广夏陷阱》，揭露深圳股票交易所上市公司银广夏 1999 年度、2000 年度业绩绝大部分来自造假。

经查发现，银广夏利润主要来源于天津子公司。天津子公司则是通过伪造购销合同、伪造出口报关单、虚开增值税发票等手段，虚构主营业务利润 7.45 亿元。同时深圳中天勤会计师事务所及其签字的注册会计师，为银广夏出具了严重失实的审计报告。天津广夏是广夏实业股份有限公司投资额最大的全资子公司，主要经营业务为生物萃取化工产品等。

银广夏的利润神话源自其从德国进口的一种设备——二氧化碳超临界萃取设备。1999 年 7 月，第一条 500 立升×3 的生产线在银广夏在天津的子公司天津广夏试车并投入生产。根据银广夏公告，天津广夏在 1999 年度、2000 年度向德国诚信公司出口萃取产品达 5 610 万马克（约 2.2 亿元人民币）、1.8 亿马克（约 7.2 亿元人民币）。天津广夏因此在 1999 年创造的利润占银广夏的 75% 以上，2000 年更是几乎囊括了银广夏的全部利润。

银广夏又在芜湖和银川投资设立了两条 1 500 立升×3 和一条 3 500 立升×3 的萃取生产线。并自称为"亚洲第一、世界第三的萃取基地"，前景似乎十分光明。

2001 年 3 月 1 日，银广夏发布公告，称与德国诚信公司（Fidelity Trading GmBH）签订连续 3 年总金额为 60 亿元的萃取产品订货总协议。仅仅依此合同推算，2001 年银广夏每股收益就将达到 2~3 元！

但《财经》杂志遍访业内专家，专家们普遍认为：第一，以天津广夏萃取设备的产能，即使通宵达旦运作，也生产不出其所宣称的数量；第二，天津广夏萃取产品出口价格高到近乎荒谬；第三，银广夏对德出口合同中的某些产品，根本不能用二氧化碳超临界萃取设备提取。

银广夏的同行也向《财经》指出，如果天津广夏真有如此大的出口量，按照现行税法，应向有关部门办理至少几千万元的出口退税，并在财务报表上体现出来！事实却是：银广夏的年报里根本找不到出口退税的条目。《财经》也从天津进出口退税分局查实：天津广夏从未办理过出口退税。

《财经》经调查确切获知，银广夏从 1999 年开始在市场上散布的"利润神话"全系子虚乌有的编造，其出口额据公司自称在 2000 年达 1.8 亿马克，而事实上仅为 3 万美元；其签下 60 亿元合同的德国买家据称为一家百年老店，但事实上是注册资金仅 5 万马克的小型贸易公司；其据称出口创汇创利的"超临界萃取产品"，在产品产量和价格上均被专家证实不具可能性。

我们也看到 2001 年中期报告数据异常，主要原因在于银广夏未将构成其主要利润来源的天津子公司纳入合并范围。对此，银广夏 2001 年中报关于合并会计报表的范围说明中描述：因公司所属子公司天津广夏谎报利润，且不能提供 1994 ~ 1998 年的财务资料，无法对其财务状况进行核实和调整，所以公司中期财务报告中将其财务报表不予合并。中期财务报告仅就公司对其投资和往来进行了调整。

由于上述合并范围的变化，更主要的是剔除了天津子公司的虚报利润，使得银广夏 2001 年公布的中报显示，上半年亏损 1953 万元，每股亏损 0.39 元。

二、审计中的问题

中天勤会计师事务所在审计中至少存在重大过失，未能发现或对外披露银广夏会计报表中的重大虚假问题；注册会计师未能保持职业谨慎，对审计证据的真伪未能给予应有关注；注册会计师没有执行必要的审计程序。

1. 注册会计师未能有效执行应收账款函证程序。

函证的目的是证实相关账款余额真实性、正确性，防止或发现被审计单位在销售业务中发生差错或弄虚作假、徇私舞弊的行为。询证函应由注册会计师利用被审计单位提供的业务对象的名称和地址编制，且询证函的寄发一定由审计人员亲自进行。

在银广夏这一案例中，2000 年银广夏的应收账款中，账龄在 1 年以内的应收账款 4 亿多元，占应收账款总额的 76.89%，其中，最大的欠款单位是德国诚信贸易公司，其欠款达到 2 亿多元，大约占应收账款总额的 50%，欠款原因是依合同执行进度付款。因此，应收账款应是调查重点。

第一，注册会计师应向德国代理商函证。一方面应对此进行函证，回复的可能性较小。另一方面了解这家德国贸易公司的基本情况是很重要的。通过互联网，我们可以找到"德国工商总会北京代表处"联系方式，通过德国工商总会北京代表处，可以找到这家德国贸易公司的地址和电话，只要跟他们联系一下，就会发现其主营业务是机械产品，而不是萃取产品。

第二，向出口收款银行和相关银行函证。回复的可能性较大。

第三，向海关询证。由于数额巨大可以上门查询。萃取工程对公司的利润影响达到95%以上，作为注册会计师应保持足够的谨慎。

第四，向税收机关询证。由于出口均有退税，退税应该有记录。

在对天津广夏的审计过程中，审计人员将所有询证函交由公司发出，而并未要求公司债务人将回函直接寄达注册会计师处；对于无法执行函证程序的应收账款，审计人员在运用替代程序时，未取得海关报关单、运单、提单等外部证据，仅根据公司内部证据便确认公司应收账款。

违反《独立审计具体准则第5号——审计证据》。该准则在第二章"一般原则"第五条规定，注册会计师执行审计业务，应当在取得充分、适当的审计证据后，形成审计意见，出具审计报告。注册会计师应当运用专业判断，确定审计证据是否充分、适当。在第二章第十一条指出，审计证据的可靠程度可参照下述标准来判断：……外部证据比内部证据可靠；注册会计师自行获得的证据比由被审计单位提供的证据可靠；不同来源或不同性质的审计证据能相互印证时，审计证据更为可靠。第十二条指出，注册会计师获取审计证据时，可以考虑成本效益原则，但对于重要审计项目，不应将审计成本的高低或获取审计证据的难易程度作为减少必要审计程序的理由。

2. 注册会计师未有效执行分析性测试程序，例如对于银广夏在2000年度主营业务收入大幅增长的同时生产用电的电费费用却反而降低的情况竟没有发现或报告；面对银广夏2000年度生产卵磷脂的投入产出比率较1999年度大幅下降的异常情况，注册会计师即未实地考察，又没有咨询专家意见，而轻信银广夏管理当局声称的"生产进入成熟期"。

增值税问题：公司明确揭示所适用的增值税税率为17%，也没有增值税减免政策，但在2000年年报中可以发现：第一，公司2000年年末的应交增值税余额为负数，即公司的增值税不但不欠，而且还没有抵扣完；第二，在公司的现金流量表中，公司2000年的增值税仅仅交了52 602.31元。但是公司的工业企业性销售收入2000年度为8.27亿元，毛利为5.43亿元。从公司所用原材料和动力燃料方面来看，公司的增值税进项税额应是比较小的，因此公司的应交增值税应当是比较大的。

出口退税问题：我国为鼓励出口，出口都有退税，但报表中却没有此项纪录。

违反《独立审计具体准则第 11 号——分析性复核》。根据《分析性复核》第一章"总则"第二条，分析性复核是指注册会计师分析被审计单位重要的比率或趋势，包括调查这些比率或趋势的异常变动及其与预期数额和相关信息的差异。第二章"一般原则"指出，注册会计师在进行分析性复核时应当考虑会计信息各构成要素之间的关系以及会计信息和相关非会计信息之间的关系。第三章"分析性复核程序的运用"第十四条指出，注册会计师在对会计报表进行整体复核时，应当审阅会计报表及其附注，并考虑针对已发现的异常差异或未预期差异所获取的审计证据是否适当，是否存在尚未发现的异常差异或未预期差异。第四章"分析性复核结果的处理"第十七条指出，当分析性复核结果出现异常情况时，注册会计师应当进行调查，要求被审计单位予以解释，并获得适当的验证证据；如果被审计单位不予解释或解释不当，注册会计师应当考虑是否实施其他审计程序。

违反《独立审计具体准则第 12 号——利用专家的工作》。该准则所称专家，是指除会计、审计之外，在某一领域中具有专门技能、知识和经验的个人或单位。第二章"一般原则"第四条指出，注册会计师可以根据需要，利用专家协助工作……第五条指出，在决定是否需要利用专家协助工作时，注册会计师应当考虑相关会计报表项目的重要性、相关事项的性质、复杂程度及其导致错报、漏报的风险……第七条指出，注册会计师可以在以下方面利用专家的工作：特定资产的估价、特定资产数量和物质状况的测定、需用特殊技术或方法的金额测算……

3. 天津广夏审计项目负责人由非注册会计师担任，审计人员普遍缺乏外贸业务知识，不具备专业胜任能力。

严重违反《独立审计基本准则》第二章"一般准则"第五条，即担任独立审计工作的注册会计师应当具备专门学识与经验，经过适当专业训练，并有足够的分析、判断能力。

违反《独立审计具体准则第 3 号——审计计划》。该准则第二章"一般原则"第七条指出，在编制审计计划时，注册会计师应当特别考虑以下因素：……审计小组成员的业务能力、审计经历和对被审计单位情况的了解程度；第四章"审计计划的审核"第十七条规定，审计计划应当经会计师事务所的有关业务负责人审核和批准；第十八条指出，对总体审计计划，应审核以下主要事项：……审计小组成员的选派与分工是否恰当……

4. 银广夏编制合并报表时，未抵销与子公司之间的关联交易，也未按股权协议的比例合并子公司，从而虚增巨额资产和利润。注册会计师未能发现或报告有关重大虚假问题。

违反《独立审计实务公告第 5 号——合并会计报表审计的特殊考虑》。该实务公告在第二章"编制审计计划时的特殊考虑"第四条规定，注册会计师应当了解合并会计报表的编制范围、集团内公司间的股权关系、集团内公司间交易频率、性质及规模等与编制合并会计报表相关的事项，以合理制订审计计划；在第三章"实施审计程序时的特殊考虑"第九条规定，注册会计师应当……对被审计单位的合并工作底稿、抵销分录和其他合并资料进行重点审计；第十五条规定，注册会计师应当对集团内公司间的债权、债务、存货交易、固定资产交易、收入、支出以及其他重大交易及其未实现损益的抵销情况进行审计，以确定其影响是否消除；第十七条规定，注册会计师应当对合并会计报表中的少数股东权益和少数股东损益进行审计，以确定合并会计报表是否恰当反映少数股东权益及少数股东损益；在第四章"编制审计报告时的特殊考虑"第二十五条规定，注册会计师应当特别关注……是否存在未抵销的集团内公司间重大交易……并据以确定其对合并会计报表审计意见的影响。

5. 此外，对于不符合国家税法规定的异常增值税及所得税政策披露情况，审计人员没有予以应有的关注；在收集了真假两种海关报关单后未予以必要关注；对于境外销售合同的行文不符合一般商业惯例的情况，未能予以关注；未收集或严格审查重要的法律文件；未关注重大不良资产；存在以预审代替年审、未贯彻三级复核制度等重大审计程序缺陷。

违反《独立审计具体准则第 21 号——了解被审计单位情况》、《独立审计具体准则第 5 号——审计证据》、《独立审计具体准则第 3 号——审计计划》、《独立审计具体准则第 6 号——审计工作底稿》等多项准则的相关条款。

第二节　蓝田公司案例

一、蓝田的绩优神话

从历年资料判断，蓝田股份似乎是一只不折不扣的"老牌绩优股"。资料显示，蓝田股份 1996 年股本为 9 696 万股，2000 年年底扩张到 4.46 亿股，股本扩张了 360%；主营业务收入从 4.68 亿元大幅增长到 18.4 亿元，净利润从 0.593

亿元快速增长到令人难以置信的 4.32 亿元。而且这些都是建立在蓝田股份只是一家主要从事水产品开发的农业企业！

但是市场对蓝田公司的质疑却也不少。

市场质疑之一：看不到野藕汁卖，何来上亿元的利润。蓝田股份年报显示，公司的蓝田野藕汁、野莲汁饮料销售收入达 5 亿元之巨。在一般人的眼里，全国应该到处都卖蓝田野藕汁、野莲汁，而且很热销，但是全国很多地方的投资者表示，并没有看到这种热销场面，甚至在当地市场根本没有见过野藕汁，看到的只是中央电视台连篇累牍的广告。

市场质疑之二：鱼塘放出来的是"高产卫星"。资料显示，蓝田股份有约 20 万亩大湖围养湖面及部分精养鱼池，仅水产品每年都卖几个亿，而且全都是现金交易。然而，渔网围着的 20 万亩水面到底装了多少鱼？没有人能说清楚，也就没有人知道有多少存货了。再与同样地处湖北的武昌鱼以及相距不远的湖南洞庭水殖相比，其高出几倍的毛利率非常令人难以置信，而且蓝田股份从来也没有给投资者一个合理、详细的解释，只是以蓝田是高科技生态农业、利润就是高来解释。

市场质疑之三：部分财务数据为何如此偏离常规？对于蓝田股份的"业绩神话"，近年来一直有很多投资者和研究人员在分析。比如，有人分析认为，2000年蓝田股份的流动资产占资产百分比是同业平均值的约 1/3；而存货占流动资产百分比高于同业平均值约 3 倍；固定资产占资产百分比高于同业平均值 1 倍多；在产品占存货百分比高于同业平均值 1 倍。蓝田股份的在产品占存货百分比和固定资产占资产百分比异常高于同业平均水平，蓝田股份的在产品和固定资产的数据是虚假的。也有人分析认为，蓝田股份主营业务收入 18.4 亿元，而应收账款仅 857 万元，显然不合常理。

二、蓝田资金链条的断裂

事情缘起于中央财经大学刘姝威的一份内参称，蓝田股份已经完全成为一个空壳，没有任何创造现金流量的能力，完全依靠银行贷款维持运转。据有关人士分析，其时蓝田占用银行贷款已达 20 亿元。

按照瞿兆玉在与刘姝威交涉时的表述，涉及银行至少包括工商银行、农业银行、建设银行、民生银行、中国银行、浦东发展银行等 6 家。业内人士评论，蓝田巨额贷款的相当一部分已经到期或逾期，已注定将被当做坏账处理，其余部分也已无力偿还。

有业内人士认为，蓝田股份的资金链一直都绷得很紧。除了首发募集的2.1亿余元资金外，从1999~2001年连续3年申请配股都被中国证监会否决。没有从资本市场拿到钱，又要维持会计报表的高增长、高成长性，以及旗帜形象，只有仰仗银行贷款。

洪湖当地一家银行信贷部负责人称，蓝田自迁到洪湖后，就一直在向多家银行申请贷款，但这并未能改善蓝田的现金流。

据刘姝威的分析，到2000年年末，蓝田股份的资金速动比率仅为0.35，这就意味着，扣除存货后，蓝田股份的流动资产只能偿还35%的到期流动负债。

与此同时，蓝田的固定资产急剧增加，公司1996年年报中，固定资产才6.2亿多元，到2001年年报，这一数字竟增至21.5亿多元。增长速度几乎与"经营活动产生的现金流量净额"增长同步，也就是说，蓝田将绝大部分"经营活动产生的现金流量净额"转变为固定资产。

分析人士认为，对于蓝田而言，在报表中做大固定资产在意料之中，"农业类企业的固定资产历来难以核清，你不可能知道它在湖泊打了多少漂"。

三、刘姝威如何解读蓝田的

经过研究，刘姝威发现，蓝田有一个奇怪的财务组合。无论是按渔业还是食品饮料业，蓝田股份的应收账款回收期明显低于同业平均水平，公司水产品收入异常高于渔业同行业平均水平，而短期偿债能力在两个行业中的同业企业中又都是最低的。从蓝田的资产结构来看，从1997年开始，其资产拼命往上涨，与之相对应的流动资产却逐年下降，这说明其整个资产规模是由固定资产来带动的，公司在产品占存货百分比和固定资产占资产百分比异常高于同业平均水平。刘姝威说，这些对银行来说，并不是一个好现象。根据分析，她研究推理：蓝田股份的偿债能力越来越恶化；扣除各项成本和费用后，蓝田股份没有净收入来源；蓝田股份不能创造足够的现金流量以便维持正常经营活动和保证按时偿还银行贷款的本金和利息；银行应该立即停止对蓝田股份发放贷款。

对蓝田股份得出这种结论，刘姝威说自己并没有用过于复杂的分析方法，无非就是那些常用的20多个财务指标。

当瞿兆玉在电话中质问她，为什么得出结论应立即停止对蓝田的贷款时，刘姝威回答说："将我使用的这些财务分析方法，交给我们学校的大学本科生，根本不用交给研究生，然后再将蓝田股份和蓝田总公司所有公开的数据资料交给学生，这些学生得出的结论必然就是这个。这种方法不是我独创的，不是什么高深的东西，是国际通用的基本的 ABC 的分析方法，都是最基础的，连模型、预测都不用。"刘姝威向记者解释道，她所说的基本分析方法主要包括静态分析、趋势分析和同业比较。还包括一些财务比例，她只用了最基本的 20 个比例。比如流动比率、速动比率、现金负债比率等。

对蓝田这个案例的研究基本完成后，刘姝威觉得这不是一个小事，最起码应该提示一下银行。因与《金融内参》早年就有合作，她知道，内参发行范围非常窄，原来只有人民银行司局长以上的干部才能看到，她打算就有关问题撰文发给《金融内参》。考虑到内参的规定，文章字数不能超过 1 000 字，刘姝威就写了一篇题为《应立即停止对蓝田股份发放贷款》的 600 字短文。内容主要涉及：蓝田股份已经成为一个空壳，已经没有任何创造现金流量的能力，也没有收入来源……蓝田股份完全依靠银行的贷款维持运转，而且用拆西墙补东墙的办法，支付银行利息。只要银行减少对蓝田股份的贷款，蓝田股份会立即垮掉。为了避免遭受严重的坏账损失，建议银行尽快收回蓝田股份的贷款。刘姝威清楚地记得 2001 年 10 月 26 日，她将这篇 600 字的短文以传真方式交给了《金融内参》编辑。然后再也没过问此事，接着写她的书。

表 5 - 1　　　　　　　　　蓝田公司部分财务数据的趋势分析　　　　　　　单位：万元

年份 项目名称	1997	1998	1999	2000
主营业务收入	125 125	164 034	185143	184 091
经营活动产生的现金流量净额	13 491	30 023	69 128	78 583
固定资产合计	35 272	83 537	169 809	216 902
流动资产合计	59 205	64 673	48 613	43 311
应收账款	4 565	3 881	1 242	857
主营业务收入增长率（%）		31	13	-1
经营活动产生的现金净额增长率（%）		123	130	14
固定资产增长率（%）		137	103	28
应收账款增长率（%）		-15	-68	-31

表 5-2 **2000 年渔业部分财务指标的同业比较** 单位：万元

项　目	武昌鱼	洞庭水殖	中水渔业	蓝田股份	同业平均
货币资金	35 466	29 979	19 697	16 714	24 020
应收账款	18 007	3 691	17 144	2 891	8 387
存货	1 522	702	6 032	23 638	6 485
流动资产合计	55 837	36 639	39 001	43 311	49 028
固定资产合计	9 001	3 822	36 057	216 902	57 693
资产总计	87 810	48 247	109 438	283 765	120 007
负债总计	14 851	7 438	12 491	65 763	23 660
股东权益总计	20 060	40 523	52 553	217 842	8 536
主营业务收入	11 230	7 464	32 929	184 091	49 188
主营业务成本	5 552	2 931	24 399	120 587	32 030
净利润	6 836	2 445	6 152	43 163	12 245
经营活动产生现金流量净额	-6 367	379	13 026	78 583	18 241
投资活动产生现金流量净额	-12 266	-4 247	-3 855	-7 153	-23 932
筹资活动产生现金流量净额	49 589	32 923	-4 038	-9 612	21 103
现金及现金等价物净增加额	30 957	29 054	5 133	-2 561	15 412

　　蓝田股份多名高管因涉嫌提供虚假财务信息被拘传，由此该公司成为我国证券市场上首个造假"屡犯"。以蓝田股份为核心的"大蓝田"非但套牢银行贷款十几亿元，而且二级市场上流通市值"蒸发"超过 25 亿元，商业银行和中小投资者成为蓝田案的最大受害者。

　　2002 年 3 月，公司实行特别处理，股票简称变更为"ST 生态"，2002 年 5 月，因连续 3 年亏损，暂停上市。

四、蓝田中的审计问题

　　为蓝田做审计的是沈阳华伦会计师事务所。针对蓝田虚报利润，事务所的人员回应道："蓝田资产不实的问题，当时我们也不清楚，我们提出要求做评估，并且按照评估的意见加以认定。至于虚报利润，我们并不是专家，鱼塘到底有多少鱼，到底能卖多少钱，我们只能借助专家的评估、预测。我们当时去的时候，也要求公司做评估。后来我们是在专家的评估判断后才签的字。""事情很显然，蓝田造假之所以到现在才被查出来，是公司造假隐蔽，还是其他原因，并不能像想象的那样，让会计师一进去，就可以把所有问题都发现。如果公司从头都作假的话，发现是很难的。对于我们，本身认定不了的东西，我们找专家了，也找评估机构了。除此之外，我们还能做些什么？华伦出了这个事，是中国大环境的问题，今天要不是我们赶上了，也许不一定谁赶上呢？"

蓝田审计反映出农业企业审计中存在的难点？鲜活存货如何盘点，固定资产（如鱼塘）价值如何确定。

实际上如果注册会计师重视使用分析性复核的方法，便不难发现蓝田报表中奇怪的财务组合，如果没有胜任能力没有把握确定资产的价值，最好不要承接该业务。

第三节　琼民源案例

"琼民源"一案的处理，在我国会计史上有着重要的影响。我国第一个具体会计准则《关联方关系及其交易的披露》就源于对该案例的教训。

一、"琼民源"事件的主要经过

"琼民源"公司，1988年7月在海口注册成立。1992年9月，在全国证券交易自动报价（STAQ）系统中募集法人股3 000万股，实收股本3 000万元。1993年4月30日，以琼民源A股的名义在深圳上市，成为当时在深圳上市的5家异地企业之一。上市后的第二年，"琼民源"公司便开始走下坡路，经营业绩不佳，其股票无人问津。在1995年公布的年报中，"琼民源"每股收益不足1厘，年报公布日（1996年4月30日）其股价仅为3.65元。从1996年7月1日起，"琼民源"的股价以4.45元起步，在短短几个月内股价已蹿升至20元，翻了数倍。在被某些无形之手悉心把玩之后，"琼民源"成了创造1996年中国股市神话中的一匹"大黑马"。

经过一番精心包装之后，1997年1月22日，琼民源公司率先公布1996年年报。年报赫然显示："琼民源"1996年每股收益0.867元，净利润比上年同比增长1 290.68倍，分配方案为每10股转送9.8股。年报一公布，"琼民源"股价便赫然飙升至 26.18 元。股市掀起了一阵不小的波动，有人为买入"琼民源"股票而欢呼，有人为错失良机而顿足，还有些人则报以疑惑——短短一年内有如此骄人的业绩，琼民源的利润从何而来？为了消除股民的疑惑，坚定投资者的信心，"琼民源"公司两次登报声明，进一步说明琼民源公司年报的正确性。而对"琼民源"年报进行审计的海南中华会计师事务所也公开站出来，在媒介上表示报表的真实性不容置疑。

公司和事务所的"声明"使股市得到暂时的平静。然而，经过 1997 年 2 月 28 日罕见的、巨大的成交量之后，证交所突然宣布："琼民源"公司于 3 月 1 日起停牌。时至今日，"琼民源"仍未复牌，成为至今为止中国股市停牌时间最长者之一。

被"琼民源"股票牢牢套住的众多中小投资者经过一年多的等待，终于在 1998 年 4 月 29 日等来了中国证监会对"琼民源"一案的处理决定。中国证监会对琼民源公司、会计师事务所以及相关机构作出了行政处罚。1998 年 11 月 12 日，北京市第一中级人民法院也对此案作出了一审判决，追究直接责任人的刑事责任。

二、"琼民源"公司造假的手段

琼民源 1996 年度显示净利润 48 529 万元，比 1995 年的 38 万元增加近 1 290 倍，每股收益高达 0.867 元（1995 年度为 0.0009 元），成为当年证券市场的一匹黑马。但该公司 1996 年年度报告中，全年主营业务收入仅为 39 万元，而其他业务利润高达 44 118 万元，投资收益 3 015 万元，营业外收入 10 131 万元。公司年度报告的解释如下：

1. 其他业务利润 44 118 万元，为本公司向香港冠联置业有限公司和北京开源机械设备公司转让部分民源大厦房地产开发权利，收入分别为 19 528 万元和 27 000 万元。

2. 投资收益 3 015 万元，主要是本公司投资沙河卫星城取得投资回报 3 000 万元。

3. 营业外收入 10 131 万元，主要是本公司对外转让北京民源大厦西塔楼商场经营权的收入 5 000 万元和北京民源大厦合作方对公司的开发建设支付的额外报酬 5 100 万元。

首先，巨额利润令人疑惑。现将"琼民源"公司 1995 年业绩与 1996 年业绩对比如下：

表 5 – 3　　　　　　　　　　　　　琼民源业绩对比表

指　标	1995 年	1996 年	1996 年与 1995 年的差异
利润总额	67 万元	57 093 万元	848.41 倍
净利润	38 万元	48 529 万元	1 290.68 倍
每股收益	0.0009 元	0.87 元	962.33 倍
资本公积	44 617 万元	110 351 万元	65 734 万元

从中可见，公司 1996 年利润总额和净利润分别较 1995 年增长 848 倍和 1 290 倍。而对这种超常增长，公司解释为"公司投资北京的战略决策获得巨大成功，开启和培育了公司获得高收益的新利润增长点，使公司今后稳健、持续获得利润有了可靠保证"。这种含糊其辞的解释实在难以让人信服。实际情况是，在 1996 年利润总额 5.7 亿元中有 5.4 亿元是虚构出来的，是"琼民源"公司在未取得土地使用权的情况下，通过与关联企业（香港冠联置业）及其他公司签订的未经国家有关部门批准的合作建房、权益转让等无效合同编造的。

其次，巨额资本公积令人疑惑。公司新增加的 6.57 亿元的资本公积是从何而来的呢？年报在资本公积这一栏是这样写的："资本公积金增加的原因可参阅对本期数与上期数比较超过 30% 的解释。"然而在第 11 项"对本期数与上期数比较变化"的解释中，却只字不提资本公积金。在东窗事发后，有关部门经过调查发现，所谓的增加 6.57 亿元资本公积是"琼民源"在未取得土地使用权，未经国家有关部门批准立项和确认的情况下，对 4 个投资项目的资产进行评估而产生的。这 6.57 亿元资本公积显然是虚增的。

那么，"琼民源"为什么要这么做呢？不用说，是巨大的金钱利益在背后作祟。经查实，"琼民源"的控股股东民源海南公司与深圳有色金属财务公司联手，先大量买进"琼民源"股票，再以虚构的利润来抛出"利好消息"使股价大幅上升，然后伺机大量抛出，牟取暴利。在这次操纵股市的违法行为中，两家公司分别非法获利 6 651 万元和 6 630 万元。

三、审计问题

尽管"琼民源"的有关人员在这一案件中难逃其责任，而作为对"琼民源"年报进行审计的海南中华会计师事务所和出具资产评估报告的海南大正会计师事务所同样负有不可推卸的责任。因为，面对"琼民源"1996 年年报中利润和资本公积如此大幅度的增加，具有审计专业知识的注册会计师自然应该引起足够的重视，保持应有的职业谨慎。但事实是，注册会计师不但没有这样做，相反，在众多投资者对资本公积、盈余公积、未分配利润等项目提出疑问的情况下，海南中华会计师事务所还站出来为"琼民源"公司辩护，声称"报表的真实性不容置疑"。可见，"琼民源"案会造成如此严重后果，很大程度上与注册会计师的失职及某种意义上的推波助澜有关。

按照独立审计准则的规定，对财务报表进行审计时，除了采用一般的检查、盘点、函证等取证方法外，还应遵循最常用的分析性复核程序。所谓分析性复核程序，是指通过对被审计单位会计报表重要项目的各种数据比较分析，来检查报表项目中有否反常现象。如果一旦出现异常变动情况，注册会计师就必须追踪审核，并掌握异常变动的根本原因及其证据。这是年报审计工作的基本常识。如果"琼民源"案中的注册会计师能够按照独立审计准则的这些要求，对有异常变动的"资本公积"、"未分配利润"等项目进行实质性测试，并取得能够说明异常变动原因的可靠证据，或者说认真检查资本公积增加的相关会计记录和原始凭证，审核对资产评估是否经有关部门批准，估价方法是否合规，然后再发表有关声明，就不会出现上述后果。

或许注册会计师会为自己开脱辩称，由于成本效益原则，注册会计师不可能对每一个项目都进行实质性测试。但我们说，这个理由是不成立的。因为《独立审计具体准则第5号——审计证据》第12条写道："注册会计师获取证据时，可以考虑成本效益原则，但对于重要审计项目，不应将审计成本的高低或获取审计证据的难易程度作为减少必要审计程序的理由。"因此，我们认为在"琼民源"一案中，注册会计师负有不可推御的责任。证监会和中注协对相关的注册会计师事务所和个人均做出了严厉的处罚，证明了他们在工作中确实存在严重的过失与错误。

第四节　猴王公司案例

一、公司简介

ST猴王股份有限公司（以下简称猴王公司）是由原猴王焊接公司改组，吸收境内法人和内部职工参股定向募集的股份有限公司，于1992年11月18日正式成立，经营范围是：主营焊接材料、焊接设备、机械电器设备生产及销售等，兼营房地产开发、汽车运输、广告设计和制作。公司于1993年9月获得证监会批准向社会公开发行人民币普通股3 000万股，并于1993年10月在深圳证券交易所挂牌交易，是原国家机械部定点生产焊接材料和焊接设备的大型骨干企业。

发行后猴王公司总股本达到 11 246 万股，除去成立公司时募集的 8 246 万股，实际发行的普通股为 3 000 万股，发行价为 3.8 元，共从股市募集资金 1.12 亿元。上市之初，猴王公司股份是以"绩优股"的形象出现在证券市场上的，是有名的"凤凰"。发行当年，年末税后利润为 4 892 万元，比上年增长 482.88%。可在此后的 7 年当中，它的业绩却每况愈下。

从 1993 ~ 1997 年间，宜昌市国有资产管理局是猴王公司的大股东，猴王集团实际控制猴王公司，并大量占用、拖欠股份公司资金，虚构股份公司利润。即便如此，1997 年 4 月，宜昌市国有资产管理局仍以授权经营国家股的名义向猴王集团签发《关于持有经营猴王有限公司国家股的批复》，使猴王集团正式取得股份公司国家股股权。至此，猴王集团才出现在猴王大股东名单上。

猴王公司的衰败调查显示，截至 2000 年年底，资产总额才 3.7 亿元的猴王集团贷款本息已经高达 14.18 亿元。猴王集团利用与上市公司的"三不分"，通过合伙炒股、资产套现、往来挂账、借款担保乃至直接盗用上市公司名义向银行借款等手段，累计从猴王公司手中套走约 10 亿元巨资。

2001 年 2 月 27 日，原公司第一大股东猴王集团公司突然宣告破产，使得猴王股份 11 亿元的债权化为乌有。3 月 1 日，猴王发布董事会公告，称由于猴王集团的破产，使得公司对其高达 5.9 亿元的债权已存在严重的不确定性风险，直接导致了公司的财务状况异常。3 月 7 日，证监会对猴王股份实施特别处理，股票简称由"猴王 A"改为"＊ST 猴王"。

2002 年上海国策实业有限公司对猴王公司进行重组。2005 年 9 月 21 日 ST 猴王收到深交所的通知，决定其股票自 9 月 21 日起终止上市。

二、猴王公司的造假手段

大量事实表明，长期以来的不规范运作、触目惊心的弄虚作假是导致猴王股份公司毁灭的根本原因。猴王股份公司的账本完全是按照筹资需要来"做"的，主要就是利用关联交易虚构利润，其方式主要有：

1. 以收取租赁费的方式虚构利润。公司 1999 年将 11 个子公司租给猴王集团经营，租赁期为 2 年，按拥有其子公司净资产的 6% 计算，猴王股份公司向猴王集团收取租赁费 869 万元。事实上，猴王股份公司没有一块属于自己的资产，其所有权一直属于猴王集团。猴王股份公司向猴王集团收购的 11 个子公司，全是用垃圾资产冲抵应收账款、套取上市公司现金的一种手段，其圈钱行为不言而喻。

2. 利用资金占用费收取利润。1997 年根据猴王股份公司与猴王集团签订的协议，双方以其各自每月平均占用对方资金数的 12.5‰互相收取资金占用费。1998 年为 12‰，1999 年为 6.67‰，至此，猴王股份公司以挂账方式收取资金占用费总额近 2 亿元。

3. 利用收取土地使用费、房屋租金虚构利润。猴王股份公司把价值不过 3 500 万元的两处房屋以高达 2 000 万元的年租金租给猴王集团。1998 年 0.13 元的每股收益中有 0.12 元是靠"出租"得来的。从账面上看，这些买卖着实让上市公司占尽便宜，但这些都是挂在账上的触目惊心的"白条"。2000 年 6 月 15 日 ST 猴王公布的一份报告显示，ST 猴王对集团的应收款至少有 8.9 亿元，担保至少 3 亿元，其中对集团关联交易就有挂账 4.5 亿元，现在看来，这些挂账相当部分用做虚增利润。连当地政府有关部门也明白，猴王股份公司多年来的业绩，几乎都是做账做出来的。

三、猴王公司的审计情况

猴王 1997 年度、1998 年度、1999 年度报表审计由深圳同人会计师事务所承接（2000 年度该所已辞去该职，1997 年度以前可能也是该所做的），深圳同人 1997 年度出具标准的无保留意见审计报告，1998 年度、1999 年度出具了带解释段的无保留意见审计报告。以下是 1998 年度、1999 年度审计报告解释段的内容：

表 5 – 4　　　　　　　　　　　　　1999 年度审计报告

猴王股份有限公司全体股东：
（范围段、意见段略）
同时，我们注意到：
1. 如附注七.5、七.6 所述，1999 年度贵公司与猴王集团公司在经营租赁、资金有偿占用、房屋土地租赁方面仍存在较多的关联交易并继续保持较大的关联往来余额。1999 年度关联交易金额为 41 479 131.64 元，关联往来余额（应收应付相抵计算后）为 560 913 547.19 元；其中 216 261 503.54 元为贵公司代猴王集团公司所借款项。另外，如附注七.7 所述，截至 1999 年 12 月 31 日，贵公司为猴王集团公司的借款 186 992 000.00 元提供担保。
2. 如附注十所述，贵公司在 1992 年定向募集设立及 1993 年上市改组过程中因压缩股本调整股本结构等而错计、漏计负债 121 132 241.35 元，多计资本公积 31 126 000.00 元，多计未分配利润 1 130 473.89 元，并在 1999 年度进行了会计差错更正。我们认为，上述会计差错的形成已历时较长，1999 年度贵公司在清查基础上以定向募集资金实际到位情况、股本的实际构成等事实为依据进行更正并已采用追溯调整法调整了期初留存收益及相关项目的期初数和利润及利润分配表的上年对比数。

深圳同人会计师事务所　中国注册会计师 ×××
中国注册会计师 ×××
2000 年 4 月 2 日

表 5 – 5　　　　　　　　　　　　**1998 年度审计报告**

猴王股份有限公司全体股东：

（范围段、意见段略）

同时，我们注意到：

1. 如附注七．（5）、七．（6）所述，1998 年贵公司与猴王集团公司在公司经营租赁、资金有偿占用、房屋土地租赁方面仍存在较多的关联交易并继续保持较大的关联往来余额。其中，贵公司将猴王焊接公司重庆电焊条厂等 11 家子公司从 1998 年 1 月 1 日起租赁给猴王集团公司经营并向其收取 16 410 000.00 元的租赁费，是依据贵公司 1998 年 12 月 28 日临时股东大会通过的贵公司与猴王集团公司于 1998 年 3 月 20 日签订的《租赁合同》，按 1997 年 12 月 31 日贵公司拥有该 11 家子公司净资产的 9% 计收的。

2. 如附注十一所述，根据宜昌市财政局宜市财预发〔1999〕146 号文，贵公司共获得财政补贴 5 000 000.00 元。该款实际于 1999 年 4 月 28 日收妥，并已作为补贴收入计入 1998 年度损益。

　　　　　深圳同人会计师事务所　　中国注册会计师 × × ×

　　　　　　　　　　　　　　　　中国注册会计师 × × ×

　　　　　　　　　　　　　　　　1999 年 × 月 × 日

　　深圳同人事务所出具解释段的目的是为了强调"某一事项"，1999 年度是"关联交易"及"会计差错更正"，1998 年度是"关联交易"及"财政补贴"，应该说，从形式上看，这两份审计报告措辞是恰当的，但是从实质上审查这两份报告及 1997 年度的标准无保留意见的审计报告，我们会发现，这 3 份审计报告都未能对已审年度报表发表恰当的审计意见。

　　猴王 1997～1999 年年报严重不实，虚构利润和资产，该事务所没有披露相关问题，存在严重的职业过失：

　　1. 向猴王集团计收租赁费：1999 年年报称，"根据本公司与猴王集团公司 1998 年 3 月 20 日签订的租赁合同，从 1998 年 1 月 1 日起，本公司将 11 家子公司即猴王焊接公司重庆电焊条厂、猴王焊接公司芜湖电焊条厂、上海猴王不锈钢焊接材料厂、猴王焊接公司上海焊接材料厂、猴王焊接公司上海恒大特种焊条厂、猴王焊接公司绵阳电焊条厂、猴王焊接公司昆明电焊条厂、猴王焊接公司石家庄电焊条厂、猴王焊接公司武汉洪山电焊条厂、猴王焊接公司哈尔滨电焊条厂及猴王集团长春特种焊条厂租赁给猴王集团公司经营，租赁期暂定为两年，鉴于 1999 年焊材市场疲软，该 11 家子公司经营状况不佳，双方重新签订协议，1999 年租赁费按 1998 年 12 月 31 日本公司拥有该 11 家子公司净资产的 6% 计算（1998 年为 9%）。1999 年度本公司向猴王集团公司计收租赁费 8 693 850.71 元。"而事实是 2000 年 8 月进行的 ST 猴王与猴王集团的"三分开"以及近来猴王集团破产资产的去向清楚地表明：直至 2000 年中期，ST 猴王一直没有一块明确属于自己的资产。从宜昌市工商局注册分局了解到，ST 猴王的资产是 1999 年市政府下文后才划到股份公司名下的，此前所有权一直属于猴王集团。前后花费股份公司 4 亿元、历时 3 年向猴王集团收购的 11 家焊材厂和 3 家焊条厂的 "并购" 不过是用一堆 "垃圾资产" 冲抵巨额应收账款、套取上市公司巨额现金的 "空手道"。即便如此，这些企业事实上根本就没有过户到股份公司名下。如此运作以后，"收购" 来的这部分资产转手又租给猴王集团经营，继续为 ST 猴王的虚假利润做贡献。这种租赁收入会计师是不能给予确认的。

2. 向猴王集团计收土地使用权、房屋租金：1997 年度及 1998 年度，猴王股份把自己的原值不过 3 500 万元的两处房屋以高达 2 000 万元的年租金租给集团。这个租赁价格显然是异常的，会计师不能予以确认。

3. 向猴王集团计收资金占用费：1997 年，根据猴王公司与猴王集团公司签订的协议，双方以其各自每月平均占用对方资金的数额按 12.5‰的月利率相互计收资金占用费，1998 年为 12‰，1999 年为 6.67‰，折合年利率分别为 15%、14.4%、8%。从这里面，我们很容易得出一个结论：猴王 A 利用资金占用费操纵利润，1997 年度、1998 年度为了要保配股、发 B 股，直至 1999 年中报有 2 300 多万元的利润，而到了 1999 年年报亏损每股 0.22 元，这样的资金占用费利率根本就不正常，也不能确认。

由此可见，深圳同人事务所在猴王 A 的 1997～1999 年审计中对关联交易的审计未尽会计师应有的职业关注，根据《独立审计具体准则第 16 号——关联方及其交易》第 15 条规定：在检查某一重大关联方交易时，注册会计师应当考虑追加以下审计程序：（1）询证关联方交易的条件及金额；（2）检查关联方拥有的相关证据；（3）向相关中介机构询证或与其讨论关联方交易的相关重要信息；（4）就重大应收款项及担保获取关联方偿债能力的信息。从已有证据分析，猴王 A 根本未取得 11 家子公司即猴王焊接公司重庆电焊条厂、猴王焊接公司芜湖电焊条厂、上海猴王不锈钢焊接材料厂、猴王焊接公司上海焊接材料厂、猴王焊接公司上海恒大特种焊条厂、猴王焊接公司绵阳电焊条厂、猴王焊接公司昆明电焊条厂、猴王焊接公司石家庄电焊条厂、猴王焊接公司武汉洪山电焊条厂、猴王焊接公司哈尔滨电焊条厂及猴王集团长春特种焊条厂的股权，至少相关手续是不完备的，但深圳同人事务所对此未作出说明。此外，这 11 家子公司投资总额205 397 678.39 元，占其长期投资的 58.26%：一块 2 亿多元的资产由于被猴王集团所租赁，就没有并入猴王 A 合并报表，直接以 "外地 11 家子公司租赁收益" 进入 "投资收益"，而不管这 11 家子公司实际经营收益如何，这根本不符合会计原则，作为拥有控股权甚至是全资的外地 11 家子公司，其长期投资余额要随着被投资企业净资产的减少而相应减少。事实上，这外地 11 家子公司资产质量也是严重不良，直到猴王集团破产，猴王 A 不但没有想要回猴王集团所欠的钱，反而决定向集团转让猴王有色焊接材料厂等 7 子公司的股权，定价为 381 万元。据董事会秘书介绍，这 7 家公司实际净资产为负数，转让给集团只是为减轻包袱。

该所担任 ST 猴王审计工作的注册会计师表示，在剥离及随后的资产变动中均没有介入，对方也没有要求，但近两年对其出具的有说明段的审计报告已表明，ST 猴王问题严重，资产质量及产权关系的确存在很多问题。这说明，注册会计师是知道猴王资产质量及产权关系的确存在很多问题，但是他并没有在审计报告中披露这一事实，近两年的说明段只是强调了关联交易以及财政补贴等事项，并没有涉及资产质量及产权关系问题，近三年的审计报告没有就猴王 A 会计造假作出任何说明，反而认定猴王 A 年报"在所有重大方面公允地反映了财务状况及年度经营成果和现金流动情况，会计处理方法的选用遵循了一贯性原则"，这样的审计报告已构成虚假审计报告，该所应该就上述关联交易、长期投资出具否定意见的审计报告，至少是保留意见。

第五节 格林柯尔——科龙案例分析

一、科龙、格林柯尔和顾雏军

科龙集团总部位于中国广东省佛山市顺德区，1984 年开始生产冰箱，是中国最早生产冰箱的企业之一。继 1996 年发行 H 股并在香港挂牌上市后，1999 年科龙又成功在深圳发行 A 股，同年更被"世界经济论坛组织"推举为 1999 年全球新兴市场 100 家最佳企业之一；2001 年被《财富》杂志评选为中国上市公司百强企业。

1988 年 9 月，曾在天津大学热能研究所从事科研工作的顾雏军发明了格林柯尔制冷剂，1989 年，顾雏军在英国创办了顾氏热能技术（英国）有限公司；1992 年，在加拿大成立了格林柯尔股份有限公司。1995 年 12 月，顾回国发展，投资 5 000 万美元在天津建成亚洲最大非氟制冷剂生产基地。1997 年，顾雏军创办格林柯尔科技控股有限公司，并于 2000 年 7 月在香港创业板上市，筹得资金 7 000 万美元，顾通过其注册于 BVI 群岛的个人全资公司 GreencoolCapitalLimited 持有格林柯尔控股 62.6% 的股份。

2001 年，顾雏军控股的顺德格林柯尔公司斥资 5.6 亿元，收购了时为中国冰箱产业四巨头之一的广东科龙电器 20.6% 的股权。2003 年 5 月，顺德格林柯尔又以 2.07 亿元收购了当时国内另一冰箱产业巨头美菱电器 20.03% 的股权，2003 年 12 月，新设立的扬州格林柯尔创业投资有限公司斥资 4.18 亿元，收购亚星客车 60.67% 的股权。2004 年 4 月，收购势头势如破竹的格林柯尔利用扬州格林柯尔创业投资有限公司，以 1.01 亿元的价格收购了 ST 襄轴。

至此，顾雏军已拥有 4 家 A 股公司和 1 家香港创业板公司，格林柯尔系成形。

2005 年 8 月 2 日，科龙电器发布公告称，因涉嫌经济犯罪，公司董事长顾雏军、执行董事兼副总裁严友松、财务督察姜宝军、财务资源部副总监晏果茹、财务资源部副部长刘科等 5 人日前被公安部门立案侦查并采取刑事强制措施。同日，证监会有关部门负责人表示，经查明，自 2002 年以来，科龙电器法定代表人、董事长顾雏军等人在科龙电器采取了虚增收入、少计费用等多种手段，虚增利润，导致科龙电器所披露的财务报告与事实严重不符；此外，证监会对在调查中发现的顾雏军等人及其实际控制的格林柯尔系有关公司涉嫌侵占科龙电器利益及其他违法犯罪行为的情况及线索，已移交公安机关和相关部门处理。

2005 年 9 月 27 日，科龙电器公告称，青岛海信空调有限公司受让广东格林柯尔持有的公司 26 221 万股（占总股份的 26.43%）境内法人股，双方已于 9 月 9 日签署《股份转让协议书》。此后，美菱被长虹接手、亚星和襄轴也最终重归当地政府。2007 年 5 月 18 日，格林柯尔科技控股有限公司（8056.HK）正式在香港退市。

二、财经界对顾雏军的质疑

首先是对顾雏军资本运作的质疑。2004 年 8 月，香港中文大学教授郎咸平"炮轰"顾雏军，《在"国退民进"盛宴中狂欢的格林柯尔》一文对顾雏军进行质疑，郎咸平将顾雏军在资本市场上的举动归纳为"安营扎寨、乘虚而入、反客为主、投桃报李、洗个大澡、相貌迎人、借鸡生蛋"等七种手段，由此引发了中国经济学界的国企产权改革大讨论。

其次是对顾雏军财务造假的质疑。2003 年 4 月 1 日，科龙公布了 2002 年报，实现净利润 2 亿元，从连续巨亏两年到盈利 2 亿元。科龙新掌门人顾雏军对媒体说其意义甚为重大：其一，显示格林柯尔入主科龙一年后，科龙发生的革命性变化；其二，显示科龙的低成本战略在竞争中占据明显优势。可是美中不足的是，这份漂亮的扭亏年报被会计师出具了保留意见，但由于涉及金额只有 1 亿元，即使是调减后，也还有 1 个亿的净利润，所以，顾雏军同意调账，媒体戏称（科龙）利润 24 小时下调 50%，调减后科龙 2002 年净利润只剩下 1 亿元。顾称，对于 ST 科龙来说，1 个亿的利润还是 2 个亿的利润意义都差不多，因为公司 2002 年的目标就是扭亏为盈，脱掉 ST 的帽子。并称，公司在 2002 年有约 1 亿元的经营利润，在这一点上，公司与审计师并不存在什么分歧。

科龙 2001 年中报实现收入 27.9 亿元，净利润 1 975 万元；可是到了年报，实现收入 47.2 亿元，净亏 15.56 亿元，科龙 2001 年下半年会出现近 16 亿元亏损。导致科龙 2001 年年报出现巨额亏损的主要原因之一是科龙新管理层在 2001 年年报净补提减值准备 6.35 亿元（主要是坏账准备 2.04 亿元、存货跌价准备 1.26 亿元、长期投资减值准备 0.71 亿元）；到了 2002 年，科龙转销坏账准备 0.55 亿元、存货跌价准备 2.21 亿元（已扣除保留意见涉及 0.25 亿元）、长期投资减值准备 0.74 亿元，上述转回减值对 2002 年利润影响数是 3.5 亿元，也就是说，如果没有减值转回，科龙 2002 年将出现 2.5 亿元的亏损（扣除账面利润 1 亿元）。

表 5 - 6 　　　　　　　　　计提及转回的减值准备　　　　　　　　单位：万元

项　　目	2002 年	2001 年	转　销
坏账准备（应收账款）	14 501	19 082	5 475
存货跌价准备	11 173	32 398	22 104
长期投资减值准备	7 120	14 533	7 413
合　计	32 794	66 013	34 992

2002 年应收账款余额比 2001 年要多出 1.1 亿元，但计提的坏账准备却比 2001 年少 0.5 亿元，这些应收账款账龄都不长于 3 年，为什么 2001 年要提高达 46.35% 的坏账比例？当然科龙可能会争辩称账龄结构发生改变等因素导致。但是有一点要注意的是，2002 年应收票据挂账 5.14 亿元的商业承兑票据，而这个数据在 2001 年年末只有 1.7 亿元，由于应收票据不提坏账准备，如果也按 2002 年 26.92% 计提坏账准备，则科龙当期利润又会减少 0.9 亿元。

再看存货跌价准备。存货跌价比率也从 2001 年的 20.9% 降到 8.87%，当然科龙可能会争辩，2001 年计提较多的跌价损失，那是因为旧货太多，可是从 2002 年损益表上看，科龙主业毛利率并没有因为清理旧货而下降，反而上升了 4.8 个百分点。

科龙在 2001 年时，年报被会计师出了拒绝意见，其中理由之一是一笔 1.6 亿元的广告预提费用不能得到会计师确认，尽管当时科龙管理层信誓旦旦称这笔费用是客观存在的，但在 2002 年年报中，科龙还是对此作了重大会计差错更正，称多提了广告费 7 968 万元。而到了 2002 年年报，又反过来了，请看相关的两个科目余额：

表 5 - 7   预提费用和预计负债   单位：万元

项　目	2002 年	2001 年	增　减
预提费用	21 108	38 973	- 17 865
预计负债	10 503	15 736	- 5 233
合　计	31 611	54 709	- 23 098

这两个科目余额减少与减值准备冲回性质是相似的，由于预提费用、预计负债减少 2.3 亿元，直接影响 2002 年年报利润 2.3 亿元，也就是说，如果这两个科目余额保持不变，则科龙又要新增加 2.3 亿元亏损。那么这两个科目用来核算什么呢？预提费用主要是用来预提安装费、利息费、委外加工费、商业折让、预提广告费、预提运输费、预提仓储费。2002 年预提费用比 2001 年减少 1.78 亿元主要原因是预提广告费大幅度减少，由 2001 年的 1.77 亿元（2001 年拒绝意见提到的 1.6 亿元已追溯调整 0.8 亿元，有 0.8 亿元包括在 1.77 亿元内）降到 2002 年的 0.35 亿元。

综合考虑以上因素，科龙 2002 年实际利润应为 - 5.7 亿元，当然，这还是保守估计。因为在 2001 年年报编制时，怀疑科龙还在收入、费用截止上做文章，如推迟确认收入、提前确认费用等，顾雏军就 2002 年半年报接受记者采访时称，（上半年）1.12 亿元的利润不是太多，而是太少。2002 年上半年就实现净利润 1.12 亿元，全年只有 1 亿元。如此推理，科龙下半年岂不是亏损？实际上，在 2001 年、2002 年半年报及年报反复无常背后是科龙业绩已完全受到管理层操控。

三、德勤的审计问题

德勤事务所为科龙电器 2002 年、2003 年、2004 年年报审计服务，调查发现德勤事务所在对科龙电器审计的过程中存在如下问题：

1. 对存货及主营业务成本执行的审计程序不充分、不适当。

经查，德勤事务所对科龙电器各期存货及主营业务成本进行审计时直接按照科龙电器期末存货盘点数量和各期平均单位成本确定存货期末余额，并倒轧得出科龙电器各期主营业务成本，不执行其他有效的审计程序以测试科龙电器产成品发出计价及主营业务成本结转的正确与否。例如，不核对账面产成品收、发、存数量与仓库产成品收、发、存数量等；对存货盘点的抽样方法是按照存货余额除以重要性水平（按科龙电器未审税后利润的约 10% 确定）乘以相关系数约 0.25 得出抽盘样本量，不进行抽查样本量金额占存货余额比率的统计分析。上述确认存货和主营业务成本的审计方法只有在对产成品进行有效测试并充分抽盘的情况下才是有效的，德勤事务所在未对产成品进行有效测试和充分抽盘的情况下，通过上述审计程序对存货和主营业务成本进行审计并予以确认，其审计方法不当、审计程序不充分。

2. 在存货抽盘过程中缺乏必要的职业谨慎，确定的抽盘范围不适当，执行的审计程序不充分。

经查，德勤事务所在 2002～2004 年的年报审计过程中实施抽盘程序时，未能确定充分有效的抽盘范围，导致其未能发现科龙电器通过压库方式确认虚假销售收入的问题。实际上，科龙电器在 2002～2004 年年底账面上虚构出货记录。上述存货仍然封存在仓库中，只是将账面数量结存为零。在 2002～2004 年的 12 月期间，上述年底结存数量为零的仓库中有大量入库和出库的记录，德勤事务所应对这些结存数量为零的仓库引起关注，并对这些仓库进行抽盘，但德勤事务所没有对这些仓库抽盘，而只是根据科龙电器提供的盘点差异表中出库未开票清单实施了函证、抽查出库单、送货单等审计程序后作调增科龙电器收入的调整分录，其审计程序不充分。

3. 在对应收账款及主营业务收入审计过程中执行的程序不充分，函证方法不当。

经查，德勤事务所在 2002～2003 年审计时将科龙电器出库未开票存货作审计调整确认主营业务收入分别为 31 641 万元和 27 382 万元，其中 2002 年调增广州分公司（空调和冰箱）收入 14 525 万元，2002 年调增四川分公司（空调和冰箱）收入 2 888 万元，2003 年调增广州分公司（空调和冰箱）收入 12 157 万元。2004 年将除科龙电器对合肥维希、武汉长荣的存货发出以外的出库未开票的存货作审计调整确认为当期主营业务收入 26 006 万元，其中调增广州分公司（空调和冰箱）收入 10 599 万元。德勤事务所对科龙电器 2004 年度审计时，对维希公司、长荣公司确认的收入 5.76 亿元出具了保留意见。

在德勤事务所对科龙电器广州分公司 2003 年、2004 年审计工作底稿中，应收账款发出询证函复印件中截止日期为 2003 年 10 月 31 日，且询证函均未回函；2004 年底稿中发出的应收账款询证函均未回函，且对出库未开票存货的询证函也均未回函。审计人员执行的替代程序主要为抽查公司内部凭证及广州安泰达物流有限公司相关单据（注：科龙电器仓储管理由广州安泰达物流有限公司负责，科龙电器持广州安泰达物流有限公司股份 20%）。另外，德勤事务所对应收账款发函的金额为公司账款金额，不含将出库未开票存货审计调整为当期收入相应调增的应收账款金额。德勤事务所执行的函证程序及在客户函证均未回的情况下执行的替代程序无法有效证实广州分公司年底应收账款余额的真实性，也无法有效证明将出库未开票存货审计调整确认收入的正确性。

在德勤事务所对科龙电器四川省分公司 2002 年审计工作底稿中，应收账款询证函截止日期为 2002 年 11 月 30 日，德勤事务所发函的金额为公司账簿金额，不含将出库未开票存货审计调整当期收入相应调增的应收账款金额，无法有效证实四川分公司年底出库未开票存货审计调整确认收入的正确性及年底应收账款余额的真实性。德勤事务所对科龙电器 2003 年度审计时，就存货已出库未开票项目向江门市时尚空调贸易有限公司、顺德市创佳电器有限公司、三联家电配送中心有限公司和顺德市长实家电有限公司等 4 家客户所发的询证函中，客户仅对询证函的首页盖章确认，但该首页没有对后附明细列表进行金额或数量的综述，而且询证函的首页和后附明细列表没有通过页码索引或科龙电器骑缝章进行标识为同一份完整的询证函。尽管上述 4 家客户有回函，但回函上所盖的章并不对后附明细列表进行确认，调查人员也无法核实该类询证函是否由德勤事务所直接接收，询证函的回函结果不能满足发函的目的。此外，向三联家电配送中心有限公司和山东新星购销总部（集团）两家客户发询证函时，客户并没有将回函直接传真或邮寄给德勤事务所收，而是由科龙电器负责该项目工作的人员王亚敏收后转交德勤事务所。

2002～2004 年，德勤事务所每年审计 10 家科龙电器分公司，2002 年审计了江苏、北京、浙江、上海、广西、河北、贵州、四川、吉林共 9 家分公司，2003 年审计了内蒙古、山西、广东、新疆、江西、陕西、河南、湖南、湖北、甘肃共 10 家分公司，2004 年审计了广东、福建、安徽、浙江、山东、黑龙江、辽宁、天津、重庆、云南共 10 家分公司；各年 11 月份左右德勤事务所对科龙电器及分公司进行预审，年终再继续进行年审。各年德勤事务所对出库未开票存货审计时会涉及所有分公司，进行账龄分析时会涉及所有分公司，德勤事务所不对各年未到现场审计的分公司执行其他必要审计程序。德勤事务所在未对各年未进行现场审计的分公司进行有效核查的情况下，无法有效确认其主营业务收入实现的真实性及应收账款等资产的真实性。

综上所述，德勤事务所对应收账款及主营业务收入执行的审计程序不充分、不适当，对出库未开票存货确认为当期主营业务收入执行的审计程序不充分、不适当，无法有效证明出库未开票存货风险及报酬的转移，审计调整确认出库未开票存货为当期主营业务收入依据不足。另外，2003 年度及 2004 年度，科龙电器存在异常销售退回，在这种情况下，德勤事务所更应充分关注各期确认为销售收入的出库未开票存货的真实销售情况及是否存在期后虚假销售退回情况，并需取得充分适当的审计证据，但德勤事务所未针对销售退回情况并结合各期确认的出库未开票存货销售收入执行充分有效的审计程序。

4. 德勤事务所未就科龙电器 2003 年度确认对合肥维希的销售收入 30 484 万元事项对其出具的 2003 年度审计报告进行更正或相关处理。另外，其 2004 年度审计报告中保留意见金额错误。

2003 年度经德勤事务所审计的科龙电器确认对合肥维希的销售收入 30 484 万元（其中科龙电器审计前确认 18 384 万元，审计调整确认 12 100 万元），2003 年度德勤事务所对科龙电器出具无保留意见审计报告。2004 年度审计时德勤事务所就科龙电器确认的对合肥维希、武汉长荣销售收入 57 600 万元出具了保留意见，但德勤事务所未就上述 2003 年度科龙电器确认的销售收入 30 484 万元对其出具的 2003 年度审计报告进行更正或相关处理。

科龙电器 2004 年对合肥维希和武汉长荣收入为 45 500 万元，而德勤事务所对科龙电器 2004 年年报出具保留意见的金额为 5.76 亿元，两者相差 12 100 万元。德勤事务所出具的保留意见金额错误。

5. 德勤事务所对科龙电器内部票据贴现未能适当关注，未发现科龙电器 2003 年现金流量表重大差错问题。

德勤事务所未适当关注科龙电器将产品在其销售子公司之间互相买卖，并以此贸易背景开具银行承兑票据和商业承兑票据到有关银行贴现，获取大量现金，其实质属于对银行借款性负债。对科龙电器 2003 年存在重大差错现金流量汇总表，德勤事务所出具了无保留的审计意见。

德勤事务所的上述行为违反了《股票发行与交易管理暂行条例》（以下简称《股票条例》）第三十五条，成了《股票条例》第七十三条所述的行为，同时涉嫌违反了《证券法》第一百六十一条的规定，构成《证券法》第二百零二条和《刑法》第一百六十一条所述的行为。

四、四大的诚信危机

2005 年 5 月 10 日，科龙公告称公司已被证监会立案调查。迫于证监会立案调查压力，德勤终于作出回应：继 2004 年年报审计意见对科龙 5.7 亿元收入确认质疑之后，2005 年 5 月 12 日，科龙公告称德勤辞聘，科龙在公告里称：据本公司向德勤了解，德勤在其保留意见中提到若干审计范围限制，原因是德勤对审计范围限制及有关交易的会计记录表示不满意。科龙表示：本公司并不同意德勤对本公司会计管理方面的意见，本公司将保留所有相关的法律权利。德勤炒掉格林柯尔，无疑是"落井下石"，格林柯尔很受伤。德勤在炒掉科龙的同时，也炒掉了格林柯尔。目前对科龙的怀疑：一是财务造假，包括虚构收入、虚减成本；二是掏空上市公司，包括挪用资金、违规担保等。而对格林柯尔的怀疑是他从头到尾都是假的。现在德勤不干了，但并没有撤回以前年度审计意见，也没有要求格林柯尔对财报重述。如果格林柯尔以前年度被证实有重大错报事实，德勤仍然难逃干系；就是撤回以前年度审计意见，如果错误已犯下，也无药可救。

可以说，德勤在格林柯尔的表现并不光彩。对格林柯尔业绩质疑 4 年前就有了，在格林柯尔未能澄清《财经》等媒体指控其涉嫌银广夏式欺诈质疑时，德勤从普华永道手中接过这个烫手山芋，自然是商业利益驱使。为了商业利益，德勤无视格林柯尔存在种种违背常识现象，也任凭科龙大玩会计魔术，除了科龙 2004 年年报因证监机构监管因素而被动出具消极意见外，4 年来一直为以上两家公司出具正面意见，为格林柯尔洗"脸"，使顾雏军免除监狱之灾，还协助他连续取得了 4 家国内上市公司控股权，而且还当选央视 2003 年度经济人物，成为 2004 年度大陆最有资本控制力的人物。这一切，德勤都难逃干系。没有德勤，格林柯尔也许就没有今天；格林柯尔成也德勤，败也德勤，现在格林柯尔四面告急，德勤眼看形势不妙，赶快溜之大吉。在格林柯尔身上，我们看到德勤典型的商人影子形象。

第六节　达尔曼财务舞弊案例

一、案例简介

2004 年 12 月 30 日，"ST 达尔曼"（600788）股价跌破 1 元，以 0.96 元收于跌停板位，创出中国 A 股市场成立以来股价的最低纪录。2004 年 12 月 31 日，"ST 达尔曼"以 0.91 元收盘。2005 年 3 月 25 日，ST 达尔曼成为中国第一个因无法披露定期报告而遭退市的上市公司。从上市到退市，在长达 8 年的时间里，达尔曼极尽造假之能事，通过一系列精心策划的系统性舞弊手段，制造出具有欺骗性的发展轨迹，从股市和银行骗取资金高达 30 多亿元，给投资者和债权人造成严重损失。

　　西安达尔曼实业股份有限公司于 1993 年以定向募集方式设立，主要从事珠宝、玉器的加工和销售。1996 年 12 月，公司在上交所挂牌上市，并于 1998 年、2001 年两次配股，在股市募集资金共计 7.17 亿元。西安翠宝首饰集团公司一直是达尔曼第一大股东，翠宝集团名为集体企业，实际上完全由许宗林一手控制。

　　从公司报表数据看：1997～2003 年间，达尔曼销售收入合计 18 亿元，净利润合计 4.12 亿元，资产总额比上市时增长 5 倍，达到 22 亿元，净资产增长 4 倍，达到 12 亿元。在 2003 年之前，公司各项财务数据呈现均衡增长。然而，2003 年公司首次出现净利润亏损，主营业务收入由 2002 年的 3.16 亿元下降到 2.14 亿元，亏损达 1.4 亿元，每股收益为 –0.49 元；同时，公司的重大违规担保事项浮出水面，涉及 3.45 亿元人民币、133.5 万美元；还有重大质押事项，涉及人民币 5.18 亿元。

　　2004 年 5 月 10 日，达尔曼被上交所实行特别处理，变更为"ST 达尔曼"，同时证监会对公司涉嫌虚假陈述行为立案调查。2004 年 9 月，公司公告显示，截至 2004 年 6 月 30 日，公司总资产锐减为 13 亿元，净资产 –3.46 亿元，仅半年时间亏损高达 14 亿元，不仅抵消了上市以来大部分业绩，而且濒临退市破产。此后，达尔曼股价一路狂跌，2004 年 12 月 30 日跌破 1 元面值。2005 年 3 月 25 日，达尔曼被终止上市。

　　2005 年 5 月 17 日，证监会公布了对达尔曼及相关人员的行政处罚决定书（证监罚字〔2005〕10 号），指控达尔曼虚构销售收入、虚增利润，通过虚签建设施工合同和设备采购合同、虚假付款、虚增工程设备价款等方式虚增在建工程，重大信息（主要涉及公司对外担保、重大资产的抵押和质押、重大诉讼等事项）未披露或未及时披露。同时，证监会还处罚了担任达尔曼审计工作的 3 名注册会计师，理由是注册会计师在对货币资金、存货项目的审计过程中，未能充分勤勉尽责，未能揭示 4.27 亿元大额定期存单质押情况和未能识别 1.06 亿元虚假钻石毛坯。

　　调查表明，达尔曼从上市到退市，在长达 8 年之久的时间里都是靠造假过日子的。这场造假圈钱骗局的"导演"就是公司原董事长许宗林。经查明，1996～2004 年间，许宗林等人以支付货款、虚构工程项目和对外投资等多种手段，将十几亿元的上市公司资金腾挪转移，其中有将近 6 亿元的资金被转移至国外隐匿。监守自盗了大量公司资产后，许宗林携妻儿等移民加拿大。到 2004 年年初公司显现败落时，许以出国探亲和治病为借口出国到加拿大，从此一去不回。2004 年 12 月 1 日，西安市人民检察院认定，许宗林涉嫌职务侵占罪和挪用资金

171

罪，应依法逮捕。2005 年 2 月，证监会对许宗林开出"罚单"：给予警告和罚款 30 万元，并对其实施永久性市场禁入的处罚。但直到今天，达尔曼退市了，许宗林依然在国外逍遥。

二、达尔曼造假的主要手法

达尔曼虚假陈述、欺诈发行、银行骗贷、转移资金等行为是一系列有计划、有组织的系统性财务舞弊和证券违法行为。在上市的 8 年时间里，达尔曼不断变换造假手法，持续地编造公司经营业绩和生产记录。

1. 虚增销售收入，虚构公司经营业绩和生产记录

达尔曼所有的采购、生产、销售基本上都是在一种虚拟的状态下进行的，是不折不扣的"皇帝的新装"。每年，公司都会制订一些所谓的经营计划，然后组织有关部门和一些核心人员根据"指标"，按照生产、销售的各个环节，制作虚假的原料入库单、生产进度报表和销售合同等，为了做得天衣无缝，对相关销售发票、增值税发票的税款也照章缴纳，还因此被评为当地的先进纳税户。

公司在不同年度虚构销售和业绩的具体手法也不断变化：1997~2000 年度主要通过与大股东翠宝集团及下属子公司之间的关联交易虚构业绩，2000 年仅向翠宝集团的关联销售就占到了当年销售总额的 42.4%。2001 年，由于关联交易受阻，公司开始向其他公司借用账户，通过自有资金的转入转出，假作租金或其他收入及相关费用，虚构经营业绩。2002~2003 年，公司开始利用自行设立的大批"壳公司"进行"自我交易"，达到虚增业绩的目的。年报显示，这两年公司前五名销售商大多是来自深圳的新增交易客户，而且基本都采用赊销挂账的方式，使得达尔曼的赊销比例由 2000 年的 24% 上升到 2003 年的 55%。经查明，这些公司均是许宗林设立的"壳公司"，通过这种手法两年共虚构销售收入 4.06 亿元，占这两年全部销售收入的 70% 以上，虚增利润 1.52 亿元。

2. 虚假采购、虚增存货

虚假采购，一方面是为了配合公司虚构业绩需要，另一方面是为达到转移资金的目的。达尔曼虚假采购主要是通过关联公司和形式上无关联的"壳公司"来实现的。从年报可以看出，公司对大股东翠宝集团的原材料采购在 1997~2001 年呈现递增趋势，至 2001 年占到了全年购货额的 26%。2002 年年报显示，公司当年期末存货增加了 8 641 万元，增幅达 86.15%，系年末从西安达福工贸有限

公司购进估价 1.06 亿元的钻石毛坯所致，该笔采购数额巨大且未取得购货发票。后经查明，该批存货实际上是从"壳公司"购入的非常低廉的锆石。注册会计师也因未能识别该批虚假存货而受到处罚。从 2001 年公司开始披露的应付账款前五名的供货商名单可以看出，公司的采购过于集中，而且呈加剧状态。到 2003 年，前五位供货商的应付账款占到全部应付账款的 91%。

3. 虚构往来，虚增在建工程、固定资产和对外投资

为了伪造公司盈利假象，公司销售收入大大高于销售成本与费用，对这部分差额，除了虚构往来外，公司大量采用虚增在建工程和固定资产、伪造对外投资等手法来转出资金，使公司造假现金得以循环使用。此外，还通过这种手段掩盖公司资金真实流向，将上市公司资金转匿到个人账户，占为己有。据统计，从上市以来达尔曼共有大约 15 个主要投资项目，支出总金额约 10.6 亿元。然而无论是 1997 年的"扩建珠宝首饰加工生产线"项目，还是 2003 年的"珠宝一条街"项目，大多都被许宗林用来作为转移资金的手段。2002 年年报中的"在建工程附表"显示，公司有很多已开工两年以上的项目以进口设备未到或未安装为借口挂账；而 2003 年年报的审计意见中更是点明"珠宝一条街"、"都江堰钻石加工中心"、"蓝田林木种苗"等许多项目在投入巨额资金后未见到实物形态，而公司也无法给出合理的解释。证监会的处罚决定指控达尔曼 2003 年年报虚增在建工程约 2.16 亿元。

4. 伪造与公司业绩相关的资金流，并大量融资

为了使公司虚构业绩看起来更真实，达尔曼配合虚构业务，伪造相应的资金流，从形式上看，公司的购销业务都有资金流转轨迹和银行单据。为此，达尔曼设立大量"壳公司"，并通过大量融资来支持造假所需资金。在虚假业绩支撑下，达尔曼得以在 1998 年、2001 年两次配股融资。同时达尔曼利用上市公司信用，为"壳公司"贷款提供担保，通过"壳公司"从银行大量融资作为收入注入上市公司，再通过支出成本的方式将部分转出，伪造与业绩相关的资金收付款痕迹。

三、达尔曼造假特点分析

1. 造假过程和手法系统严密，属"一条龙"造假工程，具有较强隐蔽性

达尔曼高薪聘请专家，对造假行为进行全程精心策划和严密伪装，形成造假工程"一条龙"。比起银广夏和东方电子，达尔曼的造假更具系统性和欺骗性，

173

公司的虚假业绩规划有明确的流程，并有配套的货币资金流转规划，编制了充分的原始资料和单据，并且按照账面收入真实缴纳税款。为了融资、资金周转和购销交易，许宗林等人设立了大量关联公司或"壳公司"。据透露，与达尔曼发生业务往来的关联方，基本都是由许宗林控制的账户公司、"影子"公司，这类公司大致分为以托普森、海尔森为代表的"森"字系和以达福工贸等为代表的"达"字系，总数达30多个。这些公司的法人表面上看起来与达尔曼没有任何关系，但仔细一查都是许宗林身边的人，可能是某个司机或资料室的工作人员，许宗林只需揣着这些公司印鉴，在需要的时候就可以轻松完成他的"数字游戏"了。通过精心策划，达尔曼的资金往往在不同公司多个账户进行倒账，以掩盖真相，加上相关的协议、单据和银行记录等都完整齐备，因此从形式上很难发现其造假行为。

此外，为了掩盖造假行为，达尔曼还将造假过程分解到不同部门和多家"壳公司"，每个部门只负责造假流程的一部分。这样，除个别关键人员外，其他人不能掌握全部情况，无法了解资金真实去向。在后期，许宗林逐步变更关键岗位负责人，将参与公司造假及资金转移的关键人员送往国外，进一步转移造假证据。在上市期间，达尔曼还频繁更换负责外部审计的会计师事务所，8年期间更换了3次，每家事务所的审计都不超过2年。

2. 以"圈钱"为目的，并通过复杂的"洗钱"交易谋取私利

达尔曼上市具有明显的"圈钱"目的。公司从证券市场和银行融入大量资金，并未用于投资项目、扩大生产，而是为了个人控制、使用。陕西某证券分析师在接受记者采访时说："许宗林从一开始，就是要造一个泡沫。他从来没有任何扎实的实业。"许宗林以采购各种设备和投资为名，将总数高达四五亿元的巨额资金，通过设立的"影子"公司完成"洗钱"，并转往国外。

3. 银行介入造假过程，起到一定程度的"配合"作用

分析近几年一些重大财务舞弊案，如欧洲帕玛拉特、台湾博达、烟台东方电子等财务造假案，都有银行等金融机构的影子，银行协助企业安排复杂的融资交易、转移资金，甚至虚构存款等。在达尔曼案例中，虽然没有证据表明银行直接参与造假，但在长达8年的时间里，对于达尔曼大量贷款、违规担保、未及时披露担保信息、转移资金等情况，如果银行能够更尽职、谨慎一些，达尔曼很难持续、大规模地这样造假。一个明显的例子，作为上市公司的达尔曼，在年度报告里每年要详细披露银行贷款、存单质押、对外担保状况，对于达尔曼大量未披露的质押和担保，作为银行应该是很容易发现的。

4. 造假成本巨大，社会后果严重

为了使造假活动达到"以假乱真"的效果，达尔曼不但对虚假收入全额纳税，而且还多次对虚假收益实施分配，同时支付巨额利息维持资金运转，使造假过程形成了一个巨大的资金黑洞。据粗略测算，达尔曼几年来用于作假的成本，包括利息、税款等达数亿元。正是由于造假资金成本过大，导致资金在循环过程中不断消耗，最后难以为继。为此，除股市融资外，达尔曼还通过不断增加银行借款维持公司繁荣假象，造成贷款规模剧增，债务危机日趋严重。在被立案稽查前，达尔曼直接、间接银行债务已高达 23 亿元，大量贷款逾期，资金链断裂，银行争相讨债，最终财务风险爆发，给投资者和债权人造成了巨大损失。

四、审计问题探讨

证监会同时对审计师提出两项指控：一是指控审计师未能揭示 4.27 亿元大额定期存单质押情况，理由是中国人民银行《单位定期存单质押贷款管理规定》第二条规定，"单位定期存单只能为质押贷款的目的而开立和使用。"而相关审计人员在对 4.27 亿元定期存单审计时，未进一步实施必要审计程序，以揭示达尔曼以 4.27 亿元定期存单质押为其他单位贷款提供担保的重大事项。可事实上，单位存单并非只为质押而开立。二是指控未能识别 1.06 亿元虚假钻石毛坯，理由是 2002 年 12 月，达尔曼从其关联单位西安达福工贸有限公司一次购入 1.06 亿元虚假钻石毛坯，数额巨大且未取得购货发票。审计师在对达尔曼该存货审计过程中，虽然实施了存货盘点等相关的审计程序，但未能保持应有的职业谨慎。

事实上审计师也发现了可疑事项，特地在会计附表附注里加以说明，但没有进一步核实或排除舞弊迹象。此案给审计师的启示有三：一是要高度关注未取得发票的存货，未取得发票存货背后是虚增存货，发票仍是存货验明正身的关键性证据之一，因为取得发票成本很高，如果没有发票，造假成本就大大降低。二是虚增在建工程仍是非常流行的一个手法，审计师要高度关注在建工程的真实性审计，这与蓝田公司造假有相似之处，表现为投入不断增加，建设周期非常长，所取得经济效益不明显，如果一家公司投资于一些过度竞争的行业或投资一些概念性行业，规模与当前生产规模不相适应，这样的在建工程往往有问题，特别是当在建工程的真实性难以核实时，在建工程造假可能性就大大增加。三是要高度关注定期存单审计，证监会指控达尔曼审计师未能勤勉尽责第一个事实就是未能揭

示达尔曼以 4.27 亿元定期存单质押为其他单位贷款提供担保的重大事项，尽管证监会引用《单位定期存单质押贷款管理规定》第二条规定"单位定期存单只能为质押贷款的目的而开立和使用"有让人误以为单位定期存单只为质押开立之嫌，而事实上有相当部分定期存单是为质押而开立，审计师在审计时应做到：索取企业定期存单原件（若只提供复印件，则有可能已质押）；对于定期存款的审计，要足够重视，控制风险，特别注意以下几个方面：

1. 取得定期存单原件，不能用复印件代替。因为可能存在一些定期存单相关交易，在复印件上是难以发现的。

（1）定期存单的存款期限跨越审计基准日。被审计单位先将定期存单复印留底，然后在定期存单到期之前，提前取现，用套取的货币资金虚增收入或挪用以及从事其他违规业务。

（2）定期存单作为质押物，作质押贷款。将定期存单复印留底，用质押贷款所得货币资金虚增收入或挪用以及从事其他违规业务。

（3）定期存单背书转让。将定期存单复印留底，用转让所得货币资金虚增收入或挪用以及从事其他违规业务。

2. 要根据专业判断，对定期存单进行函证或抽样函证。函证必须由审计人员亲自管理。根据对被审计单位内部控制的判断，决定抽样的比例，如果在进行抽样函证时，出现差异，必须查找原因并全部函证。

3. 要关注定期存单的转存。将存单的会计期间内转存过程与银行存款日记账进行核对，以确认所有的转存已全部入账。对于没有入账的转存业务，要关注其利息是否已经入账。难以逐笔核对的，要进行测算，发现不可接受的差异，要追查原因，还要根据业务约定提出管理建议。

五、系统性财务舞弊的识别

达尔曼的系统性财务舞弊，具有很强的隐蔽性和欺骗性，例如达尔曼大量采用提供担保、由"壳公司"进行融资的做法，负债没有反映在表内，衡量偿债能力的流动比率和资产负债率指标并未见明显异常。但是仍然有蛛丝马迹可寻。

1. 从盈利能力指标看。进行财务舞弊的公司出于虚构利润需要，财务报表上通常会显示不寻常的高盈利能力，如蓝田股份、银广夏的毛利率大大高于同行业的公司。达尔曼 1996～2002 年的平均主营业务毛利率高达 45%，平均主营业务净利率达 38%，对于这种持续的畸高利润率，报表使用者应当予以高度警惕。

2. 从现金指标看。现金流量信息一直被认为比利润更可靠、更真实，投资

者比较关注的是经营活动净现金流量，但对现金流也造假的公司，这一招就失灵了，达尔曼伪造了与经营业务相对应的现金流，并通过"壳公司"大量融资，使得达尔曼的现金流量看起来非常充足，对报表使用者造成误导。对造假公司来说，为了维持造假资金循环，会采用各种办法将资金转出去或虚列账面现金，因此，投资者除关注经营活动现金流量外，还应当关注其他现金指标的合理性。

首先，要警惕经营活动净现金流量大额为正，同时伴随大额为负的投资活动净现金流量。例如蓝田股份 2000 年经营活动净现金流量为 8 亿元，同期的投资活动净现金流量为 −7 亿元，达尔曼的经营活动净现金流量绝大多数年度都是正数，但其投资活动净现金流量持续为负。

其次，要分析公司货币资金余额的合理性。例如帕玛拉特、台湾博达在舞弊案爆发前账面虚列大量现金，事后查明这些现金都是虚构的或被限制用途。从达尔曼的合并报表看，公司 2001 年以前的货币资金余额一直在 2 亿元左右，2001 年及以后的货币资金余额都超过 6.5 亿元，而公司的平均年主营业务收入约为 2.5 亿元，现金存量规模明显超过业务所需周转资金。另一方面公司账面有大量现金，却又向银行高额举债，银行借款规模逐年增长，2002 年和 2003 年的期末银行借款分别达到 5.7 亿元和 6.7 亿元，银行短期贷款利率远高于定期存款利率，逻辑上不合理。公司后来的自查表明，2003 年年末达尔曼银行存款有 6.3 亿元是被质押的存单，仅西安达福工贸有限公司就有 3.2 亿元借款是用达尔曼存单进行质押的，而从公司历年年报看，达尔曼与达福工贸除了购销关系外，形式上没有其他任何关联。从 2002 年会计报表附注来看，注册会计师当时也发现了银行存款中有 4.9 亿元定期存单的事实，但却没有怀疑其合理性并实施进一步审计程序，这也是证监会处罚注册会计师的主要理由之一。

3. 从营业周转指标来看。虚构业绩的公司，往往存在虚构往来和存货的现象，在连续造假时，公司应收款项相应地持续膨胀，导致周转速度显著降低。达尔曼的应收账款周转率和存货周转率从 1999 年开始大幅下降，二者年周转率都已低于 2，意味着公司从货物购进到货款回笼需要一年以上时间，营运效率极低，这样的公司却能持续创造经营佳绩实在令人怀疑。

4. 从销售客户情况、销售集中度和关联交易来看。虚构业绩往往是通过与（实质上的）关联公司进行交易，这样公司的销售集中度会异常的高，例如银广夏当时 75% 以上的利润都是靠天津广夏贡献的，销售高度集中在天津广夏向一家德国公司的出口上。2001 年达尔曼对前五家客户的销售占了公司全部收入的 91.66%，仅前两家就占了 67%。此外，达尔曼的客户群在不同年度频繁变动，一般说来公司正常的经营需要保持稳定的客户群，这种无合理解释的客户群频繁变动则是一种危险信号。

5. 关注公司其他非财务性的警讯。投资者往往可以从以下一些方面发现公司舞弊的迹象和警讯：公司治理结构完善程度，董事和高管的背景、任职情况、更换情况，遭受监管机构谴责和处罚情况，诉讼和担保情况，财务主管和外部审计师是否频繁变更等。达尔曼的公司治理结构形同虚设，存在严重的内部人控制，许宗林在达尔曼唯我独尊，人员任免、项目决策、资金调动、对外担保等重要事项全由其一人控制、暗箱操作。2003 年年报显示，董事会对审计意见涉及的违规信息披露、大量担保、虚假投资等重大事项到 2003 年才第一次获知，并深感震惊。此外，公司财务主管和外部审计师频繁更换，证监会在 2001 年、2002 年对达尔曼的毛利率畸高、关联交易、信息披露等问题多次提出质疑并要求整改，这些都是公司可能存在重大舞弊的警讯。

第七节　大庆联谊股票造假案例

一、基本案情

大庆联谊石化股份有限公司的前身为大庆联谊石油化工厂，始建于 1985 年 7 月，为申报上市，1996 年开始筹划用其部分下属企业组建大庆联谊股份公司，1996 年下半年，大庆市体改委向省体改委请示成立联谊公司，将请示时间倒签为 1993 年 9 月 20 日，黑龙江省体改委 1997 年 3 月 20 日批复同意，将批复时间倒签为 1993 年 10 月 8 日，1997 年 1 月，大庆市工商局向大庆联谊公司颁发营业执照，将颁发时间倒签为 1993 年 12 月 20 日。主承销商申银万国证券公司隐瞒真实情况，向中国证监会报送了含有虚报信息的文件，1997 年 3 月，黑龙江证券登记有限公司向中国证监会提供了虚假股权托管证明和虚拟法人股金资本公积金的报告；为通过有关部门的审核，大庆公司虚报 1994～1996 年企业利润 1.6176 亿元，并将大庆国税局的一张 400 余万元的缓交税款批准书涂改为 4 400 余万元，以满足中国证监会对其申报材料的要求。

哈尔滨会计师事务所在知情的情况下，由 D 和 Q 两位注册会计师为大庆联谊公司上市出具了内容虚假的审计意见书。

大庆联谊股票骗取上市资格后，于 1997 年 5 月 23 日在上海证券交易所上市交易。在 1997 年年报中，大庆联谊内部销售业务产生的尚未实现的利润在合并会计报表时未抵销，虚增利润 798.13 万元；加工产品增量未销售部分利润计入当年损益，虚增利润 796.88 万元；为大庆联谊提供劳务的应付未付费用未计入当年损益，虚增利润 1 058.60 万元；大庆联谊的费用未计入当年损益，虚增利润 54.26 万元，1997 年年报虚增利润共计 2 848.89 万元（1997 年年报利润总额为 10 424.02 万元）。同时，大庆联谊在招股说明书中承诺将募集资金投入四个项目，在 1997 年年报中也称："公司四个募股资金项目投入情况良好"，实际上，募集资金未按招股说明披露的投向使用，其中有 25 700 万元转入母公司大庆联谊石化总厂用做流动资金，5 000 万元违规拆借给承销商申银万国证券公司，6 000 万元投入证券市场，其余资金投资于其他项目，为其提供年审的哈尔滨会计师事务所的两位注册会计师出具了无保留意见的审计报告。

大庆联谊股票上市后，在价位公开、明知获利的情况下，大庆联谊有关领导和经办人向中央、国家机关、黑龙江省及大庆市有关部门个别干部大肆外送股票和溢价款，同时利用外送股票溢价款之机，联谊公司领导及有关经办人员大肆进行贪污、受贿、侵占和行贿。1988 年 4 月，中国证监会接到群众举报，反映该公司将大量内部职工股票外送，以及公司有关领导贪污、行贿、受贿等问题，这一情况得到了中央领导同志的关注，中央纪委、最高人民检察院、审计署和中国证监会随即组成联合调查组对大庆联谊违法违纪问题进行立案调查。经查实，中央、国家机关、黑龙江省有关部门和大庆市共有 76 个部门和单位的 179 人违反规定自己购买或帮助他人购买大庆联谊职工股票共计 94.15 万股，股票溢价款总额达 1 094 万余元。目前，国家有关部门已对涉案的责任单位和个人做出了应有的惩处，其中，中国证监会对提供审计的哈尔滨会计师事务所处罚如下：对哈尔滨会计师事务所处以警告、没收非法所得 65 万元，并罚款 6 万元；撤销 D 和 Q 两位注册会计师的证券业务资格；对在 1997 年审计报告上签字的注册会计师 F 处以警告并罚款 3 万元。

二、审计问题分析

1. 所审会计报表不公允

该公司为达到上市目的，1997 年年报虚增利润 2 828.89 万元。根据重要性原则要求，该利润虚假的严重程度由"是否影响有理智的会计报表使用者的判断和决策"来决定。事实证明，1997 年 6 月 25 日在公司股票上市交易后第 32 天，股价由原来的 9.87 元/股狂升到 35.83 元/股，这表明社会公众对大庆联谊经过审计的会计报表深信不疑。审计人员没有揭露大庆联谊在会计报表中所出现的占利润总额 27.1% 的重大错报，给投资者带来的影响是深刻的，甚至是决定性的。

按照国际惯例，错漏报金额超过税前净利的 5% ~ 10% 就算严重。因此，除非串通和不可告人的共同利益目的，否则，审计人员可以出具否定意见的审计报告（错报金额很严重）。

2. 所审资料不合法，公司行为不合规

一是公司所提供的受审经济资料不合法。公司编造了虚假文件，将有关批复文件和股权托管证明时间提前，涂改缓交款批准书，这些都是不合法的。二是公司募集资金未按上市说明的投向使用。

3. 公司的公告多次存在疑点

公司在 1997 年 6 月 25 日向社会公告当前股价 35.83 元，市盈率 38 倍，提醒股民要注意投资风险。这显然令人怀疑。如果公司业绩良好，根本不用担心投资者会因此而遭受损失，这是公司对自己缺乏信心的表现。如果审计人员真想对社会公众负责的话，应该就公司对外披露的信息本着谨慎原则加以适当关注。此外，公司在招股说明书中对股利分配问题说得天花乱坠，结果后来的分配方案却接二连三地无法兑现。哈尔滨会计师事务所没有关注这些疑点，未尽到审计师责任。

三、注册会计师的法律责任分析

注册会计师的法律责任包括行政责任、民事责任、刑事责任。行政责任对注册会计师个人来说，包括警告、暂停执业、吊销注册会计师证书；对会计师事务所而言，包括警告、没收违法所得、罚款、暂停执业、撤销等。民事责任主要是指赔偿受害人损失。刑事责任主要是按有关法律程序判处一定的徒刑。在我国一些重要的经济法律、法规中，对会计师事务所及注册会计师的法律责任作了直接或间接的规定。比如：

《注册会计师法》第三十九条规定："会计师事务所违反本法第二十条、第二十一条规定的，由省级以上人民政府财政部门给予警告、没收违法所得，可以并处违法所得一倍以上五倍以下的罚款；情节严重的，并可由省级以上人民政府财政部门暂停其经营业务或者予以撤销。注册会计师违反本法第二十条、第二十一条规定的，由省级以上人民政府财政部门给予警告；情节严重的，可以由省级以上人民政府财政部门暂停其执行业务或者吊销注册会计师证书。会计师事务所、注册会计师违反本法第二十条、第二十一条的规定，故意出具虚假的审计报

告、验资报告，构成犯罪的，依法追究刑事责任。"第四十二条规定："会计师事务所违反本法规定，给委托人、其他利害关系人造成损失的，应依法承担赔偿责任。"

《公司法》第二百一十九条规定："承担资产评估、验资或者验证的机构提供虚假证明文件的，没收违法所得，处以违法所得一倍以上五倍以下的罚款，并可由有关主管部门依法责令该机构停业，吊销直接责任人员的资格证书，构成犯罪的，依法追究刑事责任，承担资产评估、验资或者验证的机构因过失提供有重大遗漏报告的，责令改正，情节较重的，处以所得收入一倍以上三倍以下的罚款，并可由有关主管部门依法责令该机构停业，吊销直接责任人员的资格证书。"

《股票发行与交易管理暂行条例》第七十三条规定："会计师事务所、资产评估机构和律师事务所违反本条例规定，出具的文件有虚假、严重误导性内容或者重大遗漏的，根据不同情况，单处或者并处警告、没收非法所得并罚款，情节严重的，暂停其从事证券业务或者撤销其从事证券业务许可，对前款所列行为负有直接责任的注册会计师、专业评估人员和律师给予警告或者处以三万元以上三十万元以下的罚款；情节严重的，撤销其从事证券业务的资格。"

此外，《关于惩治违反公司法的犯罪的规定》、《刑法》及1999年7月1日起施行的《证券法》等均有具体条款的规定。

本案中会计师事务所及注册会计师的违规事实主要有两个方面：一是大庆联谊股票在发行上市时，哈尔滨会计师事务所及两位注册会计师在"知情"的情况下出具了虚假审计意见书，为大庆联谊的欺诈上市铺平了道路；二是哈尔滨会计师事务所两位注册会计师对大庆联谊1997年年报审计时，未能发现其虚增利润2 848.89万元以及挪用募集资金的违法事实，属重大过失。因此，中国证监会依据其违规事实及《股票发行与交易管理暂行条例》第七十三条规定，分别对哈尔滨会计师事务所及签字注册会计师追究行政责任，处以哈尔滨会计师事务所警告处分，没收非法所得并罚款，对三位签字注册会计师分别处以撤销证券业务资格以及警告并罚款的处罚。

本 章 小 结

　　分析中国上市公司舞弊案例会发现其具有鲜明的中国特色以及计划经济向市场经济转型的烙印。通过案例分析，找出问题，才能从实务和理论各方面去完善。

复习思考题

1. 中国上市公司主要的舞弊手段有哪些?

2. 请从网上找出近几年上市公司被出具非无保留意见的年报若干份阅读,分析注册会计师为何出具该种审计意见,以及你从审计报告中能看出该公司存在什么问题?

第六章

财务舞弊的治理对策

【本章要点】 虽然注册会计师的职责是查找舞弊，但是不能把公司舞弊的责任全部归于注册会计师，舞弊的治理是全方位的，包括公司治理方面、会计准则、审计准则的完善以及证券监管机构的努力。

【核心概念】 风险导向审计　动机　压力　监管　舞弊审计

第一节　中美财务舞弊之比较

进入 21 世纪以来，美国和中国先后爆发了震惊世人的数起财务舞弊案例，美国有安然、世界通信、美国在线时代华纳，中国有银广夏、蓝田等。

同样是财务造假，同样是流通股股东损失惨重，但造假的动机不同，造假的手段也有所差异。在这里对此作一比较，目的是为寻求治理中国上市公司造假的对策。

一、手段不同

二者造假的手段有所差别。因为美国资本市场中有较完善的中介服务机构，如一些财务分析师、信用评估师，他们经常对上市公司的业绩进行预测、分析，而他们在分析时并不关注一次性、偶然性的得失，而是关注于决定公司长远发展的主营业务，因此美国上市公司造假主要是包装主营业务收入，如美国在线把打官司赢的钱包装为广告收入；提前确认收入，如百时美施贵宝公司利用填塞分销渠道等提前确认收入；推迟确认成本费用，如世界通信把线路成本资本化处理；一次性的巨额冲销，如一次计提巨额的商誉减值准备，以减轻以后年度商誉摊销的压力［这种做法被美国前证券交易委员会主席列维特称为

"洗大澡（big bath）"]。

而我国上市公司造假的目的是为了达到配股线（10%），因此大部分造假是与关联方之间的"重组交易"，所谓利润不够、重组来凑，经常是在年底进行大规模的资产置换、债务重组等来粉饰报表。所幸的是 2001 年《企业会计准则》对于非货币性交易、债务重组等规定，限制了这些交易确认利润的随意性，因而缩小了上市公司在这方面造假的口子。但是上市公司资金被关联方占用、上市公司违规担保和委托理财依然是上市公司的"三大毒瘤"。

二、动机不同

从动机因素分析，二者造假的动机是不同的。据黄世忠编著的《会计数字游戏——美国十大财务舞弊案例剖析》分析，美国上市公司财务舞弊症结之一在于美国企业界实行的股票期权激励制度。把高管的报酬与股票价格挂钩，高管人员具有强烈的造假动机。

为了提高股价，高管人员绞尽脑汁迎合华尔街财务分析师的盈利预测，一旦该公司的收益达不到华尔街财务分析师的预测，他的股价就会重挫。因此，一些公司不惜实行价值毁灭式的兼并收购以扩大其规模提升其业绩。在 20 世纪末许多公司是通过兼并收购迅速崛起，如安然公司成立于 1985 年，到 2001 年破产前的资产总额达到 600 多亿美元，世界通信成立于 1983 年，到 2002 年破产之前资产总额高达 1 000 多亿美元。而实施兼并收购的通货是股票（为节省现金），因此股价的高低决定着公司兼并的成功与否。因此美国上市公司财务造假的思路是：为了达到华尔街的盈利预期—进行兼并收购—需要高股价维持—财务造假—达到华尔街盈利预期—股价升高—行使股票期权从中获利。

我国上市公司财务造假的动机主要是控股股东操纵的以股市圈钱为目的的造假行为。由于控股方拥有的股权不能流通，大股东不能直接从股价提高中得到好处（大股东和中小股东的利益取向大相径庭）。于是上市公司就沦为大股东的"提款机"。为了配股增发，上市公司连续三年净资产收益率不低于10%，为了保牌、摘掉 ST 的帽子等原因，大股东与上市公司之间通过关联方交易粉饰上市公司报表，待上市公司融到钱后，再拿真金白银来报答母公司，或者其资金长期被母公司占用，或是为大股东提供连带责任的担保，把财务风险转嫁给上市公司。因此中国上市公司造假的思路是：财务造假—取得融资资格—筹得资金—回报大股东。最终大股东赚得盆满钵满，而中小股东却血本无归。

三、制度不同

中、美的经济法律制度、金融环境的不同是造成二者造假动机不同的原因。

我国的资本市场建设、上市公司运作等诸多措施取经于美国，但是必须要看到我国的社会经济背景迥然不同于美国。我国于20世纪90年代由计划经济向市场经济改革，到现在为止，可以说依然处于改革初期。改革的对象主要是国有大中型企业，实行政企分开，建立现代公司制企业。而国有大中型企业在改制之前，许多企业患有资金缺乏症，资产负债率高、缺乏先进的管理水平等问题。于是国家鼓励这些企业实行股份制改造，从金融市场筹集资金，一边改革一边完善，金融市场也就应运而生。因此可以说我国股市从建立之初就具有这样一个特殊功能——为国企脱贫解困服务，而金融市场的建设也是边建设边完善，证券监管的质量也就可想而知了。对于某些发行上市的企业，有的企业并没有有价值的投资项目，从股市筹到资金却没有投资方向，于是就出现了改变募集资金的投向，把资金用于炒股、委托理财等。

另一方面，国有企业在改制时是整体改组为集团公司，剥离出部分资产组建成股份公司上市，这样的上市公司天生就有一个"娘家"——控股大股东，而且大股东拥有的股权是不能流通的国有股，在我国非流通股占到2/3，流通股仅占1/3。结果之一是，流通股相对于广大投资者是稀缺资源，因此上市公司只要拿到上市指标，没有发行不成功的，且发行价格偏高。二是造成股权分置，同股不同权，大股东控制董事会，小股东无发言权，致使中小股东利益无保障。

这与美国的股权结构是不同的。美国的股权是同股同权，但是其股东高度分散，造成所有者缺位，广大中小股东更多的是关注股票能否升值而不是公司的长远发展，造成"弱股东强管理层"的局面。

因此从制度因素分析，中国上市公司造假原因是同股不同权、股权分置造成的控股股东操纵的造假行为，而美国上市公司则是股权高度分散造成的高层管理人员为了自身利益（高报酬）而实施的造假。

不同的制度、不同的动机、不同的手段，也就需要不同的治理对策。

第二节 基于舞弊三角理论的会计监管方式研究

上海国家会计学院成立了一家民间机构——财务舞弊研究中心，该中心陆续发表数篇文章，并以排行榜的形式列出了"2005十大会计负面新闻"，"2005上市公司十大现金舞弊案","2005上市公司二十大掏空案","2005上市公司十大财务舞弊案"。这些报告真是让人触目惊心，并且该研究机构表示，目前我国上市公司的质量不是好转而是下降，造假数量不是减少而是增加了，甚至造假的手段比以前更加明目张胆，大有肆无忌惮发展的趋势。

这些给人们的不仅仅是震撼，更要让人深思。究竟是哪个环节出了问题，会计？审计？还是如美联储主席格林斯潘所说的"不是人类变得更加贪婪了，而是人类将贪婪付诸实施的途径更多了，……"

一、根据舞弊三角理论分析中美财务舞弊的原因

要想有效地治理舞弊，首先应该分析舞弊行为产生的原因。

关于舞弊理论有舞弊三角论、GONE 理论及风险因子论。而其中舞弊三角（Fraud Triangle）理论是最常用、最著名的理论。美国独立审计准则 SAS. 99 Consideration of Fraud in A Financial Statement Audit（财务报表审计中对舞弊的考虑）中的舞弊因素也是根据该理论提出的。它是由美国的 DR. Donald R. Cressey 在1953 年出版的 Other People's Money：A Study in The Social Psychology of Embezzlement（《别人的钱：贪污的社会心理学研究》）中提出的。

根据舞弊三角理论，所有舞弊行为都由三个要素构成：压力、机会、合理化辩解。压力要素是企业舞弊者的行为动机，包括经济压力、恶习、工作压力、其他压力。机会是使得企业内部人员有机会实施舞弊而又不被发现或逃避处罚的可能，主要包括缺少控制或控制存在缺陷，无法判断工作的质量，缺乏惩罚措施，信息不对称，能力不足和缺乏审计轨迹。感觉面临压力和有机可乘，第三项要素就是合理化，即舞弊者为自己的行为找的合理借口，常用的将舞弊行为合理化至可接受水平的理由有：这是企业欠我的；一旦我们渡过这一难关，我们马上会修正账簿的；总得牺牲点什么——要么是我的诚信，要么是我的名誉，等等。这三个要素之间存在着一个平衡关系——舞弊天平，当感觉压力和机会很大时，实施舞弊所需要的合理化借口就相对较少；反之，则需要更多的合理化借口。

用舞弊三角理论可以解释所有的公司财务舞弊，只是不同公司的压力、动机有所不同。中国与美国上市公司的舞弊三要素比较如下：

1. 压力不同

美国公司舞弊的压力主要是经营风险导致业绩下滑，为了迎合华尔街财务

分析师所作出的盈利预测。如美国在线财务舞弊的主要是包装广告收入，原因是网络公司纷纷破产倒闭导致在线广告业务量急剧下滑；安然公司、世界通信公司、百时美施贵宝公司由于扩张速度过快导致资金的匮乏；施乐公司的复印机在价格和性能上都无法与日本佳能、理光相竞争。我国上市公司与此不同，我国很多上市公司属于拆分、包装上市，有些上市公司甚至不具备上市资格（大庆联谊、东方锅炉）。上市后为了保住壳资源，防止被 ST 处理、退市及摘帽等原因。

2. 机会不同

中国和美国的管理层舞弊都是由内部控制无效引起的，但具体情况有所不同。美国资本市场股东高度分散，所有者缺位，造成"弱股东强管理层"的局面。董事会虽然下设审计委员会、薪酬委员会、提名委员会，独立董事的比例超过 50%，但这些董事基本听命于 CEO 或总裁。中国上市公司的特点是股权分置，2/3 的股权不流通，大股东控制了上市公司的董事会。所以我国上市公司的财务造假主要是与关联方（主要是大股东）之间自买自卖、委托理财来虚增利润同时向关联方提供违规担保。

表 6－1　　　　　　　　2005 上市公司二十大掏空排行榜（部分）　　　　　　单位：万元

	为关联方提供担保	关联方占用	净资产
*ST 托普	232 868	98 247	－ 39 904.79
ST 龙昌	41 000	65 821.33	54 397
ST 科健	175 982.65	11 621.98	－ 125 407.73
朝华集团	40 906.4	100 095	
*ST 嘉瑞	77 601	55 425.57	
方向光电	72 070.54	18 425.22	
实达集团	52 298.56	44 627.3	43 320.29
*ST 兰宝	33 644.37	35 848.81	

资料来源：《2005 年度上市公司二十大掏空排行榜》，中华财会网（www.e521.com），2006 年 1 月 18 日。

另外，我国舞弊行为的机会要素还有较为关键的一条，非控制因素中的未对舞弊者给予处罚。我们国家股市是政策市，"稳定压倒一切"、"发展中规范"的理念导致法律成为摆设，造假者得不到应有的处罚，使得原来还遮遮掩掩、蠢蠢欲动的公司可以肆无忌惮地造假下去。银广夏的结局就是典型的例子。

3. 合理化借口

虽然动机和机会有所不同，合理化借口却是大同小异。比如"如果这个公司倒闭了将会有很多人因此而失业"。如美国世界通信的 CFO Scott·Sullivan 在 2004 年 3 月的法庭辩论中为自己辩解说："我知道这些做法是错误的，我只是想帮助公司走出困境，而且我认为这些困难只是暂时的。"而政府、媒体给予的荣誉更是冠冕堂皇的借口之一。如安然曾连续四年荣膺"美国最具创新精神"称号，《纽约时报》称其为"美国新式工作场所的典范"；银广夏是党和国家领导人经常视察的公司，也是经常上《人民日报》的好企业；东方电子连续三年被中证·亚商评为 50 强第一名；蓝田股份是全国农业化龙头企业。

同时，舞弊三角理论指出三个要素都存在时就会发生舞弊行为，而只要消除其中任何一个要素就可制止舞弊行为。会计监管可以消除机会因素。因此，本书将从会计监管的角度来探讨治理财务舞弊的方法。

二、会计监管的含义

关于什么是会计监管并没有一个被普遍接受的概念。张俊民在《会计监管》中认为，会计监管是指通过会计检查、督促、控制等工作过程和手段，对企事业单位的经济活动过程及其结果进行监督、管理。杨洋、蒋亚朋在《上市公司会计监管问题研究》中将会计监管定义为，以会计信息披露为主要对象，政府、社会中介机构、企业自身利用制度、法规等手段对会计行为的监督和管理，其目的是提高企业的会计信息质量，维护市场经济秩序，促进市场经济发展。

本书采用后一种观点，即监管对象是上市公司，监管者包括外部的政府机构、中介机构以及公司内部的治理机构。

三、司法介入会计监管是治理舞弊的根本保障

公司内部的董事会或监事会，公司外部的中介机构、学者、媒体、政府部门构成了一个监管体系。

从以上分析可以看出，公司的董事会、监事会基本听命于管理层，很难对管理层作出有效的监管。但是我们不能因此而小觑了内部人监管的效果，内部人更容易发现舞弊行为，他们可以通过举报的方式进行监管。

中介机构比如注册会计师，由于受聘于公司的管理层这样一种审计委托模式

将注册会计师置于非常尴尬的位置，即使发现舞弊行为，也很难给予真实的披露。目前我国乃至全球都没有这样一种机制，即当注册会计师发现舞弊想要真实披露肯定会遭到管理当局的辞聘，这时应该有相关的机构给予注册会计师物质上的补偿及精神上的奖励，在监管相对较弱时，注册会计师没有动力去发现舞弊得罪客户丢掉饭碗。

从目前来看，学者和媒体揭露舞弊行为的比例更大。《财经》杂志揭露银广夏、刘姝威揭露蓝田，以及上海国家会计学院财务舞弊中心人员做的各种分析报告，他们做这些事情并不是出于经济利益的考虑，更多的是学者的正义感与诚信的信念。

以上几类人员虽然可以揭露舞弊行为，但是并没有相应的执法或处分的权力，不足以给舞弊者以震慑和打击。因此有人提出应学习美国，政府介入监管。安然事件后，美国国会通过的《2002 萨班斯—奥克斯利法案》，成立"公众公司监察委员会（PCAOB）"，并且要求 CEO/CFO 不仅需要证明他们自己是清白的，而且需要证明他们竭尽义务仍然没有发现欺诈。"公众公司会计监察委员会"虽然不是政府机构，但享有很多"准行政权力"。政府监管虽然可以解决这个问题，但是对于我们国家却不是很有效的手段（舞弊因素分析中指出有政府干预的影子）。而且，目前我国政府会计监管主体数量众多，且存在着职责不清、权限混乱、重复监管的问题，大大降低了政府会计监管的有效性。现在的问题不是再生成新的主体，而是对现有的监管主体职责的细化及建立相应的法律追究体系，提高政府会计监管的运行效率。

目前财政部部长助理、中国注册会计师协会秘书长李勇表示要司法介入会计监管，对出现的会计虚假问题，要通过加强与法院的沟通和对社会公众的引导，通过司法途径予以解决；司法机关应加强对这种弄虚作假的处理力度和民事赔偿力度。

在我国司法介入会计监管必须首先完善法律体系。首先，立法层面上完善对相关人员的法律追究。比如，《证券法》、《公司法》以及相关的法规中，虽然规定了出具虚假会计信息的有关人员要承担民事赔偿责任，但是，如何认定虚假会计信息，规定得过于简单与抽象；而且，一项虚假会计信息的披露，从原始凭证开始，直至报表的公布，中间有着非常多的环节：如公司的财务人员、财务经理、公司总经理、注册会计师、公司监管机构、会计信息发布的媒介以及会计信息使用者本身。如何确定这些不同环节的法律责任，也是一个亟待解决的问题。其次，民法中应改变过去谁主张谁举证的惯例，例如美国证券欺诈案中不要求投资者列举出自己的损失是受到了虚假财务报表的误导，而是被告即出具报表的负责人要证明自己没有舞弊或欺诈的行为。

第三节 风险导向审计模式下的舞弊审计研究

H. W. 罗宾逊（H. W. Robinson）在《爱尔兰会计史》中指出：英国民间审计"是由破产催生、由差错和舞弊孕育、与清算共同成长，最后才确立起来的"。马贤明、胡波认为"美国的审计准则变迁史就是一个舞弊审计责任史"。

一、审计目标的演变

从国家审计出现至今已有 3 000 多年的历史，从第一例注册会计师审计案例——英国南海公司案（1720 年）至今已近 300 年。文硕（1996）认为，审计起源的前提条件是社会中的经济责任关系①。具体地说这种经济责任关系就是受托经济责任。经济责任同时决定了审计目标。受托方——前资本主义时期的管家，以及 19 世纪（资本主义早期）的管理当局，他们的经济责任主要是不舞弊、不中饱私囊；只要能证明他们操行清廉，即可解除受托经济责任。这个时期的审计目标就是查错揭弊。

20 世纪后，受托经济责任关系发生了重大变化，主要表现在：（1）经济责任委托人不再限于股东，而扩大到贷款的银行和作为未来投资者的一般大众；（2）这种受托经济责任要求承担经济责任一方，在受托经济责任关系正式确定以前，先提交说明其财务状况的报告，以便决定是否托付资金；（3）这种报告的目的，不在于说明经营者是否有账目的查错乃至舞弊行为，而在于如实说明经营状况和财务成果，使现有的和未来的出资人决定是否出资和增资。受托经济责任的变化导致审计目标的变化，即由查错揭弊转向会计报表的公允性和合法性。

但是 20 世纪 60 年代以后不断增加的审计诉讼案例说明这一审计目标与社会期望存在巨大差距，即社会对受托者的经济责任履行情况的要求越来越高，审计目标也在不断变化，并向查错揭弊回归。

1997 年 SAS No. 82 "财务报表审计中对于舞弊的考虑"不仅划分了审计师的舞弊侦查责任，而且提供了相应指南。这是第一份单独提及舞弊的审计准则，并

---

① 文硕：《世界审计史》。P. 5 国家审计起源的前提条件是经济责任关系的存在。P. 221 股东和债权人与企业管理当局之间新型的经济责任关系的最终确立。这种责任关系正是英国民间审计产生和演化的最深层的内驱力。

且将审计师审查舞弊的责任明确到审计全过程，而不仅仅是计划阶段。安然事件后，SAS No. 99 全面取代了 SAS No. 82，要求注册会计师实施非常规审计策略，执行舞弊审计程序；对管理当局凌驾于控制程序之上的，应明确实施相关审计程序，测试管理当局凌驾控制的程度。

二、不同审计技术阶段审计目标的定位

审计目标一方面导致独立审计准则的重要变迁，另一方面就是带来审计技术的发展变化。审计技术的发展经历了三个阶段，即账表导向审计、制度导向审计和风险导向审计。账表导向审计的目标是查错揭弊，系统导向审计方式下，审计目标是验证财务报表的公允性。

而风险导向审计模式下审计目标的定位是什么呢？我们从审计风险模型的变化可以总结出来。

美国审计准则委员会于 1983 年发布的第 47 号审计准则公告《审计业务中的审计风险和重要性》给出了著名的审计风险模型：

$$审计风险 = 固有风险 \times 控制风险 \times 检查风险$$

2003 年国际审计和鉴证准则委员会（IAASB）发布了一系列新的审计风险准则，对审计风险模型重新描述为：

$$审计风险 = 重大错报风险 \times 检查风险$$

模型变迁的原因主要是原来的模型只重视控制风险的评估却忽视固有风险的测试。这种风险导向模式可以发现一般的员工舞弊和财产盗窃行为，但是目前大多数上市公司的舞弊是高层管理人员的舞弊，而内部控制对高层管理人员很难起到监督作用。因此"风险导向审计"中的风险实际上指的是"企业舞弊风险及经营风险"，而不是事务所的经营风险。企业的经营风险越高，则财务舞弊的可能性越大，所以归根结底是"舞弊风险"。

通过以上分析可以看出：风险导向审计的目标必然是查错揭弊。现代风险导向审计可以看做是"舞弊导向审计"。舞弊审计是这一阶段的主要内容与目标，验证财务报表的公允性与合法性将不是审计的主要目的。

美国审计准则及国际审计准则越来越重视注册会计师对舞弊行为的责任要求。同时也更加强调对于审计风险的评估及相应对策。

2006 年 3 月，美国注册会计师协会又颁布了 8 个新审计准则 SAS No. 104 – No. 111，合称为《风险评估准则》（Risk Assessment Standards）。具体是 SAS No. 104："对 SAS No. 1（审计程序中必要的职业关注）的修订，审计标准和程序

的法律成文化"，SAS No. 105："对 SAS No. 95 的修订，公认审计标准"；SAS No. 106："审计证据"；SAS No. 107："审计风险和重要性水平"；SAS No. 108："审计计划和监督"；SAS No. 109："了解被审计单位及其环境以评估重大错报风险"；SAS No. 110："在风险评估和以获取审计证据的鉴定基础上实施审计程序"；SAS No. 111："对 SAS No. 39 的修订，审计抽样"。颁布这些审计准则的目的有三：一是让审计人员更加深入地了解被审计单位的环境，包括内部控制；二是在了解环境的基础上对于重大虚假陈述更加严厉的风险评估；三是提高审计人员的审计程序、时机选择、执行力度与所评估的审计风险之间的关联度。

从这一系列的审计准则可以看出舞弊审计中最重要的是对风险的关注与评价，在风险评价的基础上有针对性地实施审计程序。

三、风险导向审计下舞弊审计的特点

风险导向审计下舞弊审计和一般财务报表审计的目标定位差别较大，因此二者在审计假设、审计程序和判断审计质量的标准方面也都有所不同。

1. 审计假设不同

传统的审计假设中有一条"无反证假设"，即如果没有证据证明报表中有重大错报，则推定会计报表是真实的，这条假设中还隐含着对管理当局人品的中性假设，即管理当局既不是很诚实也不具有欺骗倾向。在这个假设下，审计人员要保持应有的职业谨慎，充分关注可能存在的舞弊；另一方面，审计人员在审计的过程中应考虑审计的成本效益，所以需要谋求与管理层的合作。这个假设对于验证财务报表的公允性是可行的，但是若用于指导舞弊审计则不可行。

中外这些著名的财务舞弊案都是管理层造假，普通的员工舞弊通过有效的内部控制是可以发现并防止的，但是管理当局的造假通常是绕过内部控制，再加上公司治理结构的缺陷，无人对管理当局的行为作出有效的监督。因此，当有迹象表明管理当局存在舞弊行为时应该假设管理层是不可信的。审计假设应重新定为"有错推定假设"，即注册会计师如果没有充分、适当的审计证据证明该项交易事项或科目余额是真实的，则推定存在问题。

在这样的假设下，审计人员才可能始终保持高度的谨慎，将职业怀疑主义精神贯穿于审计过程的始终。

2. 了解被审计单位及其环境的侧重点不同

从美国 SAS No. 109："了解被审计单位及其环境以评估重大错报风险"可

以看出，了解被审计单位的环境有着很强的针对性与目的性，这一程序可以帮助审计人员发现潜在的各种风险。环境因素很可能是导致企业舞弊的根本原因。

目前，美国理论界研究解释舞弊产生的原因中运用得最多的是舞弊三角理论（Fraud Triangle），它是由美国的 DR. Donald R. Cressey 在 1953 年出版的 Other People's Money：A Study in The Social Psychology of Embezzlement（《别人的钱：贪污的社会心理学研究》）中提出的。根据舞弊三角理论，所有舞弊行为都由三个要素构成：压力、机会、合理化辩解。压力要素是企业舞弊者的行为动机，机会是使得企业内部人员有机会实施舞弊而又不被发现或逃避处罚的可能。

压力和机会是管理当局舞弊的原因。因此，审计人员在了解被审计单位时应关注被审计单位是否存在这些因素。比如市场衰退而公司有维持利润高速增长的压力、融资压力；高管手中所持股票套现的动机等。有很多信号可以反映出这些潜在的因素，比如有以下迹象时审计人员应保持高度警惕，它们通常是管理舞弊的信号：整个行业状况不容乐观；过多的产量或高额负债；关联方交易大量增加而繁杂；组织结构过于复杂、存在无明显经营动机的法人实体、分支机构；实现利润的压力巨大；外部竞争强大；营运资本缺乏；扩张太快导致负面效应；等等。关注这些诱因可以提高舞弊审计的效果。

另外，舞弊审计与一般审计对内部控制评价的目的不同。一般审计对于发现的内部控制缺陷只是提出改进建议，而舞弊审计则要调查有缺陷的内部控制是否已被别有用心的人利用（机会要素）并实施了舞弊行为。

3. 舞弊审计的程序不同

舞弊审计中最重要也是最难的问题是制定审计程序以发现舞弊行为。

由于以下两种原因，注册会计师在舞弊审计中应实施不同于标准化审计程序的策略：一是会计师事务所与被审计单位的长期合作使得被审计单位的财务人员非常了解审计人员的审计程序、重要性水平和审计重点，采取化整为零的方式将大金额的造假拆分成若干个低于重要性水平的金额，从而避过审计人员的关注。二是被审计单位的财务人员以前在会计师事务所做过审计，非常了解一般的审计流程，知道如何应付审计人员的审查。鉴于此，注册会计师在发现可能存在舞弊行为时，应实施突破常规形式的审计，如盘点存货之前不要提前告知被审计单位；余额细节测试时多抽取一些金额低于重要性水平的账户等。

高等学校会计学专业特色教材

4. 对审计证据的鉴定不同

传统审计要求审计人员评价审计证据的充分性和适当性，通常不涉及鉴定文件记录的真伪，注册会计师也不是鉴定文件记录真伪的专家，但应当考虑用作审计证据的信息的可靠性，并考虑与这些信息生成与维护相关的控制的有效性。

在舞弊审计下，审计人员有责任必须对收集到的审计证据进行真伪鉴定，如果没有确切的证据证明审计证据是真实的，则不得签发无保留意见的审计报告。因此，审计人员在执行审计程序时不仅仅是账证核对、机械地执行盘点和函证，而是要对原始凭证、回函文件的真伪及内容的正确性给以鉴定。

由于我国很多舞弊是"一条龙"的造假，如东方电子的舞弊就是由证券部、财务部和经营销售部门分工合作组成的"造假小组"。审计人员搜集审计证据时，应更多地从被审计单位外部入手，将内部证据与外部证据相互验证。

判断审计人员是否勤勉尽责的标准不再是审计人员是否执行了相应的审计程序，而是审计人员是否对审计证据进行了真伪鉴定，对经济业务发生的合理性做出了判断。在舞弊审计下，每一个审计人员都应该把自己作为一名职业侦探，专门查找财务舞弊的侦探，而不是对账员。

可见，在风险导向下的舞弊审计中，审计人员须转换以往的审计思维模式，而 AICPA 的副主席 Chuck Landes 也说道："执行新准则需要审计人员改变他们的审计方法甚至是审计程序的本身。"

本 章 小 结

对中美上市公司舞弊特征分析对比，目的是要指出中国上市公司舞弊的特性，结合中国的制度背景特色，寻找治理舞弊的对策。

复习思考题

1. 中国上市公司财务舞弊的主要动因是什么？
2. 我国证券市场中有哪些不完善的地方？应如何完善？
3. 舞弊审计有什么特点？

高等学校会计学专业特色教材

参考文献

1. 张其镇：《论西周时期的审计制度及其历史贡献》，载《江西社会科学》，2006 年第 7 期，第 128～131 页。

2. 马贤明、郑朝晖：《点睛财务舞弊》，大连出版社 2006 年版。

3. 黄世忠：《会计数字游戏——美国十大财务舞弊案例剖析》，中国财政经济出版社 2003 年版。

4. 郑朝晖：《TCL 通讯重大会计差错应属财务作假》，和讯网。

5. 马贤明、郑朝晖：《恺撒的归恺撒人民的归人民——上市公司五大现金舞弊手法揭秘》，载《新财经》，2006 年第 2 期，第 64～68 页。

6. 沈培强、宋波：《上市公司现金舞弊审计及风险控制》，载《财会通讯：综合》，2009 年第 12 期，第 91～92 页。

7. 阿尔布雷特著，李爽译：《舞弊检查》，中国财政经济出版社 2003 年版。

8. 李若山：《审计案例——国外审计诉讼案例》，辽宁人民出版社 1998 年版。

9. 《习惯法下注册会计师对第三者的责任》，会计师网，http：//www. kjshi. cn。

10. 李晓慧主编：《审计实验室 3——风险审计的技术和方法》，经济科学出版社 2003 年版。

11. 吴溪：《银广夏案例看独立审计准则的执行》，中华会计网校（www. chinaacc. com），2002 年 6 月 21 日。

12. 《〈财经〉杂志独家披露：银广夏陷阱》，news. sohu. com，2001 年 8 月 7 日。

13. 《银广夏事件》，百度百科，baike. baidu. com。

14. 刘姝威：《上市公司虚假会计报表识别技术》，经济科学出版社 2003 年版。

15. 《蓝田事变》，中华财会网（www. e521. com），2002 年 1 月 28 日。

16. 《刘姝威咋偏偏"关心"上了蓝田?》，南方网（Southen. com），2002 年 1 月 24 日。

17.《华伦会计师事务所:"我们不知道鱼塘里有多少鱼"》,http://stock.dayoo.com,2002年1月23日。

18.裘理瑾、李若山:《痛定思痛——对"琼民源"事件的一些思考》,载《财务与会计》,1999年第5期,第40~43页。

19.《猴王作假与会计师过失》,中华财会网(www.e521.com),2001年12月30日。

20.徐金发、张慧:《ST猴王怎样走向衰败》,载《经营与管理》,2005年第8期,第18~20页。

21.《格林柯尔之梦的崩溃》,新浪财经 http://www.sina.com.cn,2008年1月31日。

22.飞草:《德勤格林柯尔审计失败的分析》,载《财会通讯:综合》,2005年第10期,第20~24页。

23.马军生、高垚、董君:《达尔曼财务舞弊案例剖析与启示》,载《财务与会计:综合》2006年第3期,第16~19页。

24.《达尔曼审计失败启示录》,中国会计网(www.canet.com.cn),2005年10月26日。

25.裘宗顺、柯东昌:《运用企业风险管理框架:对中航油的案例研究》,载《财务与会计》,2007年第1期,第25~28页。

26.《关于中航油事件的反思》,http://party.coscon.com/Item/4885.aspx。

27.刘桂春:《中美财务舞弊之比较》,载《国际财务与会计》,2005年第2期。

28.李维安:《美国的公司治理:马其诺防线?》,中国财政经济出版社2003年版。

29.李若山、周勤业、方军雄著:《注册会计师:经济警察吗?》,中国财政经济出版社2003年版。

30.《大庆联谊案回溯》,载《商务周刊》,2003年第6期,第64页。

31.周东辉、宋夏云:《大庆联谊财务欺诈案例的回顾与反思》,载《企业研究》,2005年第12期,第73~74页。

32.温学东、姜玉玺:《大庆联谊石化公司股票案审计始末》,载《中国审计》,2000年第2期,第18~20页。

33.林双全:《由大庆联谊股票案看审计风险》,载《审计与经济研究》,2001年第3期,第34~35页。

34.刘桂春:《基于舞弊三角理论的会计监管方式研究》,载《财会月刊(增刊)》，2006年第9期，第43~44页。

35. 刘桂春、郭兰英：《风险导向审计模式下的舞弊审计研究》，载《会计之友》，2007年第2期（上），第54~55页。

36. 魏明海、谭劲松、林舒：《盈利管理研究》，中国财政经济出版社2000年版。

37. 《黎明股份公司公司案例》，百度文库 http：//wenku. baidu. com/。

38. 《杭州艾比艾公司虚假出资案引发的思考：函证如何实施》，中华会计网校（www. chinaacc. com）。

39. 《美国法尔莫公司会计报表舞弊案例分析》，财务顾问网（http：//www. cwgw. com/）。

40. 《"渝钛白"公司审计案例》，天财会计网 http：//www. kj968. com/。

41. 《关联交易：会计、披露及监管》，中华税网 http：//www. cnlyjd. com/。

42. 饶盛华：《加强企业内部控制是当务之急——"ST郑百文"的警示》，载《中国注册会计师》，2001年第6期，第52~54页。

43. 《论我国上市公司内部控制制度的失控》，中华税网 http：//chinesetax. cn/。

44. 《美国"安然案"——安然之谜》，中华财会网（www. e521. com）2002-01-14。

45. 《美国"安然案"——谁揭穿安然》，中华财会网（www. e521. com）2002-01-14。